D1620203

E. Gabele M. Kroll W. Kreft

Kommunikation in Rechnernetzen

Eine anwenderorientierte Einführung
in Betriebssysteme und Netzwerke

Mit 58 Abbildungen

Springer-Verlag

Berlin Heidelberg New York
London Paris Tokyo
Hong Kong Barcelona
Budapest

Professor Dr. EDUARD GABELE
MICHAEL KROLL
WOLFGANG KREFT

Lehrstuhl für Betriebswirtschaftslehre,
insbesondere Unternehmensplanung
und Managementinformatik
Otto-Friedrich-Universität Bamberg
Feldkirchenstr. 21
D-8600 Bamberg

ISBN 3-540-54561-1 Springer-Verlag Berlin Heidelberg New York Tokyo

Die Deutsche Bibliothek - CIP-Einheitsaufnahme
Gabele, Eduard: Kommunikation in Rechnernetzen: eine anwenderorientierte
Einführung in Betriebssysteme und Netzwerke /
Eduard Gabele; Michael Kroll; Wolfgang Kreft. -
Berlin; Heidelberg; New York; London; Paris; Tokyo; Hong Kong; Barcelona;
Budapest: Springer, 1991
ISBN 3-540-54561-1 (Berlin ...)
ISBN 0-387-54561-1 (New York ...)
NE: Kroll, Michael:; Kreft, Wolfgang:

Druck: Weihert-Druck, Darmstadt
Bindearbeiten: J. Schäffer GmbH & Co. KG., Grünstadt
2142/7130-543210 - Gerduckt auf säurefreiem Papier

Vorwort

Der Einsatz von Personal Computern und Workstations als dezentrale und flexible „Werkzeugkiste" vor Ort ist mittlerweile kaum noch aus den Unternehmen wegzudenken. Die wachsende Anzahl an Softwarewerkzeugen, wie Tabellenkalkulations- und Datenbankprogrammen, unterstützt die problemorientierte und aufgabenadäquate Arbeit der Fachbereiche in meist größerem Maße als dies durch die oftmals ohnehin überlastete zentrale EDV-Abteilung möglich ist.

Neben den Vorteilen und Chancen der individuellen Datenverarbeitung beinhaltet die dezentralisierte EDV auch Nachteile. „Insellösungen" und „Redundanzen" sind nur zwei Schlagworte, die auf mögliche Problemfelder hinweisen. Daneben stellt sich heraus, daß eine absolute Dezentralisation ohne übergreifende Kommunikationsmöglichkeiten den Informationsverarbeitungsprozeß eher behindert als fördert. Es muß daher eine Vernetzung aller Teilsysteme zu einem Kommunikations- und Informationssystem angestrebt werden. Dabei sind die PCs und Workstations sowohl untereinander als auch mit dem Großrechner zu verbinden – von der Eingliederung weiterer Kommunikationssysteme wie Telefon, Telefax etc. ganz zu schweigen.

Dieses Buch entstand im Rahmen von Untersuchungen des Lehrstuhls für Betriebswirtschaftslehre, insbesondere Unternehmensplanung und Managementinformatik der Otto-Friedrich-Universität Bamberg. Gegenstand der Arbeit waren die Analyse der Kommunikationsmöglichkeiten innerhalb des Rechnernetzes des Rechenzentrums der Universität sowie die von den Netzwerkbetriebssystemen zur Verfügung gestellten Netzdienste.

Durch die Heterogenität der dort implementierten, marktgängigen Systeme hinsichtlich der eingesetzten Hardware, Softwarewerkzeuge sowie Rechner- und Netzwerkbetriebssysteme, stellt dieses Netzwerk eine auch in Unternehmen anzutreffende Form von zu integrierenden Insellösungen dar. Da diese Kombination von Teilsystemen in unseren Augen einen innovativen, aber für viele kaum nachvollziehbaren Untersuchungsgegenstand darstellt, sind wir der Meinung, mit dieser Veröffentlichung vielen Unternehmen eine Hilfe zur „Navigation" durch den Dschungel der Produkt- und Begriffsvielfalt in diesem Bereich zu geben.

Wir sind uns natürlich bewußt, daß wir diesen großen Problemkomplex nicht abschliessend und allgemeingültig darstellen konnten. Es sollen vielmehr auch Impulse zu einer weiteren Auseinandersetzung mit dieser Thematik initiiert werden.

Wir hoffen, mit dieser Veröffentlichung einen kleinen Schritt zur Lösung einer Problematik beitragen zu können, die für die zukünftige Entwicklung verschiedenster Unternehmen von existenzieller Bedeutung sein wird.

Bei dieser Gelegenheit ist es mir ein Bedürfnis, dem stellvertretenden Leiter des Rechenzentrums der Otto-Friedrich-Universität Bamberg, Herrn Dr. Rudolf Gardill, sowie vor allem Herrn Dipl.-Kfm. Christopher Deufel für ihre Unterstützung zu danken.

Die langjährige Mitarbeit von Herrn Wolfgang Kreft im Rechenzentrum schuf nicht zuletzt günstige Voraussetzungen für die stete Auseinandersetzung mit den verfügbaren Systemen.

Bamberg, im September 1991

Eduard Gabele

Inhaltsverzeichnis   **Seite**

Abbildungsverzeichnis

Abkürzungsverzeichnis

ANSI	American National Standards Institute
API	Application Programming Interface, z. T. auch: Advanced Programing Interfaces
ARP	Adress Resolution Protocol
AV	Arbeitsvorbereitung
ASCII	American Standard Code for Information Interchance
BIOS	Basic Input/Output System
bit	binary digit
bit/s	bit pro Sekunde
BS/2	Betriebssystem/2
CAD	Computer Aided Design
CAM	Computer Aided Manufacturung
CASE	Common Application Service Elements
CCITT	Comité Consultatif International Télégraphique et Téléphonique
CIB	Computer Integrated Business
CIM	Computer Integrated Manufacturing
CMIP	Common Management Information Protocol
CP/M	Control Program for Microcomputers
CPU	Central Processing Unit
CSMA/CD	Carrier Sense Multiple Access/Collision Detect
c't	Magazin für Computertechnik
DARPA	Defense Advanced Research Projects Agency
DB2	Database 2
DBP	Deutsche Bundespost
DCE	Data Circuit Terminating Equipment
DDE	Dynamic Data Exchange
DIN	Deutsche Industrienorm
DNS	Domain Name Service
DOS	Disc Operating System
DTE	Data Terminal Equipment
DTP	Desktop Publishing
DV	Datenverarbeitung
DVA	Datenverarbeitungsanlage
DXP	Datex-P

DoD	Department of Defense
DV	Datenverarbeitung
DVA	Datenverarbeitungsanlage
EARN	European Academic Research Network
EBCDIC	Extended Binary Code Decimal Interchange Code
ECMA	European Computer Manufacturing Association
EMS	Expanded Memory System
EDV	Elektronische Datenverarbeitung
EE	Extended Edition
EGA	Enhancend Graphics Adapter
EMS	Expanded Memory System
EMV	Elektromagnetische Verträglichkeit
ESPRIT	European Strategic Program of Research in Development in Information Technology
FAT	File Allocation Tabel
FDDI	Fiber Distributed Data Interface
FTAM	File Transfer, Access and Management
FTP	File Tranfer Protocol
FV	Fachverband
GAN	Global Area Network
GB	Giga Byte
HDLC	High Level Data Link Control
HMA	High Memory Area
HP	Hewlett Pakard
HPFS	High Performance File System
HSP	Hauptspeicher
IBM	International Business Machines Cooporation
IDC	International Data Corporation
IDN	Integriertes Text- und Datennetz
IDV	Individuelle Datenverarbeitung
IEEE	Institute of Electrical and Electronics' Engineers
IP	Internetprotocol
IPC	Interprozess Communication
IPX	Internetwork Packet Exchange Protokoll
ISDN	Integrated Services Digital Network

ISO	International Standards Organisation
iX	Multiuser - Multitasking - Magazin
JTM	Job Transfer and Manipulation
KB	Kilobyte
KI	Künstliche Intelligenz
LAN	Local Area Network
LIM	Lotus - Intel - Microsoft
LLC	Logical Link Control
MAC	Medium Access Control
MAIS	Marketing Informationssystem
MAN	Metropolitan Area Network
MAP	Manufactoring Automation Protocol
MAU	Medium Attachment Unit
MB	Megabyte
MDT	Mittlere Datentechnik
MHS	Message Handling System - CCITT X. 400.2, bzw.:
	Message Handling Service - Novell NetWare
MIT	Massachusetts Institute of Technology
MIS	Management Informationssystem
MO	magnetooptisches
MPR	Multiportrepeater
MS	Microsoft
mc	Die Microcomputer Zeitschrift
NBP	NetBios Protocol
NCP	NetWare Core Protocol
NCSC	National Computer Security Center
NETBIOS	Network Basic Input Output System
NFS	Network File System
NLM	NetWare Loadable Modules
NSP	Name Service Protocol
NStAnl.	Nebenstellenanlage
NVP	Network Voice Protocol
ODT	Open Desktop
OEM	Original Equipment Manufacturer
OS/2	Operating System/2

OSF	Open Software Foundation
OSI	Open System Interconnection
PABX	Private Automatic Branch Exchange System
PAD	Packet Assembly Disassembly
PDN	Public Data Network
PC	Personal Computer
PS/2	Personal System/2
QBE	Query by Example
QDOS	Quick and Dirty Operating System
RAM	Random Access Memory
RARP	Reverse Adress Resolution Protocol
RDBMS	Relational Database Management Systems
RIPL	Remote Initial Program Loading
ROM	Read Only Memory
RPC	Remote Procedure Calls
SAA	System Application Architecture
SCO	Santa Cruz Operation
SE	Standard Edition
SH	Sonderheft
SK	Schneider & Koch
SMA	System Management Architecture
SMB	Server Message Block
SMTP	Simple Mail Transfer Protocol
SNA	System Network Architecture
SNM	SunNet Manager
SNMP	Simple Network Management Protocol
SPSS	Statistical Package for the Social Sciences
SPX	Sequenced Packet Exchange Protokoll
SQL	Structured Query Language
TCP	Transport Control Protocol
TCP/IP	Transport Control Protocol/Internet Protocol
TELNET	TCP/IP-Terminal-Emulation
TFTP	Trivial File Transfer Protocol
TSR	Terminate and Stay Resident
UDP	User Datagramm Protocol

UNA	Universal Network Architecture
UPS	Uninterruptable Power Supply
VAP	value-added processes
VGA	Video Graphics Array
VT	virtuelles Terminal
WAN	Wide Area Network
XMS	Extended Memory System
XNS	Xerox Network System
YP	Yellow Pages
ZSI	Zentralstelle für die Sicherheit in der Informationstechnik

1. Einführung

In ihrem Regierungsbericht Informationstechnik 1983 kommt die Bundesregierung zu dem Schluß, daß die Entwicklung und Nutzung der Informationstechnologien eine wesentliche Voraussetzung für den Erhalt der Wettbewerbsfähigkeit der deutschen Industrie ist. Die praktische Nutzung dieser Technologien war bis dahin recht gering.[1]

Diese, mittlerweile bereits sieben Jahre alte Erkenntnis hat heute noch ihre Gültigkeit. Hinzu kommt, daß der Markt für *Bürokommunikationssysteme*[2] nahezu unüberschaubar geworden ist und Planungs- und Entscheidungshilfen nach wie vor selten vorzufinden sind.

Die Implementation solcher Systeme und das dafür nötige Know-How sind Sache der Techniker und Ingenieure – intensive Mitarbeit in der Planung und Entscheidung und das damit verbundene Wissen geht jedoch alle, die mit diesem Werkzeug arbeiten, an.

1.1 Einleitung und Problemstellung

Der Computereinsatz ist im betriebswirtschaftlichen Bereich eines Unternehmens selbstverständlich geworden. *Großrechner* (Mainframe) und Systeme der mittleren Datentechnik (*MDT*) sind vor allem im Verwaltungsbereich bereits seit langem im Einsatz. Diese Ausstattung wird zunehmend durch *Workstations* und *Personal Computer* ergänzt, die im Vergleich zu *Mainframes* und der mittleren Datentechnik mehr *Benutzerfreundlichkeit* und Flexibilität mit sich bringen.[3]

Heterogenität und Insellösungen

Damit steigt die *Heterogenität* der *DV-Systeme* bezüglich der eingesetzten *Betriebssysteme*, *Softwarewerkzeuge* und Anwendungsprogramme. Die Verschiedenheit dieser Systeme und deren Teilkomponenten führt zunehmend zu sogenannten *Insellösungen*. Datenbestände und Programme sind redundant[4] vorhanden. Verbindungen, Kommunikationswege und Konvertierungsmöglichkeiten zwischen diesen Systemen sind häufig minimal. Ebenso ist die Auslastung von *Peripheriegeräten* wie Drucker, Plotter und Massenspeicher gering und damit nicht effizient. Die Ausnutzung dieser Ressourcen

---

1 Vgl. Bundesregierung (Hrsg.) (1983).
2 Alle im Text kursiv gedruckten Begriffe sind in den Begriffsdefinitionen im Anhang definiert und erläutert.
3 Zur Abgrenzung der Begriffe PC, Workstation, MDT und Mainframe wird auf die Begriffsdefinitionen im Anhang verwiesen.
4 Redundanz ergibt sich durch die mehrfache Speicherung derselben Datenwerte. Das passiert, wenn diese nicht einheitlich verwaltet werden. Eine mögliche Folge der Redundanz ist die Dateninkonsistenz. Diese ist dann gegeben, wenn für dieselben Daten (z.B. Kundenstamm) unterschiedliche Werte existieren. Redundanzfreiheit und Datenkonsistenz sind eine der Hauptaufgaben von Datenbank- und Netzmanagement.

zur Informationsbereitstellung, -aufbereitung und -verarbeitung ist für alle Ebenen und Bereiche der Unternehmung dürftig.[5]

Ursachen für den Aufschwung im PC-Bereich

Die rasante Entwicklung, insbesondere im PC-Bereich, überforderte die Reaktionsfähigkeit vieler Unternehmen. Einheitliche Konzepte zum *EDV-* und *Informationsmanagement* waren eher die Ausnahme und konnten meist nur bei größeren Unternehmen mit entsprechenden fachlichen Potentialen Realisierung finden.

Die Ursachen für den Aufschwung im PC-Bereich sind vielfältiger Natur. Der Preisverfall der Hard- und Software, insbesondere bei *Personal Computern*, und die daraus resultierende Möglichkeit, Investitionen in diesem Bereich sukzessive zu tätigen, war nur einer der vielen Gründe. *Großrechner, MDT, Workstations* und *Personal Computer* lassen sich zwar aufgrund der unterschiedlichen Dimensionierung und Aufgabenbereiche schwer miteinander vergleichen, durch den rapiden technischen Fortschritt der Mikroelektronik dringen die Workstations und Personal Computer jedoch zunehmend in ehemalige Großrechner- und MDT-Domänen ein.

Eine auch im Bürobereich wachsende Automatisation führt zu einer immer größeren Überlastung des EDV-Personals in den Unternehmen. Dies verstärkt den Trend, mit relativ leicht erlernbaren *Planungssprachen*, wie Tabellenkalkulationsprogrammen (z. B. Lotus 1-2-3, Multiplan, Excel, Siplan), Datenbanksprachen (z. B. dBase, Clipper, Oracle, Paradox, Informix) oder integrierten Paketen (z. B. Symphony, Framework, Open Access, Works, IBM-AS) abteilungsintern DV-Probleme zu lösen.

Die Liste der Ursachen für den Strukturwandel in der EDV – von zentralistischen Lösungen hin zur individuellen Datenverarbeitung (*IDV*) in den Fachbereichen – ließe sich noch weiterführen.

Folgen dieser Entwicklung

Sind die Ursachen des Wandels erkannt, interessieren mehr die daraus für das Unternehmen resultierenden Effekte, um diese problemadäquat zu fördern, beseitigen oder zu minimieren.

Die durch die Herausbildung von *Insellösungen* entstandenen Medienbrüche bezüglich der DV-Systeme führen zu Störungen im Informationsfluß und damit zu Beeinträchtigungen der Ablaufprozesse im Unternehmen. Diese Störungen treten bei allen Benutzergruppen des betriebswirtschaftlichen[6] Teils des Unternehmens auf, wie z. B. bei

---

5   Vgl. hierzu die entsprechenden Berichte in den Zeitschriften für Betriebswirtschaftslehre sowie Informationsmanagement.
6   Der Produktionsbereich soll an dieser Stelle sowie in dem gesamten Buch ausgeklammert bleiben.

− Führungskräften,
− Sachbearbeitern sowie
− Sekretärinnen und Schreibkräften.[7]

Auf diesen drei Ebenen herrscht eine hohe Varietät hinsichtlich der verwendeten *Betriebssysteme* und Anwendungsprogramme, die zu *Redundanzen* und Datenkompatibilitätsschwierigkeiten führen. Die Bereitstellung von *Informationen* zur Entscheidungsfindung ist teilweise behindert bzw. die vorhandenen *Daten* sind nicht vollständig nutzbar oder erreichbar. *Datensicherheit* und *Datenschutz*, die vormals durch eine zentrale EDV gewährleistet wurden, sind auf allen Ebenen zunehmend in Frage gestellt. *Datensicherung* mit Disketten erfolgt kaum oder sehr unregelmäßig. Mit *Großrechnern* vergleichbare Schutzmechanismen zum *Datenschutz* fehlen meistens.

Nach einer aufgabenstellungs- und personengruppenbezogenen Studie des Marktforschungsinstitutes IDC bestehen z. B. bei einer Rechnervernetzung folgende Effektivitätssteigerungspotentiale:[8]

− Führungsebene :   20 Prozent,
− Sachbearbeiter :   25 Prozent und
− Sekretärinnen :   35 Prozent.

Auch wenn diese Zahlen sicher mit Vorsicht zu genießen sind, zeigt sich wohl, daß sich der gut geplante Ausbau bzw. die Erweiterung der computergestützten *Bürokommunikation* auszahlt.

Auswirkungen auf die Organisation

Für diese *Inhouse-Kommunikation* benötigt man ein Hilfsmittel, das

− steigende Datenraten bei verändertem *Informationsbedarf*,
− den Betrieb vieler, unterschiedlicher Endgeräte in einem Netz und
− einen wirtschaftlichen Einsatz dieser Mittel erlaubt.[9]

Zwischen den Zukunftsvisionen der DV-Hersteller und der Realisierbarkeit bei den *Anwendern* klafft eine nicht einfach zu überbrückende Lücke.

Zur Integration des Informationsflusses liegt der Aufbau von Rechnernetzen unter Einbindung möglichst aller Teilsysteme nahe. Dabei sollte die Entscheidung für offene Standards[10] und Architekturen oberste Priorität haben, gleichgültig für welches System (z. B. Mainframes, Minis oder PC-Netze) man sich entscheidet.

---

7   Mitarbeiterebenen nach IDC; vgl. Schepp, Th. (1991b), S. 42–43.
8   Vgl. Schepp, Th. (1991b), S. 42–43.
9   Vgl. IBM (Hrsg.) (1987).
10   Vgl. hierzu die offene Kommunikation in Kapitel 4.1.

Dadurch, daß *Daten* und *Informationen* verfügbar gemacht werden sowie aufgrund der Reintegration in ein unternehmensübergreifendes Ablaufsystem soll das gestörte Gefüge bereinigt werden. Neben dem Abbau von Datenredundanzen und der Standardisierung bzw. Eingliederung der eingesetzten Software erfolgt auch eine bessere Allokation der Peripherie-Geräte. Mangelnde Effizienz sowie niedrige Rentabilität von Teilsystemen können ebenfalls beseitigt werden. Als Nebeneffekte dieser Vernetzung treten neue Kommunikations- und Nutzungsmöglichkeiten wie *Electronic-Mail*, erneut zentralisierbare *Datensicherung*, verbesserter *Datenschutz* usw. auf.

Durch die *Heterogenität* der bereits vorhandenen Systeme entstehen bei der Vernetzung wiederum Probleme und Fragestellungen betreffend der zu verwendenden *Netzwerkbetriebssysteme*, *Topologien* und sonstigen Systemkomponenten sowie der Vor- und Nachteile der möglichen Systeme.

Gängige Informationsquellen

Die verfügbare Literatur zu diesen Themengebieten ist breit gestreut. Man kann sie jedoch grob in drei Gebiete einordnen:

– Abhandlungen über technische Grundlagen und Hintergründe:
  Die Anwendungsseite ist hier meist unzureichend berücksichtigt. Schwerpunkte sind eher die technischen Transportprobleme innerhalb der Kommunikationstechnik (3. und 4. *OSI*-Schicht).
– Betriebswirtschaftliche Literatur zu Themen der Informations- und Kommunikationstechnologie:
  Hier herrschen abstrakte, von der Praxis losgelöste Ansätze oder spezielle Praxisbeispiele vor, die sich oft kaum auf andere Unternehmen übertragen lassen.
– Einführende Bücher zu EDV-Themen und Handbuch-Ergänzungen:
  Sie können Grundlagen der anwendungsorientierten Themen wie *Betriebssysteme*, *Benutzeroberflächen* etc. vermitteln. Da diese Bücher jedoch häufig sehr breit gefächerte Gebiete anschneiden, gehen sie inhaltlich nicht sonderlich in die Tiefe. Die Handbuch-Ergänzungen beschreiben nur Syntax und Probleme eines speziellen Produktes.

Zwischen diesen drei Gebieten klafft eine Lücke. Anwendungsorintierte Informationen für die Planung und Einschätzung des Einsatzes von *Betriebssystemen*, Netzwerk-Produkten und Teilkomponenten sind nur in Form einer Darstellung von Teilaspekten in Zeitschriftenartikeln aufzufinden. Diese Lücke ist, wie bei vielen Themen aus Randbereichen, in denen sich Fachgebiete überschneiden, schwierig auszufüllen. Es ist und bleibt Aufgabe der Spezialisten, Details aus ihren Sparten vollständig abzuhandeln.

1.2 Zielsetzung und Aufbau des Buches

Aus der nach wie vor aktuellen Problematik der Reintegration *heterogener* DV-Systeme und der noch mangelnden Verfügbarkeit von anwenderorientierten Planungs- und Entscheidungshilfen hinsichtlich der Beurteilung der Möglichkeiten dieser Systeme leitet sich das Ziel dieses Buches ab. Es erfolgt eine Darstellung der Stärken und Schwächen gängiger *Betriebssysteme* und *Netzwerke* für den Komplex der lokalen Vernetzung von Rechnern. Im Mittelpunkt stehen praxisorientierte Problemlösungshilfen zur Einschätzung der Verwendbarkeit und Funktionalität verschiedener Systeme. Die dazu getroffene einschränkende Betrachtung auf jeweils drei verbreitete Systeme[11] dient dabei der Übersichtlichkeit sowie der praktischen Relevanz. Aspekte, die anhand der untersuchten Software dargestellt werden, sind auf andere Produkte übertragbar. Um den Blick auf das zur Einschätzung und Planung Wesentliche offen zu halten, bleiben technische Grundlagen auf das zum Verständnis nötige Minimum reduziert. Die Kernfragen beziehen sich vielmehr auf folgende Fragestellungen:

– Welche Folgen hat die Rechnervernetzung des Unternehmens auf die Bereiche Organisation, Verwaltung, *Kommunikation* und Sicherheit? Welche Konsequenzen ergeben sich daraus auch für das DV-Management?
– Worin liegen die Stärken und Schwächen der verschiedenen *Betriebssysteme* und *Benutzeroberflächen*, wo deren Einsatzmöglichkeiten innerhalb des Unternehmens? Inwieweit ist eine interne Vereinheitlichung möglich bzw. sinnvoll?
– Welche Techniken und Teilkomponenten stehen zur Vernetzung zur Verfügung und wozu werden sie benötigt?
– Welche *Verbundeffekte* bzw. Kommunikationsmöglichkeiten sind realisierbar? Inwieweit werden diese durch *Netzwerkbetriebssysteme* unterstützt?
– Wo liegen die Grenzen der Vernetzung *heterogener* bzw. *Multivendor*-Systeme?

Inhalt diese Buches

Das Buch unterteilt sich in sieben Kapitel, wobei sich die Inhalte an die oben aufgestellten Fragen anlehnen.

Das erste Kapitel beinhaltet neben der grundsätzlichen Problemexplikation eine begriffliche Abgrenzung zu Teilgebieten der Rechnervernetzung. Es erfolgt hier u. a. eine Auseinandersetzung mit den Begriffen *GAN, WAN, MAN* und *LAN* sowie deren Bedeutung im Rahmen der *Bürokommunikation*. Desweiteren wird, zur Veranschaulichung und Konkretisierung der im Laufe der Arbeit angesprochenen Teilprobleme, ein Szenario der EDV-Struktur eines fiktiven Unternehmens skizziert. Für die Konstruktion dieses Beispiels war maßgebend, daß möglichst alle behandelten Komponenten darstellbar sind.

---

11 Die Systeme sind:
    – DOS, Windows, NetWare;
    – OS/2, Presentation Manager, LAN-Manager;
    – Unix, Motif (X-Window), TCP/IP.

Daran anschließend geht das zweite Kapitel auf die bereits in der Problemstellung angerissenen Einflüsse der Vernetzung auf das Unternehmen ein. Neben der Darstellung der geschichtlichen Entwicklung der Daten- und Nachrichtentechnik, der fundamentalen Begriffe der Informationsverarbeitung und der Verbundwirkungen werden Einflüsse auf Organisation und Administration aufgezeigt.

Die Beschreibung der grundlegenden Aufgaben von *Betriebssystemen* und *Benutzeroberflächen* am Beispiel von *DOS*, *OS/2* und *Unix* sowie *Windows*, *Presentation Manager* und *Motif* (*X-Window*) ist Aufgabe des dritten Kapitels. Stärken, Schwächen und Einsatzbereiche dieser Systeme werden hier aus *Anwendersicht* diskutiert, ohne auf verwirrende Syntaxbeschreibungen der Handbücher einzugehen.

Kapitel vier dient der Vermittlung des zum Verständnis minimal notwendigen technischen Hintergrundwissens. Standardisierungsbestrebungen wie das *ISO-OSI-Referenzmodell* und Grundbegriffe der Rechnerkommunikation wie *Topologien*, Verfahren, *Protokolle* und Netzkomponenten werden hier erläutert.

Im Mittelpunkt der Arbeit steht das fünfte Kapitel. Es erfolgt eine Untersuchung der Kommunikationsmöglichkeiten von Netzwerksystemen anhand von drei konkreten, in der Wirtschaft verbreiteten Produkten: *NetWare* von *Novell*, *LAN-Manager* von Microsoft bzw. 3COM sowie die Protokollfamilie *TCP/IP* des US-Verteidigungsministeriums (*DoD*). Um Effizienz- und Rentabilitätsziele bei der Planung und Bewertung von Netzwerksystemen greifbarer zu machen, wird ein Katalog zur Klassifikation von Kommunikationsmöglichkeiten und den damit zu erzielenden Verbundeffekten aufgestellt. Die Möglichkeiten der Unterstützung der betriebswirtschaftlich relevanten Teilfunktionen mittels der zur Verfügung stehenden Systeme findet dann anhand dieses Kataloges statt. Die Intention dieses Kapitels ist die kritische Auseinandersetzung mit anwendungstechnisch relevanten Charakteristika von Rechnersystemen, die den Büroablauf unterstützen.

Das sechste Kapitel zeigt die Aufrechterhaltung und Sicherung eines Rechnernetzes. An dieser Stelle erfolgt die Erörterung von grundlegenden Problemen der *Netzadministration* mit den Teilgebieten Administration, Sicherheit, Fehlersuche und Lastoptimierung.

Abschließend faßt Kapitel sieben die angesprochenen Teilprobleme zusammen und gibt einen Ausblick auf mögliche Entwicklungstendenzen und die Weiterführung der Thematik in Richtung öffentliche Netze – *GAN*, *WAN*, *MAN* und *ISDN*.

Um die auch im Bereich der *Bürokommunikation* vorhandene Problematik der Fachtermini zu minimieren und aus der Erkenntnis heraus, daß zu viele Definitionen im Text dem Verständnis der wesentlichen Gesichtspunkte abträglich sind, befindet sich im Anhang eine Sammlung von Begriffserläuterungen. Die in der Arbeit kursiv gedruckten Begriffe und Fachausdrücke sind dort definiert und näher erläutert. Die zum Erfassen der Problematik notwendigen Termini sind zusätzlich im Text an geeigneter Stelle definiert und erklärt.

1.3 Begriffliche Abgrenzungen

Eine Gruppe von Rechnersystemen und Terminals, die über Kommunikationsleitungen miteinander verbunden sind und Informationen und Ressourcen gemeinsam nutzen können wird als ein (Computer-)*Netzwerk* bezeichnet.

Ein gebräuchliches Merkmal zur Unterscheidung von *Netzwerken* ist deren räumliche Ausdehnung. Man kann hierbei vier Klassen unterscheiden:[12]

– Globale Netzwerke (*GAN*),
– Weite Netzwerke (*WAN*),
– Stadtnetze (*MAN*) sowie
– Lokale Netze (*LAN*).

Globale Netzwerke – GAN

Unter Global Area Networks (*GAN*) sind weltumspannende Netze zu verstehen, die i. d. R. über Satelliten Rechner und *Subnetze*[13] verschiedener Kontinente verbinden.[14] Die Antwortzeiten innerhalb dieser Netze betragen oft einige Minuten.

Weite Netze – WAN

Als Wide Area Networks (*WAN*) kann man kontinentale (Länder-)Netze definieren. Sie verbinden innerhalb von einzelnen Ländern bzw. Kontinenten Rechner und *Subnetze*.[15] Die Übertragungsraten in diesen Netzen liegen im Bereich der *GANs* bzw. etwas langsamer. Sie betragen bis zu 100 Kbit/s.

Stadtnetze – MAN

Metropolitan Area Networks (*MAN*) sind Netze innerhalb von Stadtgebieten. Diese noch recht junge Entwicklung dient dem Ziel, eine schnelle Hochleistungskommunikation mit Übertragungsraten zwischen 50 und 100 *Mbit/s* innerhalb von Städten zu erreichen.[16]

---

12 Vgl. Kauffels, F.-J. (1989a), S. 19–21.
13 Eigenständiges, homogenes LAN. Als Subnetz können auch mittels Bridge (vgl. Kapitel 4.6) entkoppelte Teilnetze eines Kommunikationsnetztes bezeichnet werden.
14 Näheres hierzu u. a. in: Ambrosch W. D./Maher, A./Sasscer, B. (Hrsg.) (1989) sowie Glienke, P. (o. J.).
15 Beispiele hierfür sind das Datex-P-Netz der Telecom, das Arpanet des DoD sowie das Wissenschaftsnetz WIN.
16 Dadurch sollen u. a. Verkehrsleitsysteme realisiert werden.

Lokale Netze – LAN

Unter Local Area Networks (*LAN*) sind schließlich Netzwerke auf räumlich begrenztem Gebiet zu verstehen. „Ein Local Area Network ist ein eigenständiges technisches System zur Verknüpfung voneinander unabhängiger Computer, *Terminals*, Arbeitsplatzsysteme usw. mit dem Ziel, zwischen diesen wahlfreie, bedarfsorientierte Verbindungen zu schaffen. Die Ausdehnung eines solchen Netzes ist auf den privaten Bereich des Anwenders beschränkt."[17]

Aus dieser Definition ergibt sich die Forderung nach offenen Systemen, die in der Lage sind, durch Konvertierung die Inkompatibilitäten der verschiedenen Systemkomponenten zu beseitigen, um ein *Kommunikationsnetz* zu schaffen. Eine andere, etwas ausführlicher und technikorientierter gehaltene Definition, ist die der internationalen Standardisierungs-gremien *IEEE* und *ECMA*, die sich wie folgt in drei Teile gliedert:[18]

- Ein Local Area Network ist ein Datenkommunikationssystem, welches die *Kommunikation* zwischen mehreren unabhängigen Geräten ermöglicht.
  Voraussetzung für die *Kommunikation* zwischen unabhängigen Geräten sind dabei selbständige Geräte und Systeme mit eigener Intelligenz, die für die Kommunikation untereinander dieselben Kommunikationsregeln beherrschen müssen.
- Ein *LAN* unterscheidet sich von anderen Arten von *Datennetzen* dadurch, daß die Kommunikation üblicherweise auf ein in der Ausdehnung begrenztes geographisches Gebiet, wie ein Bürogebäude, ein Lagerhaus oder ein Gelände, beschränkt ist.
  Geographisch begrenzt heißt, daß die meisten *LANs* durch ihren technischen Aufbau in ihrer Ausdehnung begrenzt sind, um hohe Datenraten[19] bei extrem niedriger Fehlerrate erreichen zu können. Die Ausdehnung variiert zwischen einigen 100 Metern bis zu wenigen Kilometern.
- Das Netz stützt sich auf einen Kommunikationskanal mittlerer bis hoher Datenrate, welcher eine durchweg niedrige Fehlerrate besitzt. Dabei befindet sich das Netz im Besitz und Gebrauch einer einzelnen Organisation (eines Unternehmens bzw. Betriebes). Dies steht im Gegensatz zu den *WANs* etc., die als öffentliche Kommunikationsmittel benutzt werden.
  Eine hohe Datenrate und niedrige Fehlerrate[20] lassen sich durch die Verwendung hochwertiger Kabel (mit guter Abschirmung und niedriger Dämpfung) erreichen. Hieraus resultieren auf kurzen Entfernungen Übertragungsraten von 1 *Mbit/s* bis zu einigen 100 Mbit/s. Für die einzelne Verbindung liegt die Übertragungskapazität end-geräte- und anwendungsabhängig im Spektrum von einigen Kbit/s bis einigen Mbit/s.

---

17   Dieterle, G. (1985), S. 29.
18   Vgl. European Computer Manufacturing Association (ECMA) (Hrsg.) (o. J.) sowie IBM (Hrsg.) (1987).
19   Bei Systemen mit hohen Datenraten können, vereinfacht ausgedrückt, mehr Daten pro Zeiteinheit übertragen werden.
20   Fehler pro Zeiteinheit.

Datenverarbeitungsnetze und Nebenstellenanlagen

Ergänzend zum *LAN* gibt es noch zwei weitere Netzformen der *Inhouse-Kommunikation*:

– Datenverarbeitungsnetze (*DV*-Netze) und
– Nebenstellenanlagen (NStAnl.).

Die generellen Merkmale dieser Netze werden im Vergleich zum LAN in Abbildung 1.1[21] dargestellt. Auf die im Zusammenhang mit diesem Buch relevanten Unterschiede wird im Kapitel 2.1 eingegangen. Es sei an dieser Stelle nur soviel vorweggenommen, daß *LANs*, wie die DV-Netze auch, eine spezielle Entwicklung der Datenverarbeitungstechnik, Nebenstellenanlagen eine Entwicklung der Nachrichtentechnik sind.

Netztyp	Merkmale			
	Anwendung	Steuerung	Übertragungs-rate	Anschlussvor-aussetzungen
DV-Netz	zentral	zentral	niedrig bis hoch	hersteller-spezifisch
NStAnl.	dezentral	zentral	niedrig bis mittel	gem. CCITT
LAN	dezentral	dezentral	mittel bis hoch	hersteller-spezifisch und Industrie-standards (CCITT, IEEE)

Abbildung 1.1:   Netzformen der Inhouse-Kommunikation

1.4 Die EDV-Struktur eines Beispiel-Unternehmens

Der Verlauf der *EDV*-Evolution in Unternehmen dürfte in vielen Fällen ähnlich wie das folgende Szenario ablaufen. Das der Veranschaulichung dienende Beispiel eines imaginären Unternehmens ist einfach und abstrakt gewählt. Dadurch ist es möglich, relativ viele Teilprobleme darzustellen. Von der verwendeten Hard- und Software entspricht es vereinfachend den Strukturen vieler Unternehmen.

---

21   Vgl. IBM (Hrsg.) (1987).

Organisationsstruktur

Folgende Situation sei gegeben:

In einem Unternehmen habe sich die in Abbildung 1.2 dargestellte Organisationsstruktur herausgebildet, in der nur der Marketing-Bereich stärker untergliedert werden soll:

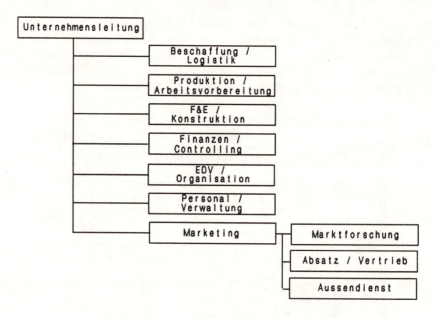

Abbildung 1.2:   Fiktive Organisationsstruktur eines Unternehmens

Parallel hierzu ist im Laufe der Jahre nachfolgende DV-Struktur entstanden. Die zur Konkretisierung angeführten Produktnamen diverser Hersteller stehen dabei stellvertretend für verschiedene *Softwarewerkzeuge*, die allerdings nahezu beliebig austauschbar sind. Es handelt sich um Programme, die in der Wirtschaft häufig zum Einsatz kommen. Einen Überblick bezüglich der eingesetzten Systeme gibt die Abbildung 1.3.

EDV-Struktur

Zu Beginn der *DV*-Einführung wurde ein *Großrechner* angeschafft, der vorwiegend in den Bereichen Beschaffung, Arbeitsvorbereitung, Absatz/Vertrieb, Rechnungswesen und Verwaltung eingesetzt wird.

Im Laufe der Zeit kamen in diesen und anderen Teilbereichen zusätzlich *Workstations* und *Personal Computer* zum Einsatz. Dies geschah jedoch nicht für das gesamte Unternehmen koordiniert, so daß, je nach Anforderungen der Bereiche, unterschiedliche Systeme Verwendung finden.

Unternehmensbereich	Hardware	Betriebssystem/ Netzwerksystem	Software
Unternehmensleitung EDV / Organisation	Vgl. Kapitel 5.3.4 Mainframe PC 80386 SX	Vgl. Kapitel 5.3.4 div.	Vgl. Kapitel 5.3.4 div.
Beschaffung / Logistik	PC 80386	Unix System/V TCP/IP (Open Desktop)	Spezielle Programme
Produktion / Arbeitsvorbereitung	PC 80386 SX	DOS 4.01 NetWare 286	Terminal- emulation, eigene Prg.
F&E / Konstruktion	Workstation	SUN/OS TCP/IP	CAD-System
Finanzen / Controlling	PC 80386 SX	OS/2 1.1; DOS 4.01 LAN-Manager	SPSS, dBase Lotus 1-2-3
Personal / Verwaltung	PC 80286 AT	DOS 3.3 NetWare 286	Word, dBase, Symphony
Marketing Marktforschung	PC 80386 SX	OS/2 1.1 DOS 4.01 LAN-Manager	SPSS, dBase Lotus 1-2-3, Clipper, Chart, Harvard Graphics Word
Absatz / Vertrieb	PC 80286 AT	DOS 3.3 NetWare 286	dBase, Symphony
Aussendienst	div. XT, AT Laptops	div. DOS X.25-Gateway; NetWare	Word, XModem, Symphony

Abbildung 1.3:   Musterbeispiel einer EDV-Ausstattung

1.) Forschung und Entwicklung

Die Bereiche Forschung und Entwicklung sowie die Konstruktionsabteilung benötigen ein leistungsfähiges CAD-System und beschafften *Workstations* auf *Unix*-Basis.

2.) Verwaltung

Im Verwaltungsbereich werden insbesondere für die Sekretariate *DOS*-Rechner zur Textverarbeitung (WORD) sowie im Personalbereich zur Personalplanung mit eigenen Datenbank-Programmen (dBase) eingesetzt. Im Rechnungswesen finden ebenfalls DOS-Rechner in Verbindung mit einer Tabellenkalkulation (Symphony) Verwendung.

3.) Marketing

Der Marketing-Teilbereich Absatz und Vertrieb nutzt zur sachbearbeiterspezifischen Kundenverwaltung ebenfalls *DOS*-Computer mit Datenbank- und Tabellenkalkulationsprogrammen (dBase, Symphony). Die dBase-Programme werden in eigener Regie, die Symphony-Kalkulationsblätter durch die EDV-Abteilung erstellt.

4.) Arbeitsvorbereitung

In der Arbeitsvorbereitung verwendet man für Soll-Ist-Vergleiche und ähnliche Aufgaben der Zeitplanung *DOS*-Rechner, die über eine *Terminal-Emulation* und einen *File-Transfer* Zugang zum *Großrechner* (*Host*) haben. Die Berechnungen werden von Pascal- und Cobol-Programmen, die von der EDV-Abteilung entwickelt worden sind, unterstützt.

5.) Marktforschung und Controlling

Für die zunehmend komplexer werdenden Auswertungen setzen die Teilbereiche Marktforschung und Controlling vernetzte *OS/2*-Rechner ein. Dabei kommen neben den *OS/2*-Versionen von Statistik- und Kalkulationsprogrammen (SPSS, Lotus 1-2-3) die *DOS*-Versionen von Statistik-, Grafik- und Datenbankprogrammen (SPSS, CHART, Harvard Graphics, Clipper) und eine Textverarbeitung (WORD) zum Einsatz. Die Zugriffsmöglichkeit auf gemeinsame *Daten* und der daraus resultierende Vernetzungsbedarf waren Gründe zur Zusammenarbeit dieser Bereiche.

6.) Beschaffung und Logistik

In der Abteilung Beschaffung und Logistik können die anfallenden Aufgaben durch ein am Markt erhältliches *Unix*-Programm erheblich vereinfacht werden. Dabei kommt es neben Zeitersparnissen auch zu Kosteneinsparungen durch mehr Flexibilität und Qualitätsverbesserungen. Das eingesetzte *Unix*-System ist über einen *Server* und mit Hilfe von *TCP/IP* vernetzt.

7.) Außendienst

Die Außendienstzentrale erhält zur verbesserten Außendienststeuerung eigene *DOS*-Rechner und Laptops. Diese erhalten über das Netz der deutschen Bundespost und den *Großrechner* einen Zugriff auf Teile der Großrechnerdaten und auf das Marketing-Netz.

Grundlegende Integrationsziele

Die Unternehmensleitung beschließt, die Informationspotentiale der Teilbereiche besser zu nutzen und die *Kommunikation* innerhalb des gesamten Unternehmens zu verbessern und zu beschleunigen. Dabei soll mittelfristig ein System implementiert werden, welches der Unternehmensleitung und den Bereichsleitern schnell *Informationen* zur verbesserten Entscheidungsfindung liefern kann. Zudem sollen auf dieser Basis standardisierte Analysen möglich sein, um hieraus mögliche Entwicklungen und Wettbewerbsvorteile früher erkennen zu können. Aus Sicherheitsgründen sollen auf diese *Daten* nur die Unternehmensleitung, die Bereichsleiter und zeitweise einige Programmentwickler sowie das *Netzwerk-Management* Zugriff haben.

Teilziele und Probleme

Teilprobleme bzw. Teilziele sind hierbei:

- Verwendung der bereits vorhandenen Hard- und Software, soweit dies möglich ist (Investitionsschutz).
- Aufbau von *Subnetzen* in den jeweiligen Teilbereichen, um die bereichsinterne *Kommunikation* (innerhalb der Linie) zu beschleunigen (vertikale Integration) und *Datensicherheit* und *Datenschutz* zu gewährleisten (Sicherheitsanforderungen).
- Aufbau eines Netzes für das gesamte Unternehmen, auf das möglichst alle Mitarbeiter (gesichert) zugreifen können (horizontale Integration).
- Verfügbarkeit vorhandener Datenbestände der verschiedenen Programme auch für andere Programme (Konvertierung, Verfügbarkeit).
- Beseitigung mehrfach vorhandener, identischer *Daten* und Festlegung der Zuständigkeit für die Pflege dieser Daten (*Redundanzfreiheit*, Zuständigkeit, Kontinuität).
- Ausstattung der Bereichsleiter mit Hardware, die es ermöglicht, optimal im eigenen *Subnetz* und im Management-Netz zu arbeiten (heterogene Vernetzung).
- Überprüfung organisatorischer Folgen und Definition der Anforderungen möglicher Reorganisationsbedarfe.

Prinzipskizze des Netzwerkes

Nach Abschluß des Grobplanes in bereichsübergreifender Projektarbeit entsteht die in Abbildung 1.4 vereinfacht skizzierte Darstellung eines Netzwerkes für das gesamte Unternehmen.

Geplant sind insgesamt neun *Subnetze*, die jedoch miteinander kommunizieren können.

Die Auseinandersetzung mit den Teilsystemen dieser Darstellung findet insbesondere im Kapitel 5.3 statt und erfährt an dieser Stelle keine nähere Präzisierung.

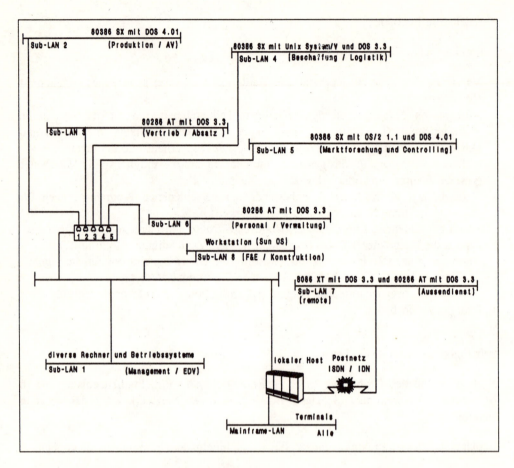

Abbildung 1.4:   Darstellung des geplanten Unternehmensnetzes

2. Der Einfluß der Vernetzung auf das Unternehmen

Durch lokale Netze wird der Computerverbund in räumlich begrenzten Bereichen, z. B. in einem Bürobereich oder einem Produktionsbetrieb, ermöglicht. Sinnvoll angewandt, schlägt sich diese Kommunikation zwischen Rechnern in Zeit- und Geldersparnissen sowie Produktivitäts- und Effektivitätserhöhungen nieder.[1]

Um die Möglichkeiten und Grenzen der *Bürokommunikation*, insbesondere der lokalen *Netzwerke* beurteilen zu können, ist es nützlich, sich zuvor die historische Entwicklung zu vergegenwärtigen.

2.1 Geschichtliche Entwicklung der Datenverarbeitungs- und Nachrichtentechnik

Die geschichtliche Entwicklung im Bereich der EDV hatte einen starken Einfluß auf die kommunikationstechnische Infrastruktur innerhalb des Unternehmens. Sie läßt sich in mehrere Abschnitte unterteilen.

60er Jahre

Der unternehmensinterne Einsatz der EDV begann in den 60er Jahren. Er war regelmäßig gekennzeichnet durch isolierte Groß-DV-Lösungen. Die eingesetzten *Großrechner* arbeiteten im *offline*-orientierten *Stapelbetrieb* mittels Lochkarten oder einfacher *Terminals*. Kern- und Massespeicher waren teuer und die Programmierung konnte nur von EDV-Spezialisten durchgeführt werden. Private *Netzwerke* wurden fast ausschließlich durch Datenübermittlungsdienste der Post (*IDN*[2]) und leistungsorientierte Verbindungen der Nebenstellenanlagen (*PABX*[3]) unterstützt. Zur *Datenübertragung* im Inhouse-Bereich wurden Telefonnebenstellenanlagen in Verbindung mit *Modems* verwendet.

70er Jahre

In den 70er Jahren sanken die Preise für Hardware, wodurch eine aufwendigere Programmierung, bedingt durch höhere Speicherkapazitäten, möglich wurde. Dies führte zu einem verstärkt terminalorientierten *Online*-Betrieb der Programme. Eine Interaktion zwischen dem *Anwender* und den Programmen (*Dialogbetrieb*) wurde möglich. Parallel hierzu wurden die zentralistisch orientierten DV-Netze ausgebaut. Die zueinander meist inkompatiblen Großrechner-Netze basierten auf *PABX*, Datex-Leitungen oder herstellerspezifischen Verkabelungen.

---

1   Für eine umfassendere Abhandlung der Bewertung der Wirtschaftlichkeit von lokalen Rechnernetzen vgl. Reichwald, R. (1988), S. 265 ff.
2   IDN = Integriertes Text- und Datennetz (DBP – Telecom).
3   PABX = Private Automatic Branch Exchange System.

80er Jahre

Die 80er Jahre waren geprägt von der Koexistenz der klassischen *Großrechner* und der zunehmenden Verbreitung von sogenannten *Personal Computern* (*PC*). Die Inhouse-Vernetzung gewinnt zunehmend an Bedeutung und der starke Preisverfall im Hardware-Sektor unterstützten in Verbindung mit den Entwicklungen im Software-Bereich die wachsende Dezentralisierung durch den PC-Einsatz. Für die *Kommunikation* im lokalen Bereich existierten nach wie vor zwei getrennte Lösungen: Sternförmig aufgebaute Nebenstellenanlagen für die Sprachübermittlung und häufig ebenfalls in Sternform realisierte Terminalnetze für den Datenverkehr mit der Groß-DV. Eine einheitliche Vernetzung unter Berücksichtigung *heterogener* Personal Computer-Netzwerke zeichnete sich durch Standardisierungsbestrebungen der Hardwarehersteller ab.[4]

Gegenwart und Zukunft

Sieht man vom Aspekt der Sprachintegration ab, so kann man heute einen eindeutigen Trend zur Eingliederung von *Daten*, Text und Bild in *heterogenen*, verteilten Systemen erkennen. Im öffentlichen Bereich wird dies durch die Entwicklung von *ISDN*[5] und den damit verbundenen Postdiensten unterstützt. Im lokalen Bereich wachsen DV-Netze, *LAN*[6]- und *PABX*[7]-Architekturen zusammen.

Mit der Digitalisierung der Nebenstellenanlagen wird auch die Integration von Sprache wirtschaftlich tragbar, wodurch sich die in Abbildung 2.1[8] aufgezeigten Kommunikationsmöglichkeiten ergeben.

In Abhängigkeit von den eingesetzten Software-Produkten und dem Grad des Ausbaus der Kommunikationsinfrastruktur unterstützen lokale Netze nahezu alle Bereiche außer Sprache (vgl. den Inhalt des punktierten Rahmens in Abbildung 2.1). Dabei kann bei Vorhandensein der entsprechenden Netzübergänge in gewissem Umfang auch die *Kommunikation* mit den Außenbereichen (über *MAN*, *WAN* und *GAN*) unterstützt werden.

---

4   Vgl. Dieterle, G. (1985), S. 9–12.
5   ISDN = Integrated Services Digital Network.
6   LAN ist eine Entwicklung aus der DV-Technik.
7   PABX ist eine Entwicklung aus der Nachrichtentechnik.
8   Vgl. Dieterle, G. (1985), S. 61 und 68.

Gegenwärtig:

Informationsform	lokal	unternehmenswelt	nach aussen
Sprache	Nebenstellen-anlagen	Nebenstellenanlagen und Fernmeldenetz	
Daten	DV-Daten-netze	NStAnl. und Modems, Datex-Netze, HfD	Datex-Dienste
Text	--- Hauspost	Telex, Teletex, Briefpost	Telex, Teletex, Briefpost
Festbild	--- Hauspost	Telefax, Briefpost	Telefax, Briefpost
Bewegtbild	Videonetze	---	---

Zukünftig:

Informationsform	lokal	unternehmenswelt	nach aussen
Sprache	Nebenstellen-anlagen	Nebenstellenanlagen und Fernmeldenetz	
Daten	DV-Datennetze LANs	NStAnl. und Modems, Datex-Netze, HfD, LAN-Bridges	Datex-Dienste
Text	LANs, (Hauspost)	Telex, Teletex, elektronic Mail (Briefpost)	Telex, Teletex, Briefpost
Festbild	LANs, (Hauspost)	Telefax, Briefpost	Telefax, Briefpost
Bewegtbild	LANs, Videonetze	LANs, Videokonferenz	--- Videokonferenz

Abbildung 2.1:   Gegenwärtige und zukünftige Nutzung von Netzen und Diensten zur Abwicklung der Kommunikation eines Unternehmens

2.2 Kommunikation als Grundlage der Informationsverarbeitung

Der Wandel von der Industriegesellschaft zur Informationsgesellschaft hat zunehmenden Einfluß auf die Bewertung von Informationen und Know-How.

Der Produktionsfaktor Information

Mit der anhaltenden Diskussion um die modernen Kommunikationstechnologien setzt sich die Erkenntnis durch, daß *Information* für jedes Unternehmen ein gleichrangiger Produktionsfaktor neben Arbeit, Boden und Kapital bzw. Arbeit, Betriebsmitteln und

Werkstoffen ist. Sie ist dabei als ideenspendende, verknüpfende, begleitende, vorauseilende und dokumentierende Grundlage des Entscheidungsprozesses zu verstehen.[9]

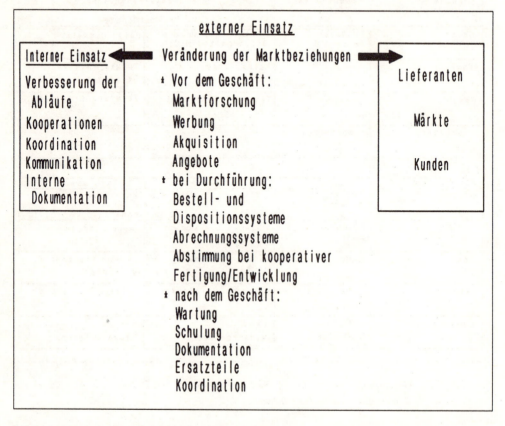

Abbildung 2.2:   Der Einsatz des Produktionsfaktors Information

Abbildung 2.2[10] zeigt in diesem Zusammenhang grundlegende Relationen zwischen dem internen und externen Einsatz des Produktionsfaktors Information. Obwohl eine solche Betrachtung noch strittig ist und derzeit stark diskutiert wird, ist es unbestreitbar, daß die effektive und rationelle Ausnutzung von Informationspotentialen einen starken Einfluß auf die Wettbewerbspositionen eines Unternehmens hat.

Information, Daten und Kommunikation

Die Schlüsselbegriffe *Information*, *Daten*, *Kommunikation* und Informationsverarbeitung kann man dabei wie folgt voneinander abgrenzen:

---

9   Vgl. Picot, A. (1990), S. 6 und Heilmann, H. (1987), S. 3.
10   Quelle: Picot, A. (1990), S. 9.

– *Information*, verstanden als zweckorientiertes Wissen um oder die Kenntnis über Sachverhalte, ist die Basis zur sinnvollen Kombination der Produktionsfaktoren im Rahmen des Produktionsprozesses.[11]

– *Daten* sind an einen Datenträger gebundene Informationen in Form von Zeichen oder Zeichenkombinationen. Sie lassen sich z. B. organisatorisch nach Stammdaten, Bewegungsdaten und Änderungsdaten einteilen.[12]

– Unter *Kommunikation* ist der notwendige Austausch von Information zwischen den einzelnen Organisationseinheiten eines arbeitsteiligen Systems zu verstehen.[13]

Beim Vergleich mit der anglo-amerikanischen Literatur wird deutlich, daß sich der Begriff „Communication" erheblich vom deutschen Begriff „Kommunikation" unterscheidet. Während im deutschen der Sinngehalt etwa „Austausch und Verstehen von Informationen" bedeutet, liegt das Verständnis im anglo-amerikanischen Sprachraum mehr bei „Verbindung schaffen zum Zwecke des Informationsaustausches".[14]

Daten- bzw. Informationsverarbeitung

Unter Daten- bzw. Informationsverarbeitung kann man die zielgerichtete, computergestützte bzw. gedankliche Verknüpfung von Teilinformationen verstehen.

„Die Chance für eine erfolgreiche Unternehmensstrategie ergibt sich in erster Linie aus der Ungleichverteilung von Information, Wissen und Können in der Wirtschaft."[15] Die schnelle Verfügbarkeit relevanter *Informationen* verbessert die Effizienz des Arbeitsprozesses und vermeidet oft falsches Handeln. Die hierzu benötigten *Daten* sind zu großen Teilen häufig in den DV-Systemen des Unternehmens vorhanden. Um hieraus die für einen Entscheidungsprozeß benötigten *Daten* zu selektieren und gegebenenfalls zu kumulieren, ist eine *Kommunikation* der Rechner untereinander ebenso nötig wie die interpersonelle Kommunikation.

Die organisatorischen Probleme der Bereitstellung der benötigten *Information* kann jedoch nicht alleine von Spezialabteilungen übernommen werden. Da der objektive *Informationsbedarf* (vgl. Abbildung 2.3[16]) i. d. R. den Fachbereichen besser bekannt ist, sind diese mit in das *Informationsmanagement* einzubeziehen. Hieraus ergibt sich, daß das Informationsmanagement eine mit dem Führungsprozeß eng verbundene Querschnittsfunktion darstellt.

---

11 Vgl. Picot, A. (1990), S. 6.
12 Vgl. Schulze, H. H. (1984), S. 87.
13 Vgl. Frese, E. (1987), S. 29.
14 Vgl. Dieterle, G. (1985), S. 29.
15 Picot, A. (1990), S. 6.
16 Picot, A. (1990), S. 8.

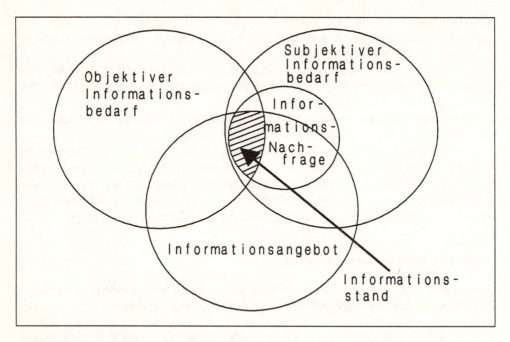

Abbildung 2.3:   Der Informationsbedarf im Unternehmen

2.3 Verbundeffekte durch Rechnernetze

Um die im Unternehmen vorhandenen Daten und Informationen aufgabenadäquat verfügbar zu machen, besteht eine Notwendigkeit der Reorganisation der unternehmensinternen Kommunikationsinfrastruktur. Ein Teilsystem dieses Bereiches sind die rechner-
gestützten Informations- und Kommunikationssysteme. Einige allgemeine Aspekte hierzu
werden im folgenden kurz angesprochen.

Kosten- und Nutzenaspekte

Bei der Planung eines Inhouse-Netzes gibt es viele Einflußfaktoren. Die Kostenaspekte,
die i. d. R. relativ gut quantifizierbar sind, betreffen hauptsächlich eher technische Details
der Realisierung, wie Kabeltyp, Netztopologie, *Übertragungstechnik*, *Adapterkarten* etc.
(vgl. hierzu näher Kapitel 4.2). Im Bereich der Nutzenaspekte, den konkreten Anwendungsformen sowie Kommunikationswegen und den daraus resultierenden Nutzen, ist
dies oft mangels einer Transparenz des Marktes und noch mangelnder Standardisierungen
weniger der Fall. Die für den Anwender relevanten Planungskriterien, wie erforderliche
Netzübergänge und Anwendungsformen (*Netzdienste*), veranschaulichen die Positionen 5

und 6 der Abbildung 2.4[17]. Die nähere Spezifikation der Planungskriterien hierzu erfolgt in den nächsten Abschnitten.

Planungskriterium	LAN-Komponenten bzw. -Funktionen
1 Anzahl und räumliche Verteilung der Endeinrichtungen (Benutzer)	Netztopologie; Kabeltyp
2 Durchsatzanforderungen	Kabeltyp; Übertragungsverfahren; Zugriffsverfahren
3 Art der anzuschliessenden Endeinrichtungen	Netzwerkinterface bzw. Netzwerk-Adapter
4 Art der Kommunikations-beziehungen	Übertragungs-, Zugriffs- und Übertragungssicherungsverfahren; Netzwerkmanagement
5 Erforderliche Netzübergänge	Bridge- bzw. Gateway-Funktionen
6 Anwendungesformen	Server- und Kommunikationsfunktionen

Abbildung 2.4:   Planungskriterien zur Inhouse-Vernetzung

Im Hinblick auf das Ziel, die Nutzenpotentiale griffiger zu machen, ist eine nähere Spezifikation und Klassifikation dieser Potentiale notwendig.

Anforderungen an einen Kommunikationsverbund

Ausgehend von den globalen Anforderungen an einen Kommunikationsverbund ergeben sich folgende Forderungen:[18]

– Die Verbindung der Arbeitsplätze miteinander.
– Die Zugriffsmöglichkeit der Arbeitsplätze auf Zentral- bzw. Bereichsrechner inklusive deren Datenbestände und Peripherie-Geräte (*Applikations-, Datenbank-* und *Print-Server*).
– Die Unterstützung der Verteilung von Teilaufgaben auf die unterschiedlichen Bearbeitungsstellen.
– Die Verfügbarkeit von Kommunikationsschnittstellen zu öffentlichen Diensten und Netzen (*Kommunikations-Server*).

---

17   Vgl. IBM (Hrsg.) (1987).
18   Vgl. Steimer, F. (1990), Gruppe 5.1, S. 294.

– Die idealerweise parallele Übertragung mehrerer Informationsarten (Daten, Texte, Bilder, Grafiken, Sprache).

Grundlegende Vernetzungsvarianten

Weitere Einflußfaktoren ergeben sich aus der bereits bestehenden Systemhierarchie des Unternehmens. Die grundsätzlichen Vernetzungsvarianten sind:

– HOST-Terminal Vernetzung:
  Die klassische Host-Terminal-Vernetzung (Mainframe-Konzept), die häufig durch das recht langsame und unsichere *PABX* realisiert ist. Durch den Einsatz von Personal Computern mit *Host-Emulation*[19] und moderneren Vernetzungskonzepten kann hier eine höhere Effizienz bei größerer Flexibilität erreicht werden (zentralisiertes Netz).

– LAN-Vernetzung:
  Die absolute Dezentralisierung durch ein *LAN*, bei der das Mainframe-Konzept vollständig durch vernetzte *Workstations* und *Personal Computer* ersetzt ist.

– Backbone-Konzept:
  Das Trassen- bzw. *Backbone-Konzept*. Hier sind an eine Trasse (z. B. auf einer Etage) verschiedene, in sich geschlossene *Subnetze* (*LANs*) angeschlossen. Der Hauptdatenverkehr läuft dabei innerhalb der Subnetze. Das oft leistungsfähigere, z. B. auf Glasfaser basierende *Backbone* dient als bereichsverbindende „Autobahn" zwischen den Subnetzen.

– Hybrid-Netzwerke:
  In der Mehrzahl entstehen jedoch meist Mischkonzeptionen, sogenannte *Hybrid-Netzwerke*.

Die vier Vernetzungsvarianten sind in Abbildung 2.5[20] nochmals in Anlehnung an das Unternehmensszenario veranschaulicht. Die ursprüngliche EDV-Infrastruktur, eine Host-Terminal-Vernetzung, ist im unteren Teil der Abbildung erkennbar. Die einzelnen LANs (Sub-LAN 1 bis 8 mit Ausnahme des Sub-LANs 7) werden über ein Backbone miteinander verbunden. Den Zusammenschluß aller Sub-Netze (Host-Verminal-Netz, Backbone sowie das Sub-LAN des Außendienstes) wird als Hybrid-Netzwerkumgebung bezeichnet.

Gerade der stufenweise Ausbau der *LAN*-Bereiche sowie die Anbindung an existierende Host-Terminal-Netzwerke erweist sich als vorteilhaft. Die zu tätigenden Investitionen können sukzessive und nach Prioritäten gestaffelt erfolgen. Auf die zur Vernetzung der *Segmente* (*Subnetze*) benötigten Teile wird in Kapitel 4.2.6 eingegangen.

---

19   Von emulate = gleichtun; z. B. ein Programm, welches es ermöglicht, an einem anderen Rechner so zu arbeiten, als hätte man ein Terminal dieses Rechnertyps; vgl. näher Kapitel 5.
20   In Anlehnung an Steimer, F. (1990).

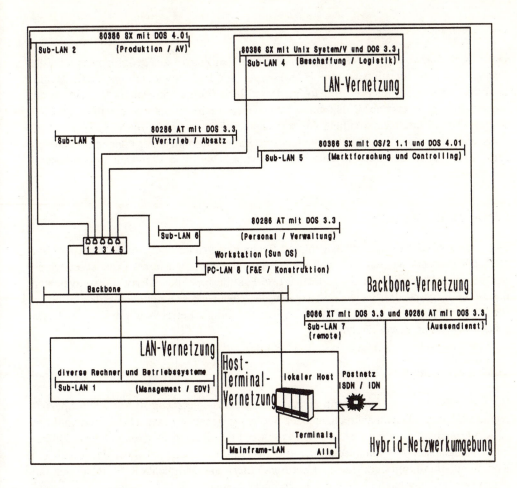

Abbildung 2.5:   Vernetzungsvarianten im Inhouse-Bereich

Verbundeffekte

Als letztes Merkmal zur Klassifizierung der Nutzeneffekte sind vorerst die bereits aus dem Zusammenschluß von Großrechnern bekannten *Verbundeffekte*, nämlich

– Datenverbund,
– Lastverbund,
– Funktionsverbund,
– Leistungsverbund und
– Verfügbarkeitsverbund heranzuziehen.

Diese werden nachfolgend im Zusammenhang mit *Inhouse-Netzen* erläutert.[21]

---

21   Vgl. Kauffels, F.-J. (1989a), S. 15–18.

Datenverbund

Unter *Datenverbund* im allgemeinen versteht man den Zugriff auf geographisch verteilte *Daten*. Beispiele hierfür sind die BTX-Dienste der Post sowie kommerzielle Datenbankanbieter wie Genios (Wirtschaftsdaten) und Juris (juristische Daten). Im *LAN* ist die Verwendung gemeinsamer Daten auf verschiedenen Rechnern unter anderem durch *File-Transfer* sowie durch Verwendung von sogenannten *File-Servern* (*File-Sharing*) möglich. Falls überall das gleiche Textverarbeitungsprogramm verfügbar ist, können so gemeinsam zu bearbeitende Texte von Mitarbeiter zu Mitarbeiter ohne Verwendung von Disketten wandern.

Lastverbund

Der *Lastverbund*, bei dem nicht genutzte Rechnerkapazitäten anderen Mitarbeitern zur Verfügung gestellt werden, läßt sich im PC-Bereich kaum realisieren. Dies ist jedoch ab den *16*- und *32*-bit-Rechnern der Intel *80x86*-Familie bzw. den Motorola-Äquivalenten der *68xxx* aufgrund der Speicherkapazitäten und Rechnergeschwindigkeiten kaum nötig. Im Großrechnerbereich versucht man dies jedoch häufig zu erreichen, um unter anderem die Antwortzeiten zu verkürzen.

Funktionsverbund

Bei einem *Funktionsverbund* kann einem *Host* über das Netz Zugriff auf einen Spezialrechner (Vektor-, Datenbankrechner oder *Server*) gegeben werden. Diese Verbundform ist in Verbindung mit dem *Datenverbund* die wohl interessanteste Verwendungsmöglichkeit. Bezogen auf *Personal Computer* und *Workstations* bedeutet dies, daß durch ein Kommunikationsprogramm (z. B. *Host-Emulation*) die Möglichkeit besteht, sich an einem *Großrechner* anzumelden und auf ihm zu arbeiten.

Leistungsverbund

Durch den *Leistungsverbund* können Problemstellungen wie Simulationen oder komplexe Optimierungen, die in Teilprobleme zerlegbar sind, parallelisiert und somit auf mehreren Rechnern gleichzeitig bearbeitet werden. Dadurch lassen sich im gleichen Zeitraum mehrere Szenarien durchspielen. Als weiteres Einsatzgebiet ist insbesondere innerhalb von *Netzwerken* der Trend zu verteilten, relationalen Datenbanksystemen (z. B. Ingres) zu beobachten. Diese, eher auf *OS/2*- und *Unix*-Systemen zu beobachtende Entwicklung bedeutet, daß die Datenbestände dezentral über Datenbank-Management-Module auf verschiedenen Rechnern im Netz verwaltet werden. Da hierzu eine gemeinsame Steuerung nötig ist, wird an dieser Problematik derzeit noch gearbeitet. Eine Realisierungsansatz ist unter dem Begriff des „Team-Computing"[22] in homogenen Systemumgebungen (Rechner und Betriebssystem eines Herstellerzusammenschlusses)[23] bereits vorhanden.

Verfügbarkeitsverbund

Der *Verfügbarkeitsverbund*, bei dem redundante Geräte im Netz die Aufgaben ausgefallener Teilkomponenten übernehmen können, zielt auf die *Datensicherheit* im System ab. So ist es denkbar, daß die Datenbestände eines wichtigen *Servers* regelmäßig auf einen zweiten *Server* gesichert werden, der dann bei Ausfall des ersten automatisch zugeschaltet werden kann. Ausfallzeiten von empfindlichen Systemkomponenten werden dadurch erheblich gesenkt.

2.4 Einflüsse auf die Aufbau- und Ablaufstruktur

„Bei der ablauforganisatorischen Gestaltung von Vorgängen dominiert heute weitgehend das Prinzip der Arbeitsteilung."[24] Das aufbauorganisatorische Korrelat hierzu ist das funktional, nach Abteilungen und Bereichen gegliederte Unternehmen. Durch die Eigenverantwortlichkeit der Organisationseinheiten entstehen im Laufe der Zeit oft Informationssysteme, welche ebenfalls funktional gestaltet sind (*Insellösungen*). Diese Systeme unterstützen diese Funktionen meist in ausreichender Form. Jedoch ist eine gegenseitige Unterstützung zwischen den horizontalen (mengenorientierten, z. B. Produktion, Beschaffung, Vertrieb) und vertikalen (wertorientierten, z. B. Rechnungswesen) Funktionen i. d. R. mangelhaft. Für die Verdichtung zu Analyse- und Informationssystemen oder gar Planungs- und Steuerungssystemen sind diese Systeme weitgehend ungeeignet.[25]

Reorganisation der Datenverarbeitung

Die gerätetechnische Infrastruktur der EDV ist zunehmend durch eine Dezentralität (Arbeitsplatznähe) gekennzeichnet sowie durch eine Entwicklung zu universell einsetzbaren, flexiblen Werkzeugen mit reduzierter Benutzerkomplexität und damit mehr Benutzernähe. Durch die bisherige Ausrichtung der Organisation auf zentralistische informationstechnische Infrastrukturen wird dieser Tendenz nicht mehr hinreichend Rechnung getragen. Die daraus resultierenden Reorganisationstendenzen der Informationsverarbeitung beziehen sich:[26]

---

22 Geschützter Begriff von HP und DEC.
23 Z. B. das Team-Computing-Konzept von HP und Apollo unter Einbindung von SUN-Workstations.
24 Scheer, A. W. (1988), S. 26.
25 Vgl. ebenda, S. 26–29; vgl. auch Heilmann, H. (o. J.), S. 687.
26 Vgl. Wollnik, M. (1988), S. 63–66.

im DV-Bereich auf die

- Organisation besonderer spezialisierter Informationsverarbeitungseinheiten, insbesondere der Datenverarbeitungsabteilung (z. B. die Einrichtung eines dezentralen Benutzerservicezentrums) und die
- Organisation der Informationssystemgestaltung (Anwendungsentwicklung), z. B. die Implementierung von bereichsübergreifenden Datenbanken.

in den Fachbereichen auf die

- Organisation ganzer Fachbereiche und Sachgebiete zur flächendeckenden Nutzung der neuen Infrastrukturen (Flächenorganisation) und die
- Organisation von einzelnen Informationsverarbeitungsverfahren in den Fachbereichen (Verfahrensorganisation).

Dieser dynamische Prozeß der Entwicklung der Informationsverabeitung wird weitere Einsatzbereiche (z. B. CIM[27], CIB[28]- und KI[29]-Systeme), neuartige Stellenprofile (Informationmanager), eine weitere Dezentralisierung und veränderte Einstellungen zu Führung und Mitarbeit im Unternehmen mit sich bringen.[30]

Beispiel zur Zielhierarchie

Um zusammenfassend wieder einen Bezug zur klassischen Zielhierarchie des Unternehmens (z. B. die Sicherung und Erweiterung des Marktanteils) herzustellen, soll diesbezüglich ein kurzes Beispiel aus dem Bereich CIM erläutert werden (vgl. Abbildung 2.6[31]).

Durch die Dezentralisierung und Implementierung flexibler und sicherer Informationssysteme sowie deren Integration in den gesamten Unternehmensprozeß können tendenziell folgende strategischen Subziele unterstützt werden:[32]

- Zeitziele: Durch geringere Entwicklungs- und Auftragsdurchlaufzeiten können kürzere Lieferzeiten erreicht werden.
- Flexibilitätsziele: Ein verbessertes Reaktionsvermögen erlaubt die Anpassung an wechselnde Markterfordernisse und wirkt sich positiv auf die Lieferfähigkeit sowie die Lagerbestände aus.
- Qualitätsziele: Die Vermeidung fehlerträchtiger Mehrfacheingaben bei der Datenerfassung sowie eine mögliche automatisierte Kontrolle des Produktionsprozesses führen zu einer verbesserten Produktqualität.

---

27   CIM = Computer Integrated Manufacturing.
28   CIB = Computer Integrated Business.
29   KI = Künstliche Intelligenz (Expertensysteme).
30   Vgl. Heilmann, H. (o. J.), S. 699–700.
31   Quelle: Eversheim, W. (1988), S. 5.
32   Vgl. ebenda, S. 4–8.

– Kostenziele: Senkung der Kosten als Folge der Verbesserungen der drei anderen Subziele.[33]

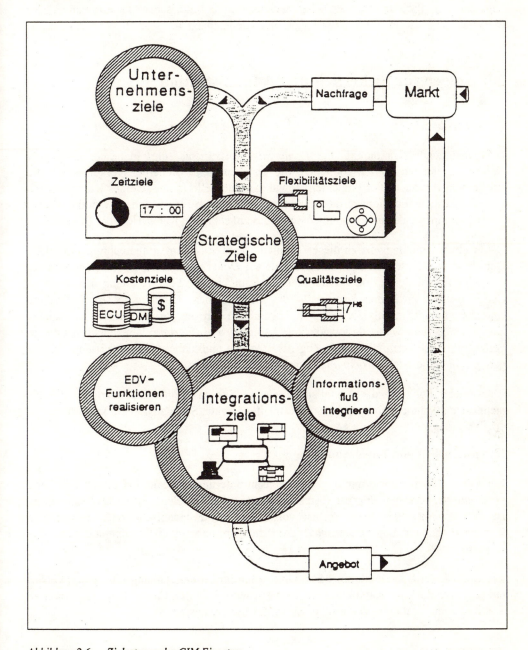

Abbildung 2.6:   Zielsetzung des CIM Einsatzes

---

33   Dies gilt jedoch erst, wenn die vorangegangenen Subziele marktwirksam geworden sind.

Dies ist nur ein unvollständiger Abriß der Folgen und Zusammenhänge bei der Einführung bzw. Ausweitung von computergestützter Unternehmenskommunikation. Auf ein Segment der Problematik, die eher technisch-organisatorischen Determinanten der Sicherheit und Administration, wird nachfolgend eingegangen.

2.5 Folgen für Sicherheit und Administration

Sicherheitsaspekte

Die zunehmende Komplexität der *Kommunikationssysteme* führt nicht nur in lokalen Netzen zunehmend zu Risikoquellen, die ohne spezielle Sicherheitsvorkehrungen die Rechte von Personen (Personaldaten) sowie das materielle Interesse eines Unternehmens z. B. durch Industriespionage oder Sabotage gefährden.[34] Das Gefahrenpotential wächst sowohl von innen als auch von außen durch das zunehmende Know-How der Benutzer.

Das wichtigste Schlagwort zu dieser Thematik heißt vor allem „unberechtigter Zugriff". Der absichtliche oder unabsichtliche Zugriff auf *Daten* und dessen unbeabsichtigte oder mutwillige Veränderung oder Zerstörung, u. a. durch eine Fehlbedienung des Systems, führen oftmals zu hohen Kosten für das Unternehmen. Durch eine standardmäßige Zugriffssicherung mittels *Passwort* in Verbindung mit der Protokollierung erfolgloser Eindringungs- und Manipulationsversuche (*Ablaufprotokollierung*) läßt sich dieses Risiko bereits erheblich vermindern. Die Zugriffssicherung muß dabei differenziert und flexibel genug sein, um die freie *Kommunikation* nicht zu behindern.

Ein weiterer Punkt ist die Ausfallsicherheit des Systems gegen Datenverluste, die aus technischen Gründen (Systemabsturz, Festplattendefekte, Stromausfall etc.) resultieren.

Datensicherheit und Datenschutz

Zur näheren Systematisierung der Sicherheitsanforderungen dienen die oft unsauber und vermischt verwendeten Begriffe Datensicherheit und Datenschutz. Unter *Datensicherheit* ist die Sicherheit vor dem Verlust von *Daten* durch technische oder menschliche Unzulänglichkeiten, unter *Datenschutz* der Schutz vor unbefugter Verwendung von Daten zu verstehen.[35]

Die Qualität der Sicherheit, auf deren Umsetzung im Zusammenhang mit der verwendeten Software noch im Kapitel 5.2 eingegangen wird, läßt sich für die Datensicherheit an drei Kriterien, für die des Datenschutzes an vier Stufen messen:[36]

---

34   Vgl. Baumgarten, Ch. (1990), S. 11 ff.
35   Vgl. Neumaier, H. (1986), S. 45 ff.
36   Vgl. ebenda, S. 45.

Datensicherheit

Kriterien der *Datensicherheit* sind:

– die Verringerung der Wahrscheinlichkeit, *Daten* ungewollt endgültig zu verlieren (wenn z. B. Speicherorte zerstört oder unzugreifbar werden),
– die Zeit, die verstreicht, bis verlorengegangene *Daten* wieder verfügbar sind (Backup- bzw. Recovery-Zeit) und
– der Organisationsgrad der *Datensicherung* und der Wiederverfügbarmachung (Recovery).

Datenschutz

Aspekte des *Datenschutzes* sind:

– unbefugtes Einschalten in das System,
– unbefugtes Lesen von Daten,
– unbefugtes Schreiben (d.h. auch Verändern und Löschen) von Daten und
– unbefugtes Unbrauchbarmachen des Systems (z. B. Formatieren der Festplatte etc.).

Organisatorische Zielsetzungen

Die Umsetzung dieser Sicherheitsanforderungen muß sowohl von der verwendeten Software (Netzwerk-Software, Virenschutzprogramme[37] usw.) als auch organisatorisch unterstützt werden. Zu letzterem sollten insbesondere folgende Punkte festgelegt werden:[38]

– Benutzerindividuelle Befugnisse (Autorisation)[39],
– nicht umgehbare Kontrollmechanismen (Kontrollinstanz),
– systemweite, konsistente Identität des Benutzers (Authentifikation)[40],
– Schulung der Benutzer zur Vermeidung von Fehlbedienungen und deren Folgen (Know-How),[41]
– Konzept zur Datensicherung und Störfallbehandlung im Bereich Software und Hardware (technische Unterstützung),
– flexibles Sicherheitsmodell, welches die Integration von weiteren Benutzern, *Applikationen* und Systemen erlaubt (Integrierbarkeit).

---

37 Näheres zu Viren, Würmern, trojanischen Pferden usw. u. a. in: Gleißner, W./Grimm, R./Herda, S./ Isselhorst, H. (1990).
38 Vgl. Baumgarten, Ch. (1990), S. 13.
39 Die Auswertung von Stellenbeschreibungen kann hierfür einen guten Anhalt bieten.
40 Dies kann insbesondere in Multivendor-Netzen zum Problem werden, worauf unter Kapitel 5.3 noch näher eingegangen wird.
41 Dies kann jedoch das Risiko mutwilliger Manipulation steigern, falls die Kontrollinstanz versagt.

Die organisatorische Umsetzung dieser Aufzählung sollte sich durch das gesamte Unternehmen ziehen. Eine Zentralisation des Know-Hows in der EDV-Abteilung kann beispielsweise bei versehentlich gelöschten Dateien (häufigste Ursache für Recovery-Abläufe) zu erheblichen Zeitverzögerungen führen. Mit einfachen Hilfsprogrammen wie dem Norton Commander oder den PC-Tools ist der Benutzer (auf DOS-Rechnern) in der Lage, dieses Problem innerhalb weniger Minuten eigenständig zu lösen. Ein Recovery-Lauf hingegen benötigt meist längere Zeit und muß vom Spezialisten gestartet werden.

Systemtechnische Ziele

Von der verwendeten Systemsoftware ist zu erwarten, daß sie folgende Aspekte berücksichtigt:

– Vergabe von mehrteiligen Zugriffsklassen,
– physikalische Dopplung von Daten und logische Datensicherung,
– schnelles und komfortables Recovery sowie
– Datenverschlüsselungsmethoden.

Auf die Möglichkeiten und Grenzen der behandelten Software-Produkte wird noch an geeigneter Stelle (Kapitel 5. und 6.2) eingegangen.

Netzwerk-Management

Im Unterschied zu zentralen *Großrechnern* mit Hostsystemen ermöglichen *LANs* eine flexiblere, auf die Erfordernisse der Benutzer abgestimmte Anpassung an die organisatorische Struktur eines Unternehmens. Zudem wird die Allokation der Ressourcen erheblich dadurch verbessert, daß nicht mehr an jedem Zugriffspunkt Festplattenkapazitäten, Drucker oder sonstige Spezialperipherie nötig sind, da diese über das Netz zu erreichen sind.[42]

Die Komplexität dieser Netze stellt jedoch hohe Anforderungen an die Netze selbst, sowie an das *Netzwerk-Management*.

Die Netze selbst sollten:

– benutzerfreundlich
– flexibel und
– standardisiert sein.

---

42   Vgl. Fachverband Informations- und Kommunikationstechnik (Hrsg.) (1987), S. 6.

Dabei bedeutet *Benutzerfreundlichkeit*, daß die Netze so transparent gestaltet sind, daß der *Anwender* die Netzübergänge (*Bridges* und *Gateways*) nicht bemerkt.[43] Desweiteren sollte das Netz so flexibel sein, daß es die Anforderungen der *Anwender* erfüllt und mit deren Ansprüchen an das System wachsen kann. Mit der zunehmenden Integration der Lösungskonzepte ist die *Kommunikation* über Herstellergrenzen hinweg nötig. Dies erfordert eine weitgehende Standardisierung.[44]

Im Bereich des *Netzwerk-Managements* machen gute Management-Strategien und -Tools den Unterschied zwischen einem Administrator, der die Netzkontrolle ausübt, und einem lediglich reagierenden Verwalter aus. Ziele des Netzwerk-Managements sind:[45]

- Netzsteuerung (Bereitstellung und Verwaltung der Netzwerk-Betriebsmittel),
- *Fehlermanagement* (Prophylaxe, Erkennung und Behebung von Fehlern und deren Ursachen),
- *Konfigurationsverwaltung* (Planung, Erweiterung, Änderung und Pflege der System- parameter und Daten),
- Netztuning (Messung und Verbesserung des Leistungsverhaltens) und
- *Benutzerverwaltung* (Zugangsverwaltung, Verbrauchskontrolle, Abrechnungshilfen und Informationsdienste).

Für die Erfüllung dieser Aufgaben muß das *Netzwerkbetriebssystem* Softwarefunktionen (*Netzdienste*) besitzen, die es ermöglichen, dies von einer Administrator-Station (Konsole), oder besser noch von jedem beliebigen Netz-Rechner (*virtuelle Konsole*) zu erledigen. Zudem sollte diese Software, insbesondere bei größeren, verzweigten Netzen, in der Lage sein, sich selbst zu kontrollieren und dynamisch zu steuern. Das bedeutet, daß Lasten im Netz bei Bedarf automatisch umverteilt werden. Letzteres ist derzeit jedoch nur in Ansätzen realisierbar.[46]

---

43   Daß dies entgegen der Aussagen diverser Marketingabteilungen von Netzwerkherstellern, zum Leid-
      wesen der Anwender, häufig nicht der Fall ist, wird in Kapitel 5 näher dargestellt.
44   Vgl. Fachverband Informations- und Kommunikationstechnik (Hrsg.) (1987), S. 6.
45   Vgl. Kauffels, F.-J. (1989b), S. 174 ff.
46   Näheres zur Netzverwaltung u. a. bei Durr, M./ Gibbs, M. (1990) sowie in Kapitel 6.

3. Betriebssysteme und Benutzeroberflächen

Keine Welt ist so schnellebig wie die der Informationsverarbeitung. Eine kurze Retrospektive in die Entwicklungsgeschichte des *Personal Computers* zeigt, daß sich die noch bis vor wenigen Jahren unübersehbare Varietät von *Betriebssystemen* zugunsten einiger weniger eingegrenzt hat. Der Eintritt von IBM und Microsoft in die PC-Welt sorgte 1980 mit *DOS*[1] zumindest bezüglich PC-Betriebssystemen für einen Standard, und nur wenige, z. B. Apple mit Macintosh, versuchten ein eigenes Betriebssystem im Markt zu etablieren[2].

3.1 Grundlagen der Betriebssysteme

Die Kommunikation des Benutzers mit der Hardware findet üblicherweise über das sogenannte *Betriebssystem* statt. In der DIN 66029 ist festgehalten: „Betriebssystem: Die Programme eines digitalen Rechensystems, die zusammen mit den Eigenschaften der Rechenanlage die Grundlage der möglichen Betriebsarten des digitalen Rechensystems bilden und insbesondere die Abwicklung von Programmen steuern und überwachen."[3]

Benutzeroberfläche(n)				
Anwendungs-Software				
Text-verarbeitung	Tabellen-kalkulation	Datenbanken	. . .	Netzadministration
Programmier-Sprachen				
Basic	Cobol		Pascal	C
Betriebssystem(e)			Netzwerk Betriebssystem	
MS-DOS	OS/2	Unix		
BIOS		NetBIOS (etc.)		
Hardware		Netz-Hardware		

Abbildung 3.1:   Vereinfachte Software-Hierarchie

---

1   Varianten: IBM-DOS bzw. PC-DOS von IBM und MS-DOS von Microsoft.
2   Vgl. Parthier, U. (1988) S. 3.
3   Vgl. DIN (Hrsg.) (1978).

Das *Betriebssystem* (auch operating system; Abkürzungen: BS, OS) bezeichnet folglich die Gruppe von Systemprogrammen, die für den Betrieb einer DV-Anlage unbedingt erforderlich sind. Es stellt zusammen mit der Hardware (der eigentlichen Maschine) die wesentlichen Voraussetzungen für DV-Anwendungen dar, wozu auch im weitesten Sinne Netzwerkprogramme gehören. Abbildung 3.1[4] zeigt die vereinfachte Darstellung des Zusammenspiels zwischen der Hardware, den prozessorabhängigen Basisteilen der Betriebssysteme (*BIOS*[5]) und den in eine Benutzeroberfläche eingebetteten Anwendungen.

3.1.1 Betriebssysteme und deren Aufgaben

Grundsätzlich besteht das *Betriebssystem* aus Grundprogrammen für Abläufe von Anwendungen und aus Zusatzprogrammen, die das Arbeiten auf der Anlage erleichtern, beschleunigen und verbessern. Dabei werden die Grundprogramme ständig im *ROM*[6] (Festspeicher) gehalten, die Zusatzprogramme bei Bedarf in das *RAM*[7] (Arbeitsspeicher) geladen.

Zweck der Systemprogramme ist im wesentlichen (vgl. Abbildung 3.2):[8]

– die Steuerung des Systems,
– die Überwachung der gesamten *Peripherie*,
– die Maximierung der zeitlichen Auslastung[9],
– die Vereinfachung und Erleichterung der Bedienung, der Programmierung und die Ausführung ständig auftretender Routinearbeiten sowie
– die Überwachung und Registrierung aller Arbeiten des Systems.

Die Struktur und der Funktionsumfang der *Betriebssysteme* ist, in Abhängigkeit von der jeweils verwendeten Hardware, sehr differenziert. Es lassen sich jedoch gewisse gleichartige Grundstrukturen erkennen, wenn auch die einzelnen Systemprogramme ihre Aufgaben unterschiedlich lösen.

Besonders bei *Personal Computern* geht der Trend der Betriebssysteme immer mehr zu hardwareunabhängigen, allgemein einsetzbaren Systemen. In neuester Zeit tritt die Benutzerführung in Form von leicht bedienbaren *Benutzeroberflächen*[10] immer stärker in den Vordergrund. Dadurch bleibt das Betriebssystem für den Anwender weitestgehend im Hintergrund.

---

4   Vgl. Scholz, Ch. (1989), S. 4, ergänzt und modifiziert.
5   BIOS = Basic-Input-Output-System.
6   ROM = Read Only Memory.
7   RAM = Random Access Memory.
8   Vgl. Schulze, H. H. (1986), S. 57.
9   Prioritätenvergabe; Zeitscheibenverfahren etc.
10   Z.B. Windows, GEM, X-Window, Motif, ODT-View, Presentation Manager etc.

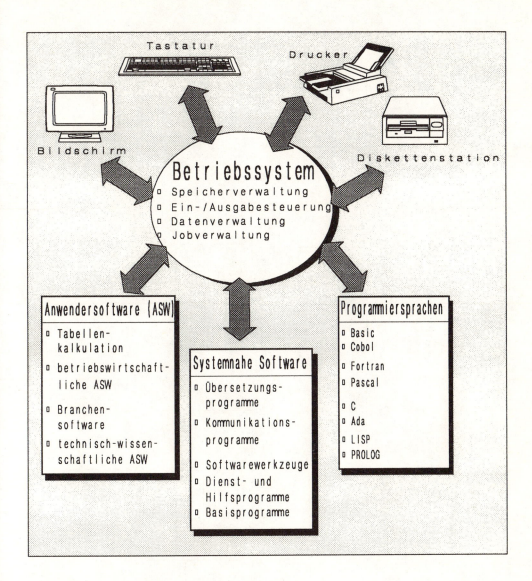

Abbildung 3.2:   Funktionen des Betriebssystems

Überblick über Betriebssysteme für Microcomputer

Einen Überblick über die derzeit verbreitetsten *Betriebssysteme* und *Benutzeroberflächen*
bei *Microcomputern* gibt Abbildung 3.3[11]. Die hervorgehobenen Systeme sind Inhalt des
dritten Kapitels.

---

11   Vgl. Microsoft (Hrsg.) (1989), S. 5. Die Abbildung wurde modifiziert und ergänzt.

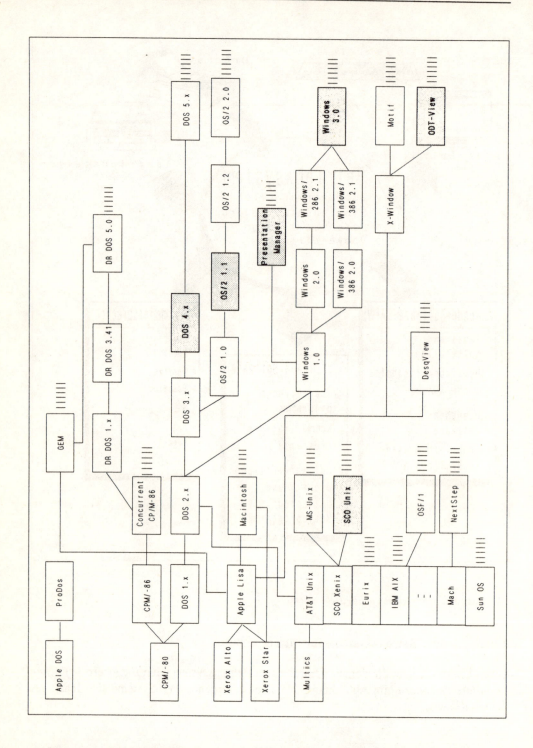

Abbildung 3.3:   Entwicklung der Betriebssysteme und Benutzeroberflächen für Microcomputer

Vorherrschender Aspekt der Betriebssystementwicklung bei Personal Computern ist derzeit der Trend von *Single-User-/Single-Tasking*-Systemen (z. B. MS-DOS) hin zu *Multi-User-/Multi-Tasking*-Systemen (z. B. SCO-Unix).[12]

Mit der zunehmenden Verbreitung der Personal Computer, der fortschreitenden Entwicklung auf dem Hardware-Sektor sowie durch den Vergleich mit anderen grafikorientierten Betriebssystemen, insbesondere Apple Macintosh, steigen auch die Anforderungen an die Betriebssysteme und deren *Benutzerfreundlichkeit*.

Die Entwicklung von Benutzeroberflächen

Die meisten *Betriebssysteme* zeichnen sich durch Bedienungsunfreundlichkeit aus. Die Idee, mit Grafiksymbolen (*Icons*) und Menüs das sture Erlernen von Computerbefehlen zu vermeiden, ist nicht neu. Vorreiter waren Xerox und später Apple mit „Lisa", die jedoch vor der Zeit und im Vergleich zum Industriestandard *MS-DOS* hard- und softwaremäßig zu teuer waren. Ein sinnvoller Einsatz dieser Oberflächen war, insbesondere wegen der langen Antwortzeiten, erst ab dem *Macintosh* Plus von Apple möglich. Da dieses Betriebssystem sehr hardwareabhängig ist, kann es nur auf Rechnern dieser Firma eingesetzt werden. Das Ausweichen auf sogenannte kompatible Rechner, wie beim Einsatz von *DOS*, ist nicht möglich.[13]

3.1.2 Wandel der Anforderungen an Betriebssysteme

Die ersten *Microcomputer* (*Personal Computer*; *PC*) verfügten über 8-Bit-*CPUs* mit 64 KB Hauptspeicher, wovon 32 KB *ROM* für BASIC-Programme (mit einem serienmäßigen BASIC-Interpreter) verfügbar waren.[14]

Der originäre Einsatzbereich dieser privaten Computer, die Bewältigung dezentraler Aufgaben wie Textverarbeitung und kleineren Planungsaufgaben, weitete sich schnell aus. Sie sollten die zunehmend belasteten *Großrechner*, die i. d. R. mehr im *Stapel-* als im *Dialogbetrieb* arbeiteten und bei denen häufig mit unakzeptablen Antwortzeiten zu rechnen war, entlasten. Die Einsatzmöglichkeiten haben sich jedoch, bedingt auch durch die Entwicklungen auf dem Hardwaresektor, sogar noch ausgeweitet.

Nachdem die Softwarebranche Standardprogramme (Lotus 1-2-3, dBase, Excel u. v. a.), für die weniger Programmierkenntnisse nötig waren, auf den Markt brachte, setzte sich der *PC* schließlich auch im Management durch. Fragen, die früher ganze Stäbe von Mit-

---

12 Diese Begriffe werden noch ausführlich erläutert.
13 Vgl. auch Dickschus, A. (1989), S. 143–144 und 146–148.
14 Vgl. auch Wombell, R. (1985), S. 127–128.

arbeitern tage- oder wochenlang beschäftigten, konnten nun vom Manager mit vergleichbar geringem Aufwand am *PC* bzw. an der *Workstation* erledigt werden[15].

Damit stieg der Umfang der *Daten* und *Informationen*. Ebenso entstand auch ein zunehmendes Verlangen nach *Datensicherheit, Redundanzfreiheit* und *Benutzerfreundlichkeit*. Dies führte zu erhöhten Anforderungen an die Rechner und *Betriebssysteme* bezüglich der Kommunikationsfähigkeit der Rechner und Programme untereinander.[16]

Ebenfalls verursacht durch den zunehmenden Datenumfang kam es zu längeren Wartezeiten bei der Berechnung umfangreicher Tabellen oder beim Sortieren und Aufbereiten großer Datenbanken. Da zudem der *Prozessor* bei der Textverarbeitung und ähnlichen Vorgängen nicht ausgelastet ist, bietet es sich an, mehrere Programme gleichzeitig laufen zu lassen (*Multi-Tasking*). Berechnungen von Tabellen, Sortieren von Datenbeständen und das Kompilieren von Programmen können somit im Hintergrund ablaufen, während im Vordergrund mit der Textverarbeitung gearbeitet wird.[17]

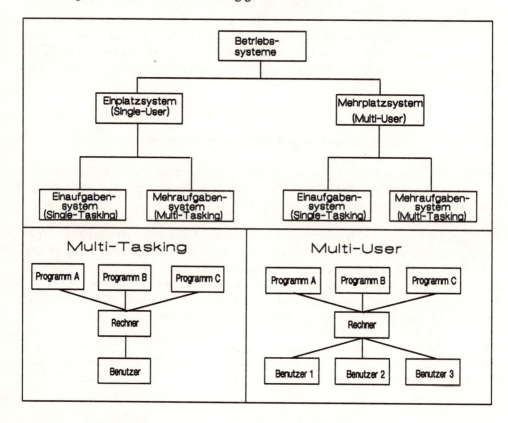

Abbildung 3.4:   Klassifizierung der Betriebssysteme nach Anforderungen

15   Vgl. auch o. V. (1989a), S. 46–49.
16   Vgl. Kohlen, M. (1989), S. 56–59.
17   Vgl. Glas, J. (1988), S. 46–47.

Die neuen *Betriebssysteme* müssen folgende Anforderungen unterstützen:

– *Benutzerfreundlichkeit,*
– Datenaustausch zwischen verschiedenen Programmen,
– *Kommunikation* zwischen verschiedenen Rechnern; bei Bedarf *Multi-User*-Fähigkeit,
– *Redundanzfreiheit* und *Datensicherheit* im Rechnerverbund,
– *Multi-Tasking*-Fähigkeit auf den Rechnern,
– Mehrfach-Datenzugriff auf Datenbestände im Rechnerverbund.

Die Abbildung 3.4[18] zeigt die hieraus resultierende, grundlegende Klassifizierung der *Betriebssysteme*.

3.2 Das Betriebssystem MS-DOS

3.2.1 Eigenschaften und Grenzen von MS-DOS

Bis 1980 dominierte das *Betriebssystem CP/M*[19] (bzw. später *CP/M*-80) von Digital Research auf dem Personal Computer-Markt der damals gängigen *8-bit-Rechner*. In diesem Jahr stellte die Firma Seattle Computer Products einen *16-bit-Computer* auf Basis des Intel 8086 vor, für den ein passendes Betriebssystem fehlte. Die Entwicklung des Nachfolgers CP/M-86 erfolgte jedoch seitens Digital Research zu langsam, so daß Seattle, später Microsoft, sein eigenes Betriebssystem QDOS[20] herausbrachte.[21] Der Wiedereinstieg in diesen Markt gelang Digital Research erst wieder in neuerer Zeit mit DR-DOS und Concurrent-DOS.[22]

Das Technologieabkommen zwischen Microsoft und IBM, den jeweils umsatzstärksten Soft- bzw. Hardwareherstellern, verhalf schließlich dem QDOS-Nachfolger *MS-DOS* und dem damit verwandten *IBM-DOS* zum Durchbruch. Dieses als *Single-User-/Single-Tasking-Betriebssystem* für die erste *PC*-Generation von IBM entwickelte System konnte sich nach anfänglichen Unzulänglichkeiten am Markt etablieren.[23]

Die Begriffe *DOS*[24], *PC-DOS*, *MS-DOS* sowie *IBM-DOS* werden nachfolgend synonym verwendet, da sich diese Betriebssysteme nur redundant unterscheiden.

---

18 Vgl. Dickschus, A. (1989), S. 119.
19 CP/M = Control Programm for Microcomputers.
20 QDOS = Quick and Dirty Operating System; teilweise auch als 86-DOS bezeichnet.
21 Vgl. Microsoft (Hrsg.) (1990b), S. 4.
22 Vgl. Wombell, R. (1985), S. 128–129.
23 Vgl. Kausch, M. (1988), S. 4.
24 DOS = Disk Operating System.

Eigenschaften von MS-DOS

Vor *MS-DOS* waren die PC-Betriebssysteme i. d. R. resident[25] im Rechner vorhanden. Als externes Speichermedium existierte der Kassettenrecorder (Datasette), der durch seinen langsamen, sequentiellen Zugriff viel zu wünschen übrig ließ. Die gängige Hauptspeichergröße war 64 KB.

Version	Jahr	Neues Feature/Änderungen
1.00	1981	erste Version von DOS
1.25	1981	doppelseitiges Diskettenformat
2.00	1983	neuartige Verzeichnisstruktur
2.01	1983	erste Länderanpassung der Tastatur
2.11	1983	Fehlerkorrektur integriert
2.25	1985	internationale Zeichensätze
3.0	1984	große Diskette und Festplatten
3.10	1984	Netzwerkunterstützung
3.20	1986	3,5-Zoll-Laufwerke; schnellere Version mit zusätzlichen Zeichensätzen
3.30	1987	schnellere Version mit zusätzlichen Zeichensätzen
3.32	1987	Festplattenpartitionierung über 32 MB
4.00	1988	schnellere Version; DOS-Shell als Menüsystem; kleine Systemfehler
4.01	1989	Systemfehler von 4.0 beseitigt
5.0	1990	Online-Hilfen zu den Befehlen, verbessert wurden: DOS-SHELL, Editor, Basic und Himem-Treiber

Abbildung 3.5:   Die Entwicklung von MS-DOS

Mit dem Aufkommen neuer *Prozessoren*, die zunehmend mehr Hauptspeicher adressieren konnten, sowie Diskettenlaufwerken mit größerer Speicherkapazität und schnellerem Zugriff, wurde *DOS* immer mächtiger (z. B. Festplattenverwaltung oder Netzwerkunterstützung, vgl. auch Abbildung 3.5[26]). Bezogen auf die heutigen *Prozessoren* ist DOS allerdings nicht mehr adäquat, da *DOS* den Funktionsumfang der heutigen *CPUs* nicht voll unterstützt.

---

25 Resident = im Hauptspeicher anwesend. Beispiele für residente Programme unter DOS sind neben dem Tastatur- und Bildschirmtreiber u. a. Virenschutzprogramme oder Tools wie Side-Kick etc., die jedoch erst geladen werden müssen.

26 Vgl. o. V. (1989b), S. 2 (ergänzte Darstellung).

DOS 4.x

Die DOS-Version 4.x bietet erstmals die Möglichkeit der Überwindung der 640 KB-Grenze, der Festplattenverwaltung bis zwei Gigabyte (statt 32 MB-*Partitionen*) und eine einfache, textorientierte *Benutzeroberfläche*. Weiterhin ist die Unterstützung des *EMS*-Erweiterungsstandards 4.0 (seit MS-DOS 3.3) gewährleistet. Durch seine Verträglichkeit mit den verbreitetsten Netzwerken ist dies für den *Single-Tasking-/Single-User*-Einsatz durchaus ausreichend. Legt man allerdings keinen Wert auf die *Benutzeroberfläche* DOS-SHELL[27] und größere *Partitionen*, so ist MS-DOS 3.3 ausreichend, da ansonsten keine wichtigen Neuerungen an MS-DOS 4.x vorhanden sind.[28]

DOS 5.x

Bei der derzeit neuesten Version *DOS* 5.0 fallen insbesondere die eher optischen Veränderungen auf. Neben der Umgestaltung der *Benutzeroberfläche* DOS-SHELL, die nun optisch *Windows* 3.0 gleicht, fällt vor allem der von OS/2 bekannte Editor[29] EDIT.EXE auf. Dieser einfache Text-Editor ist im Vergleich zum alten EDIT oder gar EDLIN etwas besser bedienbar. Ein Hauptvorteil ist jedoch, daß sich auf *80x86*-Rechnern durch den verbesserten HIMEM.SYS[30] Teile des Betriebssystems in den Bereich oberhalb von 640 KB (*HMA* und *XMS*) laden lassen (vgl. unten).[31]

EMS – XMS – HMA

Ein Manko von *MS-DOS* ist, daß es maximal 1 MB Hauptspeicher verwalten kann. Davon sind i. d. R. jedoch nur 640 KB verfügbar, abzüglich Speicherplatz für residente Betriebssystemteile und Programme.

Die Ursache dafür, daß *DOS* mit dem Hauptspeicher oberhalb von 1 MB Probleme hat, liegt noch an den beschränkten Fähigkeiten der *8088*-CPU und dem speziell hierfür konzipierten DOS. Dieser *Prozessor* kann mit seinen 20 Adreßleitungen nur 2 hoch 20, also genau 1024 KB *RAM* adressieren. Die Aufteilung dieses Speichers geht aus der Abbildung 3.6[32] hervor. Dabei soll die Abbildung lediglich einen groben Überblick bezüglich der Verteilung von verschiedenen Programmen etc. im *HMA*-Bereich geben. Die Begriffe EMS, XMS und HMA werden im folgenden erläutert.

---

27 DOS-SHELL = einfache an Windows und Presentation Manager angelehnte, textorientierte Benutzer-
    oberfläche.
28 Vgl. Glas, J. (1988), S. 46–47.
29 Mit einem Editor ist es möglich, Textdateien wie z. B. die AUTOEXEC.BAT oder die CONFIG.SYS
    zu erstellen und zu modifizieren. Ein Editor ist somit die einfachste Form eines Textverarbeitungs-
    programms.
30 Treiber für die Verwendung des HMA.
31 Dies führt zu einem Speichergewinn im Base-Memory (Bereich 0–640 KB) von ca. 50 KB.
32 Vgl. Dickschus, A. (1989), S. 54 (modifizierte und ergänzte Abbildung).

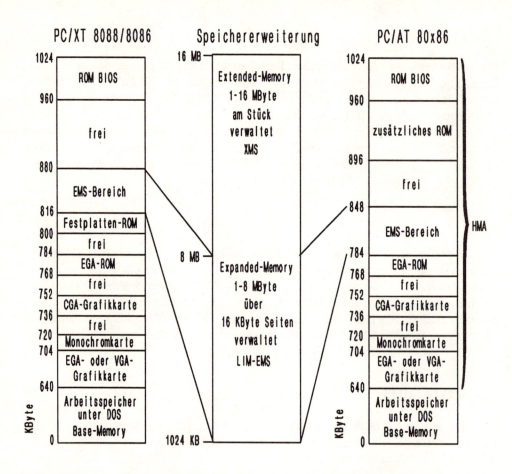

Abbildung 3.6:   Speicheraufteilung des RAM mit Extended und Expanded Memory

Da im Speicherbereich zwischen 640 und 1024 KB[33] noch Lücken sind, besteht die Möglichkeit, trotz der *BIOS*-Beschränkung auf 640 KB diese Lücken zu nutzen.

Mittels spezieller *Treiber*[34] können TSR[35]-Programme in diesen oberen Bereich (*HMA*[36], vgl. rechter Rand der Abbildung 3.6) geladen werden, was wiederum den unteren Hauptspeicherbereich (*Base Memory*) entlastet. Diese Programme können, wenn sie für eine Verwendung im High-Memory-Bereich (*HMA*) konzipiert sind, teilweise bereits in der CONFIG.SYS eingebunden werden, wodurch weiterer Platz im *RAM* gespart wird. Dafür

---

33   1024 KB = 1 MB.

34   Z.B. HIMEM.SYS, 386MAX.SYS etc.

35   TSR = Terminate and Stay Resident; Programme, die einmal aufgerufen werden und dann fest im Hauptspeicher verbleiben. Beispiele hierfür sind: Der Tastaturtreiber, Virenschutzprogramme, Maustreiber, Sidekick etc.

36   HMA = High Memory Area zwischen 640 KB und 1 MB.

wird häufig noch ein Programm[37] benötigt, das die TSR-Programme explizit in diesen Bereich lädt.

Nachteilig ist jedoch, daß eine solche Verwendung des High-Memory-Bereiches (*HMA*) zu Speicherüberlagerungen und somit zu Konflikten mit dem *EMS*- bzw. *XMS*-Speicher führen kann.

Für viele Anwender ist die Diskussion um Software nach dem *LIM*-Standard-*EMS*- bzw. *XMS*-Speicher nur am Rande von Interesse, zumal sie keine Software (wie z. B. Lotus 1-2-3) verwenden, die diesen Speicher nutzen kann. Da jedoch der Trend zu immer umfangreicheren Problemlösungen und Applikationen geht, kommt man bei der Verwendung von *MS-DOS* nicht um deren Betrachtung herum.

Expanded Memory – EMS

Wie aus der Abbildung 3.6 hervorgeht, ist der erweiterte Speicher (*Expanded Memory System = EMS*) der Speicherbereich zwischen 640 KB und 1 MB in Verbindung mit dem Bereich 1–8 MB. Bei speziellen Speichererweiterungs-Karten (*EMS*-Boards) wird der Speicher oberhalb 1 MB (*EMS*-Speicher) über Speicherseiten in diesem EMS-Bereich unterhalb 1 MB verwaltet. Der *Expanded Memory* ist derzeit nur von speziell dafür geschaffener Anwendersoftware ansprechbar. Erweiterter Speicherbereich bedeutet, daß durch das Schaffen von „künstlichen Adressen" im Bereich 640 KB bis 1 MB bis zu 8 MB Speicherraum im Adreßbereich oberhalb 1 MB angesprochen werden können. Der Einsatz von reinen *EMS*-Karten ist heute nicht mehr üblich, da *EMS*-Boards nur als *EMS*-Speicher ansprechbar sind.

Extended Memory – XMS

Der zusätzliche Speicher (*Extended Memory System = XMS*) oberhalb von 1 MB kann erst von *AT-Rechnern* (*80x86*) angesprochen werden. Dieser Bereich ist von *DOS* ohne Ergänzungssoftware nur als *Druckerspooler* oder *virtuelles* Laufwerk nutzbar. Andere *Betriebssysteme*, wie Unix und OS/2, verwalten diesen Bereich genauso wie den Basis-Speicher (*Base Memory*).[38] Es gibt allerdings mittlerweile einige Programme, die, unter Umgehung diverser Betriebssystemroutinen, in der Lage sind, den *XMS*-Speicher voll zu nutzen.[39] Ein weiterer Vorteil gegenüber reinen *EMS*-Boards ist, daß der *XMS*-Speicher umkonfiguriert werden kann.[40] Teile des *XMS*-Speichers sind dann als *EMS*-Speicher ansprechbar. Dies ermöglicht flexiblere Konfigurationen der DOS-Systeme.

---

37   Z.B.: QRAM (Access Computer), SHUTTLE (Tridis GmbH) oder MOVE'EM (Albrecht Software).
38   Vgl. Dickschus, A. (1989), S. 54–57 sowie Kapusta, M. (1990), S. 16–22.
39   Näheres hierzu in den gängigen PC-Zeitschriften, z. B. PC plus Technik Nr. 10/90 S. 26–49.
40   Umkonfigurieren mit dem DOS-Programm bzw. Treiber XMS2EMS.SYS in der CONFIG.SYS.

Der Protected Mode des 80x86

Anzumerken bleibt, daß die *Prozessoren* ab dem *80286* (*AT*) intern über zwei unterschiedliche Arbeitsmodi, den Real und den Protected Mode verfügen.

Der *Real Mode* ist der Modus, der zu den Prozessoren *8086/8088* kompatibel ist und den *DOS* unterstützt. Er ist gekennzeichnet durch die Beschränkung auf 640 KB-Hauptspeicher und unterstützt kein *Multi-Tasking*.

Der *Protected Mode*, der erst durch Betriebssystemergänzungen (wie z. B. Windows 3.0) oder andere Betriebssysteme (z. B. OS/2, Unix/386) Unterstützung findet, erlaubt neben der Verwaltung des gesamten Hauptspeichers intern verbesserte Schutzmechanismen. Erst hierdurch sind die Möglichkeiten für ein sicheres *Multi-Tasking* auf Intel-Prozessoren (i. d. R. DOS-Rechner) geschaffen.

Der Virtual Mode des 80386

Die *80386-Prozessoren* verfügen zudem über einen weiteren Arbeitsmodus, den *Virtual Mode*[41]. In diesem Modus ist der Prozessor in der Lage, einen auf der Festplatte reservierten Speicherplatz für die Bearbeitung der Programme zu verwenden (auslagern von Programmteilen). Prinzipiell laufen die Programme nur im reellen Speicher (*RAM*) ab. Da aber selten alle Teile des Programms bzw. der Daten gleichzeitig im Hauptspeicher verfügbar sein müssen, können diese ausschnittsweise auf die Festplatte ausgelagert werden. Der logische Hauptspeicher erscheint dadurch größer, obwohl er physikalisch gleich bleibt. Der virtuelle Modus stellt die hierfür nötigen Mechanismen zur Verfügung. Voraussetzung für einen sinnvollen Einsatz ist eine schnelle Festplatte, da deren Zugriffsgeschwindigkeit die Zeiten zum Auslagern und Einlesen determiniert.

3.2.2 Die Benutzeroberfläche MS-Windows

Die *Benutzeroberfläche* und Betriebssystemergänzung *MS-Windows* (vgl. Abbildung 3.7[42]), die an diejenige des Apple Macintosh erinnert, gibt es seit Herbst 1983. Nachdem Lotus mit 1-2-3 und dessen implementierten Datenaustauschmöglichkeiten Erfolg hatte, war es Intention, eine Oberfläche zu schaffen, die diesen Datenaustausch für verschiedene Applikationen, auch von unterschiedlichen Herstellern, ermöglichte. Mittlerweile bieten viele Software-Hersteller ihre Programme mit einem kleinen Zusatzmodul[43] an, wodurch es automatisch unter MS-Windows lauffähig[44] wird. Sinnvoll, d.h. mit akzeptabler *Multi-Tasking*-Möglichkeit, lassen sich Programme für *Windows* erst ab Windows 386 bzw.

---

41   Auch als 386-Enhanced-Mode bzw. erweiterter 386-Modus bezeichnet. Vgl. o. V. (1991b), S. 123.
42   Geary, M. (1991), S. 6.
43   Dateien mit der Endung .PIF.
44   Lauffähig heißt allerdings nicht, daß diese Programme alle Windows-Funktionen voll unterstützen.

Windows 3.0 auf *80386*-Rechnern nutzen, obwohl dies bereits ab den 80286-Prozessoren[45] (im *Protected Mode*) möglich ist.[46]

Abbildung 3.7:   Die Benutzeroberfläche MS-Windows 3.0

Die *Benutzeroberfläche* Windows 3.0, die von Microsoft als *Betriebssystem* bezeichnet wird,[47] ist auf *80386*-Rechnern in der Lage, für die Speicherverwaltung auf den erweiterten *80386-Modus* zuzugreifen. Da das *DOS* selbst dies nicht kann, ist die Bezeichnung *Betriebssystem* für *Windows* nicht verkehrt. Weil die Grenzen sichtlich fließend sind, soll auch im Vergleich mit ähnlichen Produkten an dem Begriff der *Benutzeroberfläche* im folgenden festgehalten werden.

Das Erscheinungsbild der Windows-Version 3.0 hat nicht mehr viel mit seinen Vorgängern gemeinsam. Insbesondere auf VGA-Monitoren macht sich die Unterstützung der höheren Auflösung bei längerem Arbeiten auch durch neue Schriften positiv für das Auge bemerkbar.

---

45   Windows 3.0 und einige Windows-Applikationen sind bereits auf einem 80286 mit 640 KB bzw. besser 1 MB lauffähig (incl. Multi-Tasking).
46   Vgl. auch Kotting, M.-D. (1988), S. 30–33.
47   Vgl. Microsoft (Hrsg.) (1990a), S. 9.

Speicherverwaltung unter Windows 3.0

Im Bereich der Speicherverwaltung bietet Windows 3.0 zwei Möglichkeiten. Zum einen nutzt es bis zu 16 MB RAM direkt als *XMS*-Speicher (Extended Memory) und unterstützt dabei zusätzlich noch den älteren *EMS*-Speicher. Die bessere Ausnutzung des Prozessors (*80386*) erlaubt zudem im virtuellen Modus die Möglichkeit, Speicherseiten temporär auf die Festplatte auszulagern. Dadurch steht Windows unabhängig von der tatsächlichen Hautspeichergröße (*XMS* oder *EMS*) mehr Speicher zur Verfügung. Bei einem Rechner mit 4 MB Hauptspeicher kann damit so gearbeitet werden, als hätte er beispielsweise 16 MB RAM, sofern auf der Festplatte soviel Platz zum Auslagern ist. Selbstverständlich kann dieser virtuelle Speicher, da er von der Zugriffszeit der Festplatte abhängt, nicht so schnell wie echter Hauptspeicher sein.

Der Datei Manager von Windows 3.0

Über den deutlich verbesserten *Datei Manager* lassen sich auch für noch ungeübte PC-Anwender grundlegende Operationen wie Kopieren, Löschen, Umbenennen etc. maus-unterstützt oder per Tastatur durchführen.

Hauptvorteil dieser Oberfläche ist die ab dem *80286* (*Protected Mode*) bei ausreichendem Hauptspeicher (ab ca. 2 MB) nutzbare Möglichkeit, zwischen verschiedenen Anwendungen hin und her zu schalten. Bei echten[48] Windows-Applikationen ist zudem ein Datenaustausch zwischen diesen Programmen möglich.

Für typische Einzelplatz-Aufgaben, die keine Multi-Tasking-erfordernde Aufgaben beinhalten, ist das Betriebssystem DOS ab Version 3.3, schon aus Kostengründen[49], eine meist ausreichende Lösung (z. B. in der Textverarbeitung).

Bei der Einbindung in *Netzwerke* kann es jedoch durch die zusätzlichen Netzwerk-Treiber zu Hauptspeicherproblemen kommen, wodurch eine Speicher-Erweiterung auf ca. 2 MB (*XMS*) ratsam wird. Nach dem Laden von Betriebssystem, Tastatur-, Maus- und Netzwerk-Treiber(n) sind unter Umständen nur noch ca. 450 KB Hauptspeicher (oder weniger)[50] verfügbar.

---

48 Programme, die nicht nur unter Windows lauffähig, sondern dafür konzipiert sind, d. h. alle Möglichkeiten von Windows nutzen.

49 Preise der Betriebssysteme (Stand: April 1991) in DM ca.:

DOS 3.3	:	180,–	DOS 4.x	:	270,–
Windows 286	:	240,–	Windows 3.0	:	340,–
OS/2 SE 1.1	:	550,–	OS/2 SE 1.2	:	610,–
OS/2 EE 1.1	:	1.300,–	OS/2 EE 1.2	:	1.400,–

SCO UNIX System V/386 R 3.2: 1.500,– bis 2.400,–.

50 Nach dem Laden von Virenschutzprogrammen. Weitere TSR-Tools etc. wie Side-Kick o. ä. noch nicht mitgerechnet.

```
Adresse      Name           Größe        Art
-------      ----           -----        ---
000000                      000400       Interrupt-Vektor
000400                      000100       ROM-Übertragungsbereich
000500                      000200       DOS-Übertragungsbereich
000700       IO             002570       Systemprogramm
002C70       MSDOS          008EB0       Systemprogramm
00BB20       IO             003CD0       Systemdaten
             HIMEM          000BE0         DEVICE=      (Himemtreiber)
                            000CC0         FILES=
                            000100         FCBS=
                            0014E0         BUFFERS=
                            000110         LASTDRIVE=
                            000CE0         STACKS=
00F800       MEM            000070       Umgebung
00F880       MSDOS          000010       -- Frei --
00F8A0       KEYBGR         000020       Umgebung
00F8D0       KEYBGR         000700       Programm   (Tastaturtreiber)
00FFE0       MOUSE          000020       Umgebung
010010       FASTOPEN       0018C0       Programm
0118E0       MOUSE          002890       Programm   (Maustreiber)
014180       MSDOS          000020       -- Frei --
0141B0       SHARE          0018A0       Programm
015A60       COMMAND        0017E0       Programm
017250       COMMAND        000190       Umgebung
0173F0       VSHIELD        008E00       Programm   (Virenschild)
020200       MSDOS          000080       -- Frei --
020290       APPEND         001E20       Programm
0220C0       MEM            012F00       Programm
034FD0       MSDOS          06B020       -- Frei --
      655360 Byte Gesamtspeicher
      655360 Byte verfügbar
      515888 max. ausführbare Programmgröße
      393216 Byte Gesamt-Erweiterungsspeicher
      393216 Byte verfügbarer Erweiterungsspeicher (extended memory)

   -  Größe in Hexadezimalwerten.
   -  Netzwerktreiber nicht geladen.
```

Abbildung 3.8:   Speicheraufteilung unter DOS 4.01 bei einem Hauptspeicher von 1 MB

Die Abbildung 3.8[51] vermittelt einen Überblick bezüglich der nach dem Booten im Hauptspeicher befindlichen Programme. Die genauen Werte sind dabei nicht weiter von Belang. Hervorzuheben ist lediglich, daß bei einer normalen Konfiguration wie hier lediglich 515.888 Byte (ca. 503,8 KB) Hauptspeicher für Anwendungen verbleiben. Der Erweiterungsspeicher (XMS) von 393.216 Byte (384 KB) kann nur von ganz speziellen Programmen (z. B. Windows) genutzt werden.

Bei 2 MB Hauptspeicher und entsprechenden Treibern für diesen Speicher (z. B. HIMEM.SYS, XMS2EMS.SYS etc.) lassen sich unter Umständen ca. 100 KB der sonst

---

51   Modifizierter Abdruck des DOS 4.x Befehls MEM /DEBUG, der die Belegung des Hauptspeichers (in Hexadezimalwerten) anzeigt.

im Base-Memory abgelegten Programmbestandteile (z. B. die Bereiche für Umgebungs-variablen) in den *HMA*- bzw. *XMS*-Speicherbereich auslagern.

Windows 3.0 auf 80386-Rechnern

Auf *80386*-Rechnern sollte zudem noch die Verwendung von Windows 3.0 in Erwägung gezogen werden, da diese *Benutzeroberfläche* sowohl den *Protected Mode* (ab *80286*) als auch *virtuelles Pageing* (virtueller Modus ab *80386*) nutzen kann, wodurch die Hardware besser ausgenutzt ist. Dies bringt vor allem Geschwindigkeitsvorteile bei umfangreichen Kalkulationstabellen[52] und Datenbank-Operationen. Da *Windows* zudem die gängigen Netzwerke unterstützt (vgl. Kapitel 5), senkt sich durch die gleichbleibende Oberfläche auch der Schulungs- und Einarbeitungsaufwand. Ein weiterer Vorteil der Verwendung von *DOS* liegt möglicherweise in einem höheren Investitionsschutz bezüglich bereits ver-fügbarer Software. Beim Vorhandensein von komplexeren DOS-Programmen und/oder Datenbeständen ist der Umstieg auf ein anderes *Betriebssystem* mit hohen Reorganisa-tions- sowie Datenkonvertierungskosten und Schulungsaufwand verbunden.

3.3 Das Betriebssystem OS/2

Aus der ursprünglich für den *80286* und seinen *Protected Mode* geplanten Version *MS-DOS* 5.0[53] wurde das heute unter *MS-OS/2* bekannte *Multi-Tasking*-Betriebssystem ent-wickelt.[54]

3.3.1 Eigenschaften und Grenzen von OS/2

Das seit Dezember 1987 verfügbare *OS/2*[55] sollte laut IBM und Microsoft der Nachfolger von DOS für die *80x86*-Rechner werden. Bei diesem System handelt es sich um ein spe-ziell für den *80286* entwickeltes *Betriebssystem*, welches im *Single-User*-Betrieb die Fähigkeiten dieses *Prozessors* (*Protected Mode*) ausnutzen kann. Durch die Verwendung des Protected Mode kann OS/2 den Hauptspeicher vollständig und einheitlich verwalten. Damit unterscheidet sich dieses System bereits erheblich von DOS.[56]

---

52 Zusätzlich ist bei mathematischen Aufgaben ein Co-Prozessor zur Geschwindigkeitssteigerung sehr vorteilhaft.
53 Bezogen auf das 1987 geplante DOS 5.0, nicht auf DOS 5.0 1990.
54 Vgl. Kausch, M. (1988), S. 4.
55 Varianten: MS-OS/2 von Microsoft und BS/2 von IBM.
56 Vgl. Kausch, M. (1988), S. 4–11.

Hersteller: (Variante) Voraussetzung/Leistungsumfang/Änderung	MS 1.1	HP 1.1	Compaq SE 1.1	IBM SE 1.0	SE 1.1	SE 1.2	EE 1.0	EE 1.1	EE 1.2	V[57] 2.0
für IBM 80286 (und kompatible)	x	-	-	-	-	-	-	-	x	-
für IBM 80386 (und kompatible)	o	-	-	-	-	-	-	-	o	x
für Hewlett-Packard 80286	-	x	-	-	-	-	-	-	-	-
für Hewlett-Packard 80386	-	o	-	-	-	-	-	-	-	-
für Compaq 80286	-	-	x	-	-	-	-	-	-	-
für Compaq 80386	-	-	o	-	-	-	-	-	-	-
für IBM PS/2 (ab Modell 30-286)	-	-	-	x	x	x	x	x	x	-
Ausnutzung des protected mode (Multi-Tasking)	x	x	x	x	x	x	x	x	x	x
bis 16 MB Hauptspeicher adressierbar	x	x	x	x	x	x	x	x	x	x
Implementierung von SAA[58]	x	x	x	x	x	x	x	x	x	x
DOS 3.3 Kompatibilitäts-Box	x	x	x	x	x	-	x	x	-	-
DOS 4.0 Kompatibilitäts-Box	x	x	x	-	-	x	-	-	x	x
Unterstützt Festplatten größer 32 MB	x	x	x	x	x	x	x	x	x	x
Unterstützt Dateien und Partitionen > 32 MB	x	x	x	x	x	x	x	x	x	x
System Editor[59] eingebunden	x	x	x	-	x	x	-	-	x	x
HPFS (16 Partitionen á 2 GB)	-	-	-	-	-	x	-	-	x	x
Presentation Manager	x	x	x	-	x	x	-	-	x	x
Desktop Manager	x	x	X	-	x	x	-	-	x	x
File Manager	x	x	x	-	x	x	-	-	x	x
Datenbank Manager	-	-	-	-	-	-	x	x	x	x
Kommunikation Manager	-	-	-	-	-	-	x	x	x	x
Presentation Manager erweitert	-	-	-	-	-	-	x	-	x	x
Desktop Manager erweitert	-	-	-	-	-	-	x	-	x	x
File Manager erweitert	-	-	-	-	-	-	x	-	x	x
Datenbank Manager erweitert	-	-	-	-	-	-	-	-	x	x
Kommunikation Manager erweitert	-	-	-	-	-	-	-	-	x	x
Unterstützung von LAN	#	#	#	-	-	-	-	x	x	x

Legende: x : Funktion vorhanden   - : Funktion nicht vorhanden   o : Keine volle Unterstützung
        # : Über Microsoft Cooperationsprodukt: LAN-Manager
        SE : Standard Edition   EE : Extended Edition   V: Version (Name noch nicht bekannt)

Abbildung 3.9:   *Die Versionen und Varianten von OS/2*

Das *Betriebssystem OS/2* unterstützt IBM *PS/2*-Systeme[60] und *AT*-kompatible Rechner mit mindestens 2 MB Hauptspeicher und Festplatten mit mindestens 40 MB Kapazität, ist allerdings für *8086/8088*-Systeme (*XT*) nicht geeignet. Für das Arbeiten mit großen Programmen, die auch die *virtuelle Speicherverwaltung* nutzen, sollte jedoch eine Festplatte mit einer Kapazität von mindestens 100 MB und einer Zugriffszeit deutlich unter 30 Millisekunden zum Einsatz kommen. Für die Bildschirmdarstellung ist eine gängige Grafikkarte wie die Herkules-Karte und ein monochromer Monitor ausreichend, mit einem Farbmonitor und einer EGA[61]- oder VGA[62]-Karte ist jedoch auch die Darstellung der

---

57   Diese Version befindet sich noch in Planung, vgl. o. V. (1990b), S. 25.
58   SAA = System Application Architecture.
59   Dieser Editor ist wesentlich besser als der EDLIN-Editor, jedoch noch verbesserungsbedürftig.
60   IBM Personal System/2 (die auf der Mikrokanal-Technik basierende Produktfamilie von IBM).
61   EGA = Enhancend Graphics Adapter (Grafikstandard mit einer maximalen Auflösung von 640x350 Bildpunkten bei 16 aus 64 Farben.).
62   VGA = Video Graphics Array (Grafikstandard mit einer maximalen Auflösung von 640 x 480 Bildpunkten (16 Farben) bei einer Auflösung von 320 x 200 Bildpunkten stehen dem Anwender 256 Farben zur Verfügung).

Benutzeroberfläche deutlich besser. Probleme können bei „Nicht-IBM-Rechnern"[63] auftreten, da bei einigen „kompatiblen" Rechnern die *BIOS*-Routinen nicht wirklich *kompatibel* sind.[64]

Das Betriebssystem *HP-OS/2*, das hier stellvertretend für die verschiedenen Varianten dargestellt wird, existiert mittlerweile in verschiedenen Versionen mit unterschiedlichem Leistungsumfang, auf die im folgenden eingegangen wird (vgl. Abbildung 3.9[65]).

Allen Versionen ist gemeinsam, daß sie den *Protected Mode* des *80x86* unterstützen und somit *multi-tasking*-fähig sind. Die unterschiedlichen Hersteller-Varianten, die meist an MS-OS/2 angelehnt sind, ergeben sich durch geringfügige Hardware-Anpassungen seitens dieser Hersteller an ihre Rechner und *BIOS*-Routinen.

3.3.2 Der Presentation Manager und andere Teilmodule von OS/2

Die nachfolgenden Ausführungen basieren insbesondere auf den OS/2-Versionen HP-OS/2 1.1 und Compaq-OS/2 1.1. Nach einer Darstellung der Fähigkeiten der Teilmodule und deren Stärken und Schwächen im praktischen Einsatz[66] wird auf die deutlichen Abweichungen der anderen Versionen und Varianten von den HP- und Compaq-Versionen 1.1 eingegangen.

Der Presentation Manager

Der *Presentation Manager* (vgl. Abbildung 3.10[67]) ist eine grafische, *SAA*-konforme *Benutzeroberfläche* mit Fenstertechnik. Unter ihr laufen, wie bei *Windows* oder dem Macintosh, alle (OS/2-fähigen) Programme. Durch Maus-Bedienung und die Möglichkeit, Daten zwischen den Fenstern hin und her zu kopieren,[68] ist ein einfaches und rationelles Arbeiten gewährleistet. Da derzeit viele Programme noch nicht für den *Presentation Manager* ausgelegt sind,[69] muß noch häufig im Full-Screen und *ASCII*-Modus[70] gearbeitet werden.

---

63   Bei Olivetti Rechnern ist z. B. im Gegensatz zu Kaypro, Compaq oder Zenith mit diesen Problemen zu rechnen.
64   Vgl. Little, Th. (1988), S. 22–29.
65   Vgl. u. a. Microsoft (Hrsg.) (1990b). Es handelt sich um eine modifizierte und ergänzte Übersicht.
66   Grundlage dieses Teils sind Erfahrungen auf Compaq-Rechnern unter Compaq-OS/2 1.1 sowie auf HP-Computern unter HP-OS/2 1.1.
67   Haase, W. (1990a), S. 5.
68   Letzteres ist ab der Version 1.2 möglich.
69   Es sind Anpassungen wie bei Windows nötig.
70   In diesem Modus laufen die Programme ohne Windows Unterstützung und damit u. a. ohne Datenaustauschmöglichkeiten etc.

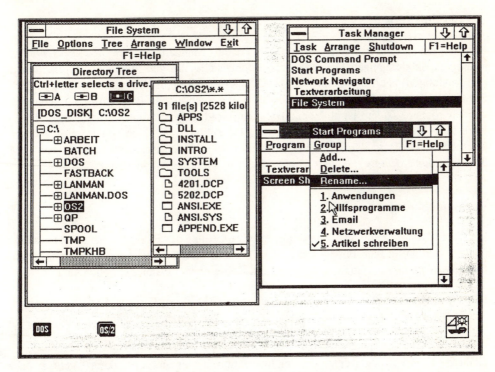

Abbildung 3.10: Der OS/2 1.1 Presentation Manager mit Datei Manager

Die *Benutzeroberfläche* selbst zeigt (in der Version 1.1) noch einige grobe Mängel. So fehlt z. B. ein unter dem *Presentation Manager* im Hintergrund ablauffähiges Backup-Programm[71]. Die nur einmal vorhandene *DOS-Box*[72] läßt sich (zumindest bis zur Version 1.1) nur über die Maus und nicht aus der Oberfläche direkt[73] anstarten.[74]

Als positiv ist zu erwähnen, daß die Verbindung einzelner Applikationen durch einen dynamischen Datenaustausch (*DDE*[75]) und eine Zwischenablage[76] gewährleistet ist. Mit Hilfe dieser nachrichtenorientierten Form der Interprozeßkommunikation (*IPC*[77]) für Anwendungsprogramme ist es bei hierfür ausgelegten Programmen möglich, *Informationen* zwischen verschiedenen Prozessen im System auszutauschen.

Konkret heißt das, daß durch Markieren von *Daten* in einem Datenbank- oder Tabellen-kalkulationsprogramm diese in eine Textverarbeitung oder ein Grafikprogramm über-nommen werden können. Konvertierungsprobleme vermindern sich dadurch erheblich.

---

71   Am Markt sind jedoch zunehmend ergänzende Toolboxen erhältlich.
72   DOS-Kompatibilitätsbox zum Anstarten von DOS-Programmen, die nicht unter OS/2 laufen. Auf die-ses OS/2-Modul wird noch an anderer Stelle eingegangen.
73   Eine Einbindung in Batch-Dateien (*.CMD) ist nicht möglich.
74   Vgl. auch Borchers, D. (1989b), S. 25–27,.
75   DDE = Dynamic Data Exchange.
76   Zwischenablage wie auch bei MS-Windows.
77   IPC = Interprocess Communication.

Der Desktop Manager

Der Begriff *Desktop Manager* bezeichnet ein Standard-Fenster des *Presentation Managers*, in dem, nach Gruppen zusammengestellt, die verschiedenen *Applikationen* (Anwendungen) als Menü dargestellt sind. Dieses Modul läßt sich weitestgehend mit der Oberfläche von MS-DOS 4.x vergleichen, in die auch eigene Programme eingebunden werden können. Zudem ist ab Version 1.2 die Zuordnung von *Icons*[78] möglich. In dieses Kernstück des Presentation Managers (Hauptprogramm) sind auch die anderen Teilmodule wie *Datei Manager* und Utilities, sowie bei den Extended Editions von IBM der *Datenbank Manager* und der *Kommunikations Manager* eingebunden.

Der Datei Manager

Der *Datei Manager* enthält eine visualisierte Darstellung des hierarchischen Dateisystems (Baumstruktur), in dem ohne allzu großen Lernaufwand die meisten Systemoperationen (*Dateiverwaltung*) wie Suchen, Löschen und Kopieren von Dateien möglich sind.

Die bisher dargestellten Module sind in allen am Markt verfügbaren Varianten (je nach Version) enthalten. In den nun folgenden Systemergänzungen unterscheiden sie sich jedoch.

Während IBM vorrangig den Weg der Integration mit eigenen Produkten[79] geht, kooperiert Microsoft im Bereich der Kommunikation, Rechnerkopplung und Datenbanken mit einigen anderen Firmen[80]. Hewlett-Packard und Compaq haben die MS-OS/2-Versionen an ihre Hardware angepaßt.

Der Kommunikations Manager

Über den *Kommunikations Manager* werden ab IBM-OS/2 Extended Edition 1.1 die Protokolle IBM-*Netbios* und *IEEE* 802.2 sowie die Netzwerke IBM-*Token Ring*, IBM-PC-Netzwerk *Breitband* und IBM-PC-Netzwerk *Basisband* unterstützt. Zudem sind einige *Emulationen* (3270, 3101, DEC VT100 und 5250) sowie *X.25*- (Datex-P) und *Ethernet*-LAN-Unterstützung enthalten.[81] Auf diese möglicherweise verwirrenden Begriffe aus dem Bereich der Rechnerkopplung wird insbesondere im Kapitel 4.2 noch näher eingegangen.

---

78 Kleine Bilder, die wie bei Macintosh oder Windows symbolisch für ein bestimmtes Programm stehen und bei Standardprogrammen wie Lotus 1–2–3 oder WORD automatisch vergeben werden. Sie symbolisieren auf dem Bildschirm im Hintergrund laufende Programme. Durch „Anklicken" der Piktogramme mit der Maus kann man zwischen den Prozessen hin- und herschalten.

79 Die Integration von 3270 Großrechnern, der AS400 (MDT) oder Schnittstellen zu eigenen Programmiersprachen wie IBM C/2, IBM Pascal/2 usw.

80 Z. B. mit 3Com (3+Open), Compaq (LAN Manager 2.0), Novell (NetWare) oder Ashton Tate (SQL-Server).

81 Vgl. IBM (Hrsg.) (1990).

Bei den anderen Hersteller-Varianten läßt sich die Netzwerkfähigkeit durch den Zukauf von Kommunikationsprogrammen diverser Hersteller realisieren. Dabei sind die Standardprotokolle der Industrie wie *TCP/IP*, *OSI* TP4 und IBM-*Netbios* genauso realisierbar wie LAN-*Gateways* zu *X.25*-Netzen, *SNA* Wide-Area-Netzwerke und *Host*-Kopplung.[82]

Der Datenbank Manager

Über den *Datenbank Manager* ist ab der IBM Extended Edition 1.0 der Zugriff auf eine relationale Datenbank gegeben. Der Datenbank Manager, der in dieser Form nur in der IBM-Variante vorhanden ist, ermöglicht es dem Anwender, mittels der interaktiven Abfragesprache *SQL*[83] direkt am Bildschirm Daten einzugeben, zu ändern, abzufragen und zu Berichten zusammenzufassen. Mittels des *Query Managers* können zudem *SAA*-konforme Benutzerschnittstellen zur Datenein- und -ausgabe mit Menüs, Anzeigen und Masken (auf *QBE*[84]-Basis) erstellt werden.[85]

Die DOS-Kompatibilitätsbox

Die bereits ab der Standard Edition 1.0 vorhandene, sogenannte DOS-*Kompatibilitätsbox* stellt eine *Emulation* von *MS-DOS* 3.3 (ab Version 1.2 von MS-DOS 4.01) dar. Dies ermöglicht die Nutzung von MS-DOS unter OS/2, ohne daß zu diesem Zweck zwei unterschiedliche *Betriebssysteme* auf dem Rechner zu installieren sind bzw. das andere Betriebssystem durch einen Rechnerneustart geladen werden muß.[86] Häufig läßt es sich allerdings nicht umgehen, auf dem Personal Computer trotzdem einen *Dualboot*-Modus für beide[87] *Betriebssysteme* zu installieren. Dies gilt vor allem bei der Notwendigkeit der Weiternutzung von MS-DOS-Programmen, die mit der seriellen Kommunikationsschnittstelle arbeiten[88]. Diese Anwendungen funktionieren selten im *Kompatibilitäts*-Modus.

OS/2 1.2x (HPFS)

Das *Betriebssystem OS/2*, das bis einschließlich Version 1.1 noch recht unfertig anmutete, ist seit der Version 1.2 in allen Varianten als durchaus zukunftsträchtiges System anzusehen. Einige der Schwachstellen, wie unzureichende Einbindung von Standardprogrammen und eigenen Applikationen in die durchaus mächtige *Benutzeroberfläche*, werden zunehmend von Softwaremarkt beseitigt. Herausragendste Neuerung bei der

---

82 Vgl. IBM (Hrsg.) (1990).
83 SQL = Structured Query Language.
84 QBE = Query by Example.
85 Vgl. IBM (Hrsg.) (1990).
86 Vgl. Ertl, A. W. (1988), S. 18.
87 Hier die Betriebssysteme MS-DOS und OS/2.
88 Dies ist insbesondere bei Kommunikationsprogrammen wie NetWare, Lap-Link, MS-Kermit usw. sowie Scannerprogrammen der Fall, teilweise aber auch bei anderen Programmen, wie z. B. Lotus 1–2–3 3.0.

Version 1.2 ist das *HPFS*[89], welches das alte *FAT*[90]-Dateisystem ablösen soll. Diese Neu-organisation des Dateisystems zum schnelleren Zugriff auf die Dateien ändert unter anderem die DOS-übliche Beschränkung bei Dateinamen von 8+3 Zeichen auf 254 Zeichen. Dabei bleibt jedoch zum Teil noch das Problem, daß Leerzeichen unzulässig bleiben und Groß- und Kleinschreibung[91] ignoriert wird. Wer allerdings nach wie vor auf „echtes" DOS auf dem gleichen Rechner angewiesen ist, muß seine Festplatte partitionieren und als erste *Partition* ein *FAT*-System einrichten.

Einen weiteren Pluspunkt stellt das *Hypertext*-gestützte Hilfesystem[92] dar, welches das oft mühselige Blättern in i. d. R. unübersichtlichen Handbüchern fast ersetzt.

Die *DOS-Kompatibilitätsbox*, die ab der Version 1.2 MS-DOS 4.01 emuliert, wurde überarbeitet. Es funktionieren nun einige Programme, die vormals in der Box nicht ablauffähig waren. Nach wie vor sind jedoch Einschränkungen vorhanden, insbesondere bei großen Programmen wie CAD-Anwendungen. *DOS-Extender* und Programme, die mit solchen erstellt sind, funktionieren nicht.[93]

Bei ausreichendem Hauptspeicher auf dem Rechner[94] gut realisiert ist die *Multi-Tasking*-Fähigkeit von OS/2, wobei bei rechenintensiven Programmen wie SPSS[95] (auch bei Verwendung eines Co-Prozessors) die Geschwindigkeit, beispielsweise bei einem *80386* mit 25 MHz, stark sinkt. Dies könnte dem *Presentation Manager*, der mit einigen Teilmodulen[96] aktiv bleibt, zuzuschreiben sein, wodurch sich etwa 5–8 Prozesse den *Prozessor* teilen müssen. Bei weniger rechenintensiven Programmen bleiben die Antwortzeiten bei 5–10 Prozessen durchaus akzeptabel.

Als problematisch stellen sich noch die zwei Teilbereiche Netzwerkkommunikation und *Server*-Datenbank-Management dar. Abgesehen vom IBM *Datenbank Manager*, der innerhalb der IBM-Rechnerwelt gut arbeitet, befinden sich sowohl der IBM *Kommunikations Manager*, als auch die Microsoft-Kooperationsprodukte noch im Entwicklungsstadium. Sie zeigen derzeit fast nur unter Laborbedingungen mit entsprechend aufeinander abgestimmter Hardware[97] ein sicheres Arbeitsverhalten. Bei der Implementation in vorhandene DV-Strukturen ist hier oft mit erheblichen Problemen bei

---

89 HPFS = High Performance File System.
90 FAT = File Allocation Table.
91 Hieraus resultieren teilweise Konvertierungsprobleme beim File-Transfer in heterogenen Netzen; vgl. die Namenskonventionen unter Unix im Kapitel 3.4.
92 Ursprünglich aus der Macintoshwelt stammende, mittlerweile u. a. auch für DOS-Rechner verfügbare Software-Umgebung mit zahlreichen Möglichkeiten, Informationen in Bild und Text abzulegen, objektorientiert zu verbinden und abzurufen. Dieses System ist ab Version 1.2 verfügbar.
93 Vgl. Heller, M. (1990), S. 176–178.
94 Rechner ab 5–6 MB RAM aufwärts.
95 SPSS = Statistical Package for the Social Sciences.
96 Die Module Presentation Manager, Spool Manager, Task Manager und DOS-Kompatibilitätsbox sind gleichzeitig aktiv.
97 Einige wenige Grafikkarten, Netzwerk-Adapterkarten und insbesondere die dazugehörenden Treiber für die Netzwerk-Software.

der Konfiguration der Software zu rechnen, die häufig nur durch ein zeitaufwendiges „trial and error" gelöst werden können.[98]

3.4 Das Betriebssystem UNIX

Für den Bereich der *Personal Computer* gibt es bezüglich der Betriebssystemauswahl noch einige andere Alternativen. Neben den hier nicht näher behandelten *Betriebssystemen* der Apple- und Atari-Welt[99] sowie den DOS-Klonen[100] soll an dieser Stelle das Betriebssystem *Unix*[101] noch näher betrachtet werden.

3.4.1 Eigenschaften und Grenzen von Unix

Ende der 60er Jahre entstand ein immer größeres Bedürfnis nach einem System, das es erlaubte, dialogorientiert Programme entwickeln, testen und dokumentieren zu können. 1969 begann Ken Thompson bei den Bell Laboratories[102] mit der Entwicklung eines *Betriebssystems*, das neben diesen Anforderungen ein hohes Maß an Funktionalität, Transparenz und struktureller Einfachheit besitzen sollte. Die erste Version von Unix war noch in *Assembler* geschrieben. Um eine Maschinenabhängigkeit des *Betriebssystems* zu vermeiden, wurde von Thompson die höhere Programmiersprache B entwickelt, aus der dann Dennis Ritchie die Sprache C weiterentwickelte. Nachdem schließlich 1971 Unix in C umgeschrieben war, verbreitete es sich vor allem an Universitäten sehr schnell.

Da *Unix* den Hardware-Herstellern (vgl. Abbildung 3.11; insges. ca. 150 Hersteller) seitens AT&T im Quellcode zum Preis der Kopier- und Versandkosten zur Verfügung gestellt wird, entstanden in den letzten Jahren viele Variationen dieses *Betriebssystems*. Dabei bleibt es fraglich, ob die daraus resultierende Spezialisierung der Betriebssysteme nach Gebieten wie CAD[103]/CAM[104], technisch-wissenschaftlicher Bereich oder administrativer Bereich aus Anwendersicht sinnvoll ist.

Der Kern des *Betriebssystems* besteht heute aus ca. 300 Programmen und Befehlen mit teilweise bis zu 15 Aufrufparametern, die jedoch zum Leidwesen der Anwender von System zu System variieren. Da *Unix* allerdings auf nahezu allen Rechnern verfügbar und durch die vorhandenen Werkzeuge sehr mächtig ist, führte dies zu einer starken Verbreitung, insbesondere im Bereich der Software-Entwicklung.[105]

---

98 Näheres hierzu unter Kapitel 5.
99 OASIS (Apple Macintosh) und TOS (Atari).
100 DOS-ähnliche Nachbildungen wie DR-DOS und Concurrant-DOS.
101 Unix ist eingetragenes Warenzeichen der AT&T Bell Laboratories.
102 Die Bell Laboratories sind die Forschungslabore von AT&T.
103 CAD = Computer Aided Design.
104 CAM = Computer Aided Manufactoring.
105 Vgl. RRZN (Hrsg.) (1989), S. 5.

Unix-Derivat	Hersteller
AIX	IBM
UNIX	AT&T
Eurix	Comfood
386/ix	Interactive
SCO-Unix	Santa Cruz Operation
SINIX	Siemens
XENIX	Microsoft
Sun OS	Sun
OSF/1	Open System Foundation

Abbildung 3.11: Unix-Derivate

Die *Unix*-Welt ist aber im Umbruch. Nachdem die Hersteller der diversen Unix-Derivate die Intel-Prozessoren[106] für sich entdeckt haben und seitens der *Anwender* der Druck nach Vereinheitlichung und Benutzerkomfort zunimmt, entwickelt sich *Unix* zunehmend zu einem Allround-Betriebssystem.

Unbestreitbarer Vorteil dieses *Multi-User-/Multi-Tasking-Betriebssystems* ist, daß es auf etwa 200 verschiedenen Rechnern, vom auf Intel-Prozessoren basierenden *Personal Computer* bis hin zu *Mainframes* wie der IBM 3270[107], lauffähig ist.[108] Im Vergleich hierzu arbeiten Betriebssysteme wie DOS und OS/2 ausschließlich auf der Basis von Intel-Prozessoren, OASIS (Macintosh) nur in Zusammenarbeit mit einer *CPU* aus diesem Hause. *Unix* hingegen läßt sich derzeit als einziges *Betriebssystem* als weitestgehend hardwareunabhängig[109] bezeichnen.

Seit 1984, mit der Einführung des Unix System/V, bemüht sich AT&T um eine Verein-heitlichung. Durch die Herausgabe einer *Schnittstellen*beschreibung sind seitdem die Lizenznehmer von Unix zu deren Einhaltung verpflichtet. Hierdurch wurde Unix, auch durch verminderte Entwicklungskosten, kommerziell interessant.

Open Desktop (SCO Unix System V/386)

Bei der hier beispielhaft hervorgehobenen Unix-Variante für 80386-Rechner handelt es sich um das Software-Paket *Open Desktop* (*ODT*) von SCO, bestehend aus:[110]

---

106 Prozessoren der Baureihen 80x86, insbesondere 80386.
107 weitere Prozessoren sind z. B. die Motorola 68000-Familie, Zilog Z8000 u. v. a.
108 Vgl. Salaman, B. (1985), S. 93.
109 Es sind lediglich geringe Anpassungen des System-Kerns nötig, der Rest muß nur neu compiliert (übersetzt) werden.
110 Auf die Module TCP/IP und NFS wird erst im Kapitel 5 im Zusammenhang mit der Vernetzung ein-gegangen.

– SCO *Unix* System V/386 Release 3.2 Version 2.0,
– der Benutzerschnittstelle *X-Window*,
– der Benutzeroberfläche *Motif* (*ODT-View*),
– der DOS-Komatibilitätssoftware *DOS-Merge* 386 (ODT-DOS),
– den *TCP/IP*-Netzwerksprogrammen,
– *SUN-NFS* und
– der relationalen Datenbank Ingres.

Eigenschaften von SCO Unix System V/386

Dieses, nach den X/Open-Richtlinien[111] entwickelte System (SCO-Unix), ist ein für Rechner vom Typ *80386* an aufwärts geeignetes *Multi-User-/Multi-Tasking-Betriebs-system* auf ISA-, EISA- und MCA-Bussystemen[112]. Die Unix-Variante von SCO ist aus dem bereits 1985 entwickelten Xenix hervorgegangen. Mit dieser, für den *80286* entwickelten Xenix-Variante konnte SCO einen Marktanteil von ca. 85 Prozent erreichen, was neben der Vertriebsform (Ergänzung durch Standardprogramme in Kooperation mit anderen Herstellern) vor allem der engen Zusammenarbeit mit Microsoft zu verdanken ist.

Zugriffs-Rechte

Eine Auseinandersetzung mit *Unix* beinhaltet Probleme und Möglichkeiten, die bei un-vernetzten DOS- oder OS/2-Systemen nicht auftreten bzw. bestehen.

Da dieses *Betriebssystem* nicht nur *multi-tasking-* sondern auch *multi-user*-fähig ist, ent-hält es bereits Sicherheitsmaßnahmen, die vergleichbar nur in Netzwerken und auf Groß-rechnern zu finden sind. Gemeint ist hier insbesondere der Passwortschutz, der bei Unix[113] in drei Rechtegruppen bzw. Zugriffsklassen unterteilt ist.[114]

Die zur Verfügung stehenden drei *Zugriffsrechte* beziehen sich auf:

– Lesen (Read; R),
– Schreiben (Write; W) und
– Ausführen (Execute; X) von Dateien oder Verzeichnissen.

---

111 Internationaler Standardisierungsansatz, vgl. FIPS 151–1 und IEEE Posix 1003.1.
112 Ein Bus ist vereinfacht ausgedrückt eine Hardware-Komponente innerhalb des Rechners (z. B. Daten-bus), über die die anderen Bauteile miteinander kommunizieren (Mini-Netzwerk). ISA, EISA und MCA sind unterschiedliche Bus-Architekturen mit unterschiedlichen Verarbeitungs- bzw. Übertra-gungsgeschwindigkeiten.
113 Unix in seiner Standardvariante.
114 Vgl. Baumgarten, Ch. (1990), S. 11–13.

Die drei Zugriffsklassen sind:

– Der Eigentümer einer Datei:
  Dieser hat bezüglich seiner Dateien alle im System möglichen Rechte. Diese Zugriffs-
  klasse ist an eine einzige, bestimmte Person bzw. deren *Benutzerkennung* gebunden.
  Daß dies nur bedingt den Anforderungen eines modernen Unternehmens genügt, ist
  wohl verständlich.
– Eine Benutzergruppe:
  Innerhalb solcher Gruppen besitzen die zugehörigen Benutzer identische Rechte.
  Dabei auftretende Probleme der Mehrfachzugehörigkeit zu diversen Gruppen lassen
  sich unter Unix nur durch bewußten Gruppenwechsel erreichen. Die gleichzeitige
  Zugehörigkeit zu mehreren Gruppen sowie hierarchische Funktionen und Gliede-
  rungen innerhalb derselben lassen sich nicht realisieren.
– Alle anderen:
  In dieser Zugriffsklasse haben alle Benutzer die gleichen Rechte bezüglich der Datei-
  operationen Schreiben, Lesen und Ausführen.

Bei einer Projektion der hieraus resultierenden Sicherheitsstrukturen auf die organisatorischen und hierarchischen Anforderungen im Unternehmen wird ersichtlich, daß diese bei
weitem nicht praxisgerecht sind. Kapitel 5.2 verdeutlicht dies in Zusammenhang mit den
entsprechenden Möglichkeiten unter 3+Open und NetWare.

DoD-Sicherheitsklassen – Orange Book

Bereits im Jahre 1981 hat das amerikanische Verteidigungsministerium Department of
Defense (*DoD*) mit Gründung des National Computer Security Center (NCSC) erste
Schritte in Richtung von Sicherheitsanforderungen für Software getätigt. Unter anderem
wurde ein Kriterienkatalog, aufgrund des orangefarbenen Einbandes als „orange Book"
bezeichnet, herausgegeben. In ihm sind Sicherheitskriterien nach Gruppen (A, B, C und
D) und Klassen (die Gruppen B und C unterteilen sich in die Klassen 1, 2 und 3) defi-
niert. Die Klasse A beschreibt dabei die höchste Sicherheitsstufe. Ähnliche Bestrebungen
kommen in Deutschland durch die Aufgaben der Zentralstelle für die Sicherheit in der
Informationstechnik (ZSI) zu, die derzeit Kriterien für die Bewertung der Sicherheit von
Systemen der Informationstechnik in Anlehnung an das „orange Book" erarbeitet.

Das Standard-Unix gehört nach den DoD-Spezifikationen in die Sicherheitsklasse D. In
der hier verwendeten Variante von SCO gibt es die Möglichkeit, Unix im sogenannten
C2-Modus zu installieren. Zusätzliche Sicherheitsmaßnahmen und damit ein verbesserter
Zugriffsschutz sind dadurch:[115]

---

115 The Santa Cruz Operation, Inc. (1989a), ODT-OS S. 55, sowie The Santa Cruz Operation – Technical
     Support Department (1990).

Passwort Restriktionen:
- Englische Wörter und Begriffe werden abgelehnt;[116]
  Vorangegangene Passworte werden gespeichert und abgelehnt;
- Vorgabemöglichkeit zur Festlegung eines Minimums an Zeichen für die Länge des Passworts.

Passwort Lebensdauer:
- Der Systemverwalter kann global oder für jede Kennung einzeln angeben, nach welcher Zeit der Eigentümer sein Passwort ändern muß.

Der Sinn dieser Maßnahmen verpufft jedoch oft, da häufig die Passworte einfach zu erraten sind bzw. noch schlimmer, diese „auf einem kleinen Zettel an der Konsole kleben". Dies sind und bleiben jedoch organisatorische Maßnahmen, die durch keine Software hundertprozentig zu lösen sind.

Als Abschluß zur Sicherheitsproblematik unter *Unix* sei an dieser Stelle angemerkt, daß die Anforderungen des *DoD* für ihre eigenen Systeme bei der Klasse B2 beginnen.

Vergleich SCO Unix mit DOS

Ein unbestreitbarer Vorteil von *Unix*, z. B. gegenüber *DOS*, ist der bereits erwähnte Mehrbenutzerbetrieb. Mehrere Anwender teilen sich die Rechenleistung, und jeder kann mit den gleichen Datenbeständen mehrere Programme oder Aufgaben (Prozesse) gleichzeitig bearbeiten. Auch sind die Beschränkungen bezüglich der Speicherverwaltung unter DOS (640 KB) bei Unix (bis über 200 MB bei SCO-Unix) nicht vorhanden. Bei manchen Unixsystemen (z. B. AIX V3 von IBM) wird sogar *Multi-Processing*[117] (z. B. auf den RISC/6000-Systemen) unterstützt. Da sich letzteres noch im Entwicklungsstadium befindet, sei dies hier nur der Vollständigkeit halber angeführt.

Wie bei einem Programm, das einen hohen Funktionsumfang bietet, nicht anders zu erwarten, ist *Unix* sehr speicherintensiv. Dies bezieht sich sowohl auf den Hauptspeicher (in dem die Prozesse ablaufen) als auch auf die Festplatte. In einer Grundversion ohne *Benutzeroberfläche* (*ODT-View*) und Kommunikationsprogrammen (*TCP/IP* etc.) benötigt das System bereits mehr als 40 MB Plattenkapazität, DOS im Vergleich dazu etwa 500 KB. Zu vergegenwärtigen ist auch, daß ein solches System nicht mehr wie DOS oder OS/2 betrieben werden kann. Beim Einsatz von Unix-Systemen wird unter anderem ein Mitarbeiter mit entsprechenden Systemkenntnissen benötigt, der, wie bei einem Netzwerk oder Großrechner, die *Systemadministration* übernimmt. In diesem Zusammenhang ist noch zu erwähnen, daß der von DOS bzw. OS/2 bis Version 1.1 her bekannte, sogenannte „Drei-Finger-Griff"[118] nicht funktioniert und ein Abschalten des Rechners mittels des Ein-/Ausschalters zu Beschädigungen des Dateisystems (wie auch bei dem *HPFS* von

---

116 Die Unterstützung deutscher Begriffe fehlt z. Zt. noch.
117 Multi-Prozessing heißt, daß mehrere Prozessoren sich parallel die Arbeit teilen, ähnlich wie bei Verwendung eines mathematischen Co-Prozessors und Intel-Prozessoren.

OS/2 ab Version 1.2) führt. Der Rechner muß mittels des „shutdown"-Befehls herunter-gefahren werden, wie dies bereits von den Großrechnern bekannt ist.

Die sonstigen Unterschiede zu DOS und OS/2 werden an dieser Stelle ebenfalls am Bei-spiel von *Open Desktop* (SCO Unix) dargestellt. Die Einzelheiten können von Hersteller zu Hersteller variieren und sind somit nur bedingt zu verallgemeinern. Die Besonder-heiten von ODT-SCO Unix/386 sind:

Besonderheiten von ODT – SCO Unix

- Die Administrationsshell, mit der die meisten Administrationsaufgaben menügesteuert auch von Nicht-Spezialisten durchgeführt werden können.
- Das Sicherheitspaket (vgl. die Ausführungen zur C2-Sicherheit a.a.O.).
- DOS-Server, DOS-Fenster und *Benutzeroberfläche* ODT-View (*Motif*) (vgl. hierzu Kapitel 3.4.2).
- *Multiscreen*: Die Darstellung mehrerer virtueller Bildschirme auf der Konsole[119]. Das bedeutet, daß an einem Arbeitsplatz mehrere Programme auf quasi-eigenen Bild-schirmen laufen können, zwischen denen man über Tastenkombinationen hin- und herschalten kann.[120]
- Anschlußmöglichkeit einer großen Anzahl von Peripherie-Geräten wie Streamer, Netzadapter, magnetooptisches Laufwerk etc.

Auf die Ergänzungen wie Netzwerk-Module etc. wird im Kapitel 5.2 eingegangen.

Die sogenannte *Benutzeroberfläche* C- bzw. Burne-Shell, die bei allen Unix-Derivaten verfügbar ist, verdient diesen Namen eigentlich nicht. Sie gleicht, abgesehen vom größe-ren Befehlsumfang, DOS bis Version 3.3. Der einzige Unterschied ist, daß, je nach Systemvariante, eine Hilfefunktion zu den Befehlen zur Verfügung steht. Die Formen dieser Hilfestellungen reichen stufenlos von einfachen *ASCII*-Dateien über diverse Edito-ren (z. B. bei SCO Unix ohne *Motif*) bis zu hypertextgestützten Hilfesystemen (z. B. AIX 3 auf RISC/6000; Next-Rechner von Steve Jobs etc.), die dann allerdings meist erst in Kooperation mit moderneren *Benutzeroberflächen* (auf *X-Window*-Basis) funktionsfähig sind.

---

118 Warmstart des Rechners durch Drücken der Tastenkombinationen CTRL+ALT+DEL bzw. STRG+ALT+LÖSCH.
119 Die Konsole ist der Hauptarbeitsplatz bei einem Unixsystem mit mehreren Arbeitsplätzen/Terminals. Im Normalfall können nur hier grafikfähige Anwendungen laufen. Vgl. hierzu die X-Terminals in Kapitel 5.2.
120 Über die Tastenkombinationen ALT-Taste plus 1–8.

3.4.2 Benutzerführung mit X-Window und DOS-Unterstützung

Die Bestrebungen der Herstellerverbände[121] gehen derzeit in Richtung einer einheitlichen *Benutzeroberfläche*. Obwohl bei diesen Verbänden noch Uneinigkeit bezüglich des Basisproduktes und dessen Hersteller besteht, scheint es, daß sich die graphische *Schnittstelle X-Window*, auf der die Benutzeroberflächen wie *Motif* (z. B. *ODT-View*[122] vgl. Abbildung 3.12[123]) aufsetzen, am Markt durchsetzt.[124]

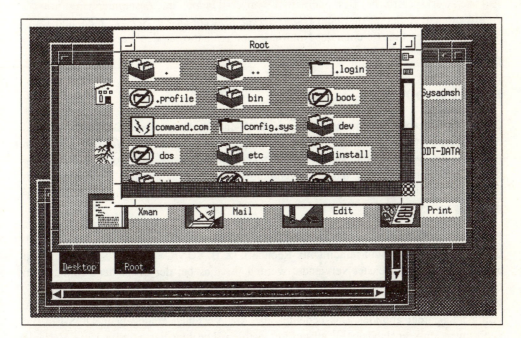

Abbildung 3.12: Die Benutzeroberfläche ODT-View

X-Window

X-Window ist ein vom X-Consortium am Massachusetts Institute of Technology (MIT) entwickeltes, geräte- und betriebssystemunabhängiges, netzwerktransparentes Window-System für Grafikworkstations und intelligente Terminals.[125] Die meisten Hersteller haben mittlerweile bei *Unix* System V 3.2 *X-Window*-Derivate in die Entwicklungsumgebung eingebunden. So auch SCO mit *ODT-View*, das aus *OSF/Motif* hervorgegangen ist.

---

121 Z. B. die X/Open-Gruppe mit Bull, ICL, Siemens, Olivetti, Nixdorf, HP, Sperry, DEC, AT&T, IBM und Sun.
122 ODT-View von SCO – Santa Cruz Operation.
123 Quelle: The Santa Cruz Operation, Inc. (Hrsg.) (1990a), ODT-VIEW S. 14.
124 Vgl. Frey, M. (1990), S. 28–31 und Griebl, L. (1990), S. 121–123.
125 Vgl. Bischof, H.-P. (1990), S. 14.

Motif (ODT-View)

Die Eigenschaften und Möglichkeiten dieser fensterorientierten, grafischen *Benutzerober-fläche* mit Mausunterstützung sind weitestgehend mit denen von *Windows* 3.0 bzw. dem *Presentation Manager* vergleichbar. Das Kopieren, Löschen und Umbenennen von Dateien sowie „Cut & Paste"[126]-Funktionen sind auf ähnliche Weise durchzuführen.

Auf netzwerkspezifische Besonderheiten von *X-Window* im Zusammenhang mit X-Applikationen, X-Server und dem *Client-Server-Konzept* sowie *TCP/IP*, *NFS* und *LAN-Manager* wird erst im Rahmen der Netzwerkkommunikation in den Kapiteln 5 und 6 eingegangen.

DOS-Merge (ODT-DOS)

Gerade in Unternehmen mit gewachsenen EDV-Infrastrukturen sind DOS-Rechner und deren Datenbestände und Programme keine Seltenheit. Da über *DOS-Merge* o. ä. bei den meisten Unix-Derivaten die Möglichkeit des Datentransfers mit DOS sowie die Nutzung von *DOS* besteht, wird die Weiterverwendung von DOS-Programmen und -Daten kaum behindert. Unter *Open Desktop* sind diese Möglichkeiten des Investitionsschutzes besonders ausgeprägt.

PC-Unix, wie es im Falle von *DOS-Merge* innerhalb SCO Unix/386 vorliegt, verträgt sich im Gegensatz zu *Unix* auf reinen Unix-Rechnern (z. B. SUN/OS) mit *DOS* recht gut. Soll allerdings ein DOS-Fenster verwendet werden, ist dies bei der Wahl der Festplatte zu berücksichtigen, da nicht alle Festplattentypen DOS-tauglich sind. Ein weiterer Vorteil, gerade für Umsteiger aus der DOS-Welt, ist, daß der DOS-*Emulator* Merge die Zugriffe völlig transparent abbildet. Das bedeutet, daß aus Versehen eingegebene DOS-Befehle auch unter Unix anstandslos[127] ausgeführt werden. Die hier dargestellte Unix-Variante unterstützt zudem die bereits im Zusammenhang mit OS/2 beschriebene *Dualboot-*Option. DOS und Unix können so nebeneinander auf einem Rechner existieren. Die Integration geht jedoch bei SCO Unix im Vergleich zu OS/2 unter dem HPFS-Filesystem einen Schritt weiter. Ist die DOS-*Partition* unter OS/2 1.2 noch nicht ansprechbar, stellt dies für SCO Unix kein Problem dar. Somit können im Unix-Modus DOS-Dateien auf beiden Dateisystemen angesprochen werden – die echte *DOS-Partition* ist voll integriert. Vorhandene Programme und insbesondere Datenbestände (z. B. Text- und Datenbank-dateien) können so ohne Aufwand weiterverarbeitet werden. Als besonderes Beispiel für die im PC-Bereich weit verbreiteten dBase-Datenbestände (auch Clipper-Datenbanken) ist die Verfügbarkeit von FoxBase Plus[128] zu erwähnen. Dieses dBase III-kompatible Programm ist zwar bezüglich Relationalität etc. nicht optimal, da es die gleichen Schwächen wie dBase hat. Es bietet allerdings eine durchaus interessante Alternative

---

126 Markieren, „ausschneiden" und an anderer Stelle wieder einfügen.
127 Nur eine sonst unübliche Zeitverzögerung läßt auf die Eingabe eines DOS-Befehls schließen.
128 Eine dBase-ähnliche Datenbanksprache mit dBase III-kompatiblen Datenbanken.

bzw. Ergänzung zu anderen Programmen wie z. B. Ingres[129], vor allem in der Übergangs-phase. Datenbestände und insbesondere Programme können unverändert übernommen werden.

Eine abschließende Bewertung der *Betriebssysteme* wird an dieser Stelle nicht vorge-nommen, da sie erst im Zusammenhang mit den Kommunikationsmöglichkeiten dieser Systeme in Kapitel 7 erfolgt.

---

129 Relationales Datenbanksystem (RDBMS). Vgl. auch Kapitel 5.3.4.

4. Grundlagen der Vernetzung

Obwohl im Rahmen dieses Buches die mehr anwendungsorientierten Teilprobleme der Rechnerkommunikation im Mittelpunkt stehen, ist es zum besseren Verständnis der Problemursachen nötig, daß auch grundlegende technische Hintergründe und Fakten Erläuterung finden. Dabei ist dies als Einordnungshilfe aus *Anwendersicht* und nicht als technisch bis ins letzte Detail gehende Beschreibung zu verstehen.

4.1 Offene Kommunikationssysteme im Sinne von ISO/OSI

Die Tatsache, daß Software nicht auf jedem Rechner arbeitet, ist jedem, der sich mit *EDV* auch nur ein wenig auseinandergesetzt hat, bekannt. Dies geht auch aus den Ausführungen zur Betriebssystem-Thematik hervor. Ursache hierfür ist, daß – abgesehen von *Unix*[1] – kein *Betriebssystem* auf allen Rechnern (*Prozessoren*) lauffähig ist. Die noch mangelnde Standardisierung in diesem Bereich, die aus Herstellersicht verständlich erscheint, setzt sich erst recht auf dem Gebiet der Kommunikation fort. Für EDV-Anwender auf allen Einsatzgebieten wäre es ideal, gäbe es „das" *Betriebssystem* und „den" *Prozessor*typ. Die Vernetzung solcher Einheiten würde aufgrund der Homogenität der Systeme kein Problem darstellen. Unsere arbeitsteilige Gesellschaft und die daraus resultierende Spezialisierung spiegelt sich jedoch auch in ihrer technischen Unterstützung wieder.

Bedingt durch die mangelnde *Kompatibilität* der herstellerspezifischen Kommunikationssysteme sind mehr oder weniger aufwendige Anpassungen erforderlich. Ein in diesem Zusammenhang in der Fachwelt immer wieder auftauchender Begriff ist der der „offenen Kommunikationssysteme". Er wurde von der International Standards Organisation[2] (*ISO*) geprägt.

Offene Kommunikation läßt sich definieren als die Fähigkeit von Systemen verschiedener Hersteller und Architekturen, *Informationen* nach vereinbarten (standardisierten) Prozeduren miteinander auszutauschen und diese interpretieren zu können.[3]

4.1.1 Strukturierung und Schichtenbildung als Designhilfe

Die *Schichtenbildung* bei Einzelrechnern und Rechnerverbundsystemen ist seit langem ein bewährtes Architekturprinzip. Sie kann generell nach dem Ermessen des Entwicklers erfolgen. Dadurch lassen sich jedoch verschiedene Systeme nur schwer miteinander vergleichen. Folglich ist es besser, die herstellerspezifischen Systeme mit einem allgemeinen

---

1   Dabei ist zu beachten, daß Unix nicht gleich Unix ist. Die einzelnen Derivate unterscheiden sich oft gravierend (vgl. Kapitel 3.4.1).
2   Näheres zur Standardisierung findet sich in Kapitel 4.1.4.
3   Vgl. Dieterle, G. (1985), S. 58.

Modell zu erfassen, das von Hard- und Software-Besonderheiten abstrahiert. Ein solches Gebilde ist das *OSI-Referenzmodell*[4].[5]

Das Prinzip der Schichtenbildung

Das Prinzip der *Schichtenbildung* sagt technisch abstrakt folgendes aus:[6]

- Es existiert eine Hierarchie von Schichten und Leveln.
- Bei der *Kommunikation* sollen in allen Endgeräten alle Schichten präsent sein.
- Abgesehen von der untersten Schicht erhält jede Schicht die benötigten Dienstleistungen von der darunter liegenden Schicht.
- Bei der Korrespondenz mit anderen Rechnern tritt eine Schicht mit der entsprechenden Schicht des anderen Rechners in Verbindung.
- Die dabei einzuhaltenden Regeln werden *Protokolle* der Schicht genannt.
- Aus der Gesamtheit der Schichten ergibt sich die Protokollmenge des Systems.
- Mit Ausnahme der untersten Schicht sind alle Verbindungen der gleichberechtigten Schichten *virtuell*, da nur dort eine physikalische Verbindung besteht.

Das Philosophenbeispiel zur Schichtenkommunikation

Diese recht abstrakten Zusammenhänge wurden bereits 1981 von Tanenbaum[7] anschaulich in einem kleinen Beispiel erläutert.[8]

Kern des Beispiels sind zwei Philosophen (P1 und P2; vgl. Abbildung 4.1[9]). Sie sitzen in ihren Elfenbeintürmen, P1 in Afrika und P2 in Indonesien, und sprechen unterschiedliche Sprachen, wollen aber miteinander kommunizieren. Dafür benötigen sie jeweils einen Übersetzer (Ü1 und Ü2) und einen Techniker (T1 und T2).

Die *Kommunikation* zwischen P1 und P2 läuft wie folgt ab:

- P1 (Schicht 3) formuliert einen Gedanken und gibt ihn in einer mit Ü1 gemeinsamen Sprache (*Schnittstelle*) an seinen Übersetzer.
- Ü1 (Schicht 2) übersetzt die Gedanken von P1 in eine mit Ü2 gemeinsame Sprache (*Protokoll*).
- Da Ü1 nicht mit der Technik vertraut ist, übergibt er die Übersetzung in einem mit dem Techniker T1 (Schicht 1) vereinbarten Format (schriftlich, mündlich o.ä.) an den Techniker direkt weiter.

---

4   OSI = Open System Interconnection; vgl. das Dokument DIN (Hrsg.) (1983), ISO IS 7489.
5   Vgl. Löffler, H. (1988), S. 23–24.
6   Vgl. Kauffels, F.-J. (1989a), S. 25.
7   Vgl. Tanenbaum, A. (1990).
8   Vgl. auch Kauffels, F.-J. (1989a), S. 25–27.
9   In Anlehnung an Tanenbaum, A. (1990).

- T1 hat sich mit T2 auf eine physikalische Übertragungsart (Telefon, Buschtrommeln oder Rauchzeichen etc.) geeinigt und vermittelt die Nachricht von Ü1.
- T2 gibt analog die Nachricht an Ü2 weiter.
- Dieser übersetzt die Gedanken von P1 in die Sprache von P2 und gibt sie diesem weiter.
- Die Antworten laufen analog den umgekehrten Weg.

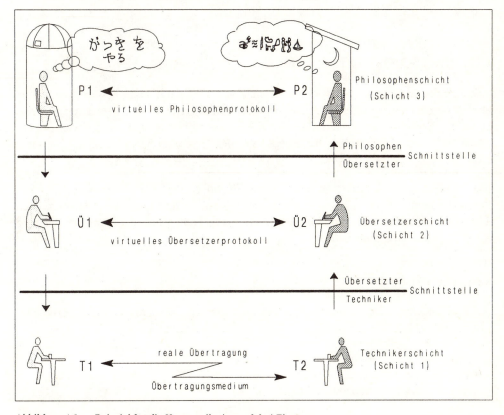

Abbildung 4.1:   Beispiel für die Kommunikation auf drei Ebenen

In diesem Beispiel sind drei Schichten oder Ebenen, die der Philosophen, der Übersetzer und der Techniker vorhanden. Horizontal, innerhalb der gleichen Ebene existiert ein Schichtenprotokoll. Vertikal, zwischen den Schichten, ist die *Kommunikation* über Schnittstellenprotokolle geregelt.

Hieraus ergeben sich folgende Eigenschaften des Modells:

- Die *Kommunikation* zwischen den Teilnehmern wird als horizontal empfunden.
- In Wirklichkeit ist sie mit Ausnahme zwischen den Technikern (Schicht 1) vertikal.
- Die Schichtenprotokolle sind von den *Schnittstellen* unabhängig.
    - Die Philosophen können ihre Themen (*Daten*),
    - die Übersetzer ihre Übermittlungssprache (*Protokolle*) und

- die Techniker ihre Übermittlungsmedien wechseln, ohne daß dies die Kommunikation beeinträchtigt.
- Das gleiche gilt für die jeweiligen *Schnittstellen* innerhalb der vertikalen Kommunikation.
- Die unteren zwei Schichten interpretieren den Inhalt nicht. Sie formen ihn nur um und fügen ihm gegebenenfalls Informationen hinzu (*Protokoll-Overhead*), die die korrespondierende Schicht der Gegenstelle wieder entfernt.

4.1.2 Das ISO/OSI-Referenzmodell

Das unter der Bezeichnung *OSI-Referenzmodell* oder OSI-Architektur bekannt gewordene Modell für sogenannte offene Rechnerverbundsysteme stammt aus den siebziger Jahren. Es ist das Ergebnis der Arbeiten des für die Datenkommunikation zuständigen Subkomitees 16 des Technischen Komitees 97 der Internationalen Standardisierungsorganisation - abgekürzt ISO/TC 97/SC 16.[10]

Das Attribut „offen" besagt dabei, daß die Rechner, Terminals und Benutzer eines Verbundsystems freien Zugang zu den im System vorhandenen, rechentechnischen Kommunikations- und Informationsverarbeitungskapazitäten haben sollen – unabhängig von deren Hard- und Software.

Inhalt der Standardisierung

Um dies zu ermöglichen, müssen die Systeme gleiche Standards befolgen. Das ISO-Dokument[11] ISO/DIS 7498 definiert dabei folgende Standards:[12]

- Allgemeine Kommunikationsregeln eines offenen Systems,
- Mehrschichtenstruktur eines offenen Systems und
- Hauptfunktionen der einzelnen Schichten.

Im daraus resultierenden Modell, das die Abbildung 4.2 veranschaulicht, sind sieben Schichten festgelegt, deren Funktion in Kapitel 4.1.3 erläutert werden (linke Seite der Abbildung). Auf der rechten Seite der Abbildung sind standardisierte Protokolle beispielhaft angeführt (z. B. X.25 für die OSI-Schicht 3, worauf im folgenden teilweise noch eingegangen wird).

---

10   Vgl. Löffler, H. (1988), S. 24.
11   Vgl. International Standards Organisation (Hrsg.) (o. J.).
12   Vgl. Löffler, H. (1988), S. 24; siehe auch Kapitel 4.2.5.

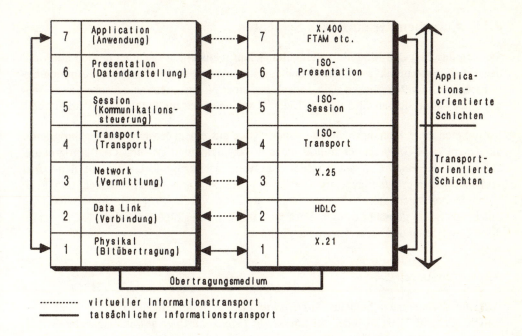

Abbildung 4.2:   Das ISO-Referenzmodell für offene Rechnerkommunikation

Allgemein ist hier definiert, welche Vereinbarungen zwischen zwei Kommunikations-
partnern getroffen sein müssen, damit sie sich unterhalten und verstehen können.

Danach können zwei Programme auf Ebene 7 Informationen austauschen, wenn folgendes festgelegt ist:

- Die Darstellung der Information auf Ebene 6.
- Der Ablauf der Kommunikation (Inhalt und Form) in Ebene 5.
- Die Vollständigkeit der Information und Sicherheit des Transports in Ebene 4.
- Die Art, in der die Information durch das Netz geleitet werden soll in Ebene 3.
- Die Übertragungssicherheit und das Zugriffsverfahren auf der Übertragungsstrecke in
  Ebene 2.
- Das physikalische Medium in Ebene 1.

Dabei ist im *OSI-Referenzmodell* nicht die Art der technischen Implementierung festgelegt. Es handelt sich vielmehr nur um Bezugspunkte, die eine geordnete Spezifikation
der *Protokolle* für die *Kommunikation* in *heterogenen* Systemen ermöglichen. Somit sind
nur die schnittstellenspezifischen Dienstleistungen der Schichten beschrieben, die die
nächsthöhere Schicht erwartet. Die technische Umsetzung kann somit auf vielerlei Wegen
erfolgen und beeinträchtigt die Kommunikation nicht.

Diese Offenheit der Systeme ist, wie die Ausführungen im 5. Kapitel noch zeigen werden,
zum Leidwesen der *Anwender* kaum realisiert.

4.1.3 Aufgaben der einzelnen Schichten

Obwohl das ISO/OSI-Modell in Reinkultur kaum realisiert ist[13], eignet es sich aufgrund der klaren Systematik dazu, die grundlegenden Aufgabenstellungen der Kommunikationsebenen zu verdeutlichen. Die Teilschritte einer *Kommunikation* zwischen zwei Programmen lassen sich an das folgende Beispiel anlehnen, das die Problematik verdeutlicht.

Im Rahmen einer Planungsrechnung sollen *Daten* aus einem Kostenrechnungsprogramm auf einem IBM-*Großrechner* mittels eines Tabellenkalkulations- und Grafikprogramms auf einem *Personal Computer* ausgewertet werden. Dazu müssen die auf dem *Host* vorhandenen, in programmspezifischer Form gelagerten *Daten* der Kostenrechnung (z. B. auf Basis der Datenbank *DB2*) sicher und vollständig auf den *PC* (z. B. zur Verarbeitung mit Lotus 1-2-3) gebracht werden. Dies muß folglich so erfolgen, daß das PC-Programm diese Daten lesen und weiterverarbeiten kann.

Application Layer

Aufgabe der obersten Schicht (*Application Layer*, Verarbeitungs- oder *Anwendungsschicht*, Schicht 7) ist es, über entsprechende *Protokolle* (hier anwendungsnahe Grunddienste wie z. B. *File-Transfer*) die Kommunikation zu Verwaltungsfunktionen des Systems herzustellen. Die dazu erforderlichen Anwendungsprozesse sind i. d. R. systemnahe Erweiterungen des *Betriebssystems*. Hierzu gehört zum einen, daß das Betriebssystem solche *Schnittstellen* zur Verfügung stellt, zum anderen, daß das *Netzwerkbetriebssystem* diese ansprechen kann. Diese Routinen müssen wiederum durch die Anwendung ansprechbar sein, woraus die Forderung nach netzwerkfähigen Anwendungsprogrammen resultiert.

In diesem Zusammenhang ist insbesondere auf den kleinen Unterschied zwischen netzwerkverträglichen Programmen und netzwerkfähigen Applikationen zu verweisen. Netzwerkverträglichkeit besagt lediglich, daß das entsprechende Produkt in einem Netz angestartet werden kann. Die *Kommunikation* zwischen den Anwendungen setzt jedoch die Fähigkeit des Programms, die Netzwerk-Funktionen (*Netzdienste*) direkt zu nutzen, voraus. Dies ist derzeit noch selten vollständig gegeben. Die Kommunikation könnte in diesen Fällen sonst analog dem *DDE* unter fensterorientierten Benutzeroberflächen laufen.

Im vorliegenden Beispiel ist somit nur eine indirekte *Kommunikation* möglich – das Anwendungsprogramm ist folglich nicht das Kostenrechnungsprogramm sondern ein davon unabhängiges Kommunikationsprogramm, z. B. eine *Terminal-Emulation* mit *File-Transfer*-Möglichkeit. Die Entwicklung geht jedoch eindeutig dahin, daß die logische Netzwerkumgebung für den *Anwender* in den Hintergrund tritt und durch entsprechend mächtige *Benutzeroberflächen* und *Schnittstellen* (z. B. *Motif* und *X-Window*) überlagert wird.

---

13   Ein Beispiel für ein OSI-Netz ist ScaNet von Telemation.

Presentation Layer

Die darunterliegende sechste Schicht (*Presentation Layer, Datendarstellungsschicht*) hat die Aufgabe, der Anwendungsschicht Routinen zur Verfügung zu stellen, die die Interpretation der *Daten* (Konvertierungsfunktion) ermöglichen. Sie stellt dazu Sprachmittel zur eindeutigen Begriffsbenennung und Darstellungsprotokolle zur Wiedergabe der *Informationen* in einer gemeinsamen Sprache zur Verfügung. Mit diesen Mitteln der Formatanpassung und Codekonvertierung können die Daten beispielsweise aus der Großrechnerdatenbank *DB2* eines IBM-Großrechners herausgenommen und als unformatierte Datei abgelegt werden. Durch die Codekonvertierung dieser, dann im *EBCDI*-Code vorliegenden Daten, erhält man später eine auf DOS-Rechnern verarbeitbare *ASCII*-Datei.

Auf welchem der miteinander kommunizierenden Rechner dies in welchem Umfang erfolgt, kann unterschiedlich sein. Die *Kommunikation* setzt lediglich ein einheitliches, aufeinander abgestimmtes Verhalten voraus.

Diese zwei für den *Anwender* wichtigsten Schichten bzw. deren *Schnittstellen* sind nahezu nicht standardisiert. Dadurch kann der Anwender bzw. können dessen Anwendungen i. d. R. nur auf Umwegen über Kommunikationsprogramme mit anderen Anwendungen kommunizieren bzw. *Daten* zwischen den Rechnern transferieren.

Session Layer

Der *Session Layer* (fünfte Schicht, *Kommunikationssteuerungsschicht*) stellt Hilfsmittel zur Eröffnung, geordneten Durchführung und Beendigung einer Kommunikationsbeziehung (Session = Sitzung) zur Verfügung. Diese, in der Realität meist mit der darunterliegenden Transportschicht zusammengefaßte Ebene hat zudem die Aufgabe, Fehler zu erkennen und wenn möglich zu beseitigen. Dafür ist eine enge Interaktion mit dem anderen (*Host*-)Betriebssystem notwendig.

Transport Layer

Aufgabe der *Transportschicht* (vierte Schicht, *Transport Layer*) ist es, die Informationen durch das Netzwerk zu geleiten. Das betrifft die Auswahl des optimalen Weges zwischen Quelle und Ziel, die Flußkontrolle, die Überlastkontrolle und Fehlerkontrolle in diesem Bereich. Hier erfolgt auch die Realisation des Übergangs netzwerkspezifischer Eigenheiten, wie dies zwischen *LANs* von verschiedenen Herstellern möglich ist. Die für den Transport nötige Fragmentierung der *Daten* (z. B. Paketbildung) werden von der korrespondierenden Gegenschicht am anderen System durch Konkatenierung ausgeglichen. Desweiteren wird die Einhaltung der Reihenfolge der Informationseinheiten kontrolliert. Die hierfür verwendeten Protokolle sind meist *verbindungsorientiert*[14].

---

14   Vgl. Kapitel 4.2.5.

Network Layer

Die dritte Schicht (*Network Layer, Vermittlungsschicht*) verknüpft unter Verwendung *verbindungsloser* Protokolle gesicherte Systemverbindungen von Endsystemen zu Transitsystemen und umgekehrt. Sie übernimmt damit die Wegebestimmungs- und Durchschaltfunktion (*Routing*) für die Transportschicht. Weitere Aufgaben sind die Fehlererkennung und das Wiederaufsetzen nach deren Beseitigung. „Die Vermittlungsschicht besitzt sozusagen die Landkarte des Netzes oder eines gewissen Teils, wenn das Netz sehr groß ist."[15] Diese Schicht hat innerhalb eines einzigen LANs kaum eine Bedeutung. Erst bei der Verbindung von mehreren Netzen spielt sie in Zusammenhang mit *Gateways* (*Internetzen*) eine Rolle.

Link Layer

Die *Sicherungsschicht* (*Link Layer*, zweite Schicht) sorgt für eine zuverlässige und funktionierende Verbindung zwischen zwei Netzanschlüssen. Sie enthält Festlegungen bezüglich Übertragungssicherung, Telegrammstruktur, *Zugriffsverfahren*, Synchronisation und Teilnehmeradressierung und verwaltet somit logische Beziehungen zwischen den Kommunikanten. Auf dieser Ebene werden auch Empfangsbestätigungen (Acknowledgements) bezüglich der einzelnen Datenpakete oder -folgen abgeschickt bzw. empfangen und im Fehlerfall entsprechende Maßnahmen eingeleitet.

Physical Layer

Die eigentliche physikalische Verbindung, die Festlegung der mechanischen und elektrischen Ankopplung an die Übertragungsstrecke (Kabel) erfolgt in der ersten Schicht (*Physical Layer, Bitübertragungsschicht*). Hier werden die „Nullen" und „Einsen" (*Bits*) an das Medium angepaßt, aufgebracht und an der Gegenstelle wieder entnommen. Die *Fehlererkennung* und deren Beseitigung in diesem Bereich ist ebenfalls Aufgabe dieser Schicht.

Um nun die *Daten* auf dem *PC* weiterverarbeiten zu können, müssen diese dort den umgekehrten Weg durchlaufen. Die von den einzelnen Schichten auf dem Host angefügten Informationen (*Protokoll-Overhead*) werden dabei von den entsprechenden Schichten auf dem PC beseitigt und ausgewertet. Im Falle des File-Transfers erfolgt, mangels einer Schnittstelle zum Anwendungsprogramm, das Importieren der Daten nun im ASCII-Format (z. B. durch das Tabellenkalkulationsprogramm Lotus 1-2-3).

---

15   Vgl. Kauffels, F.-J. (1989a), S. 36.

4.1.4 Übersicht über die derzeitige Standardisierung

Die internationale Standardisierung sowie die internationale Normung und Implementation sind eine zwingende Voraussetzung für die einwandfreie *Kommunikation* in offenen Systemen. Die ursprüngliche Zielsetzung dieser Bestrebungen hat sich von der lokalen Kopplung herstellerspezifischer Netze zur Definition und Realisation internationaler LAN-Standards geändert. Aus dieser Entwicklung resultiert auch das in den vorangegangenen Kapiteln dargestellte *OSI-Referenzmodell*. In Abbildung 4.3[16] sind die für die LAN-Standardisierung relevanten Gremien und deren Zusammenarbeit im Überblick dargestellt.

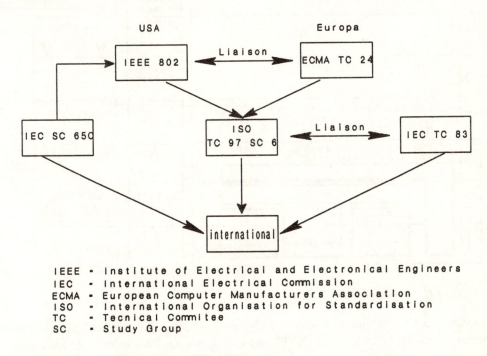

Abbildung 4.3:   Standardisierungsgremien im LAN-Bereich

Innerhalb dieser Gremien erfolgt die Definition von Normen, Richtlinien oder Empfehlungen zu den sieben Ebenen des Referenzmodells. Die derzeit realisierten Vereinbarungen beziehen sich insbesondere auf die unteren, transportorientierten Schichten. Die logisch-funktionellen Unterschiede zwischen globalen Rechnernetzen und lokalen verschwinden um so mehr, je weiter man sich von der Transportschicht „nach oben" bewegt.[17] Dies erleichtert zwar die Lösung der Kopplungsprobleme, da der Trend jedoch zu benutzerkonformen, fensterorientierten Oberflächen geht, zeigen sich bei der derzeitigen Protokollvielfalt neue Probleme. Die bereits an anderer Stelle angesprochene Pro-

---

16   Boell, H.-P. (1986), S. 28.
17   Vgl. Löffler, H. (1988), S. 228.

blematik mangelnder Integrierbarkeit von *Applikationen* in für den *Anwender* transparente Systeme ist die Folge.

Derzeitige Realisationsansätze, beispielsweise seitens des *CCITT* (*X.400* und *X.500* für Schicht 7), sind noch zu speicheraufwendig. Mit einer tragbaren Lösung ist allerdings mittelfristig zu rechnen.

ISO 7498 (OSI-Schicht)	ISO - Standards	CCITT- Empfehlungen	ECMA
7	ISO 8649 , ISO 8650 ISO 8571 , ISO 9040	X.500 X.400 X.430 X.200	ECMA - 85
6	ISO 8822 , ISO 8823	X.408 X.409 X.420	ECMA - 84, 86, 87, 88
5	ISO 8326 , ISO 8327	X.215 X.225	ECMA - 75
4	ISO 8072 , ISO 8073	X.214 X.225	ECMA - 72
3	ISO 8473 , ISO 8348 , ISO 8880 ISO 8881 , ISO 8878 ISO 8802/1	X.25/3	ECMA - 92
2	ISO 8802/2	X.25/2	ECMA - 82 (CSMA/CD) ECMA - 89 (Tokenbus) ECMA - 90 (Tokenring)
1	ISO 8802/3 CSMA/CD — ISO 8802/4 Tokenbus — ISO 8802/5 Tokenring	X.25/1 X.21	ECMA - 80 ECMA - 81

Abbildung 4.4:   LAN-Standards

Abbildung 4.4[18] gibt eine in das *OSI-Modell* eingeordnete Übersicht bezüglich lokaler Netzstandards der Gremien ISO, CCITT und ECMA wieder. Zweck der Übersicht ist es, eine Orientierungshilfe zu geben. Details dieser Abbildung sind im Rahmen dieses Buches nicht weiter von Belang. Teile dieser Standards werden jedoch nochmals in Kapitel 4.2.5 angeschnitten, da dort auf die Protokollthematik eingegangen wird.

Neben diesen Standardisierungsbestrebungen im Bereich *LAN* gibt es weltweit noch zwei weitere. Unter der Bezeichnung TOP[19] und MAP[20] beschäftigt man sich mit der *Kommunikation* im technischen Büro- und Produktionsbereich. Ziel ist es, basierend auf der LAN-Technologie und dem OSI-Modell, eine offene Kommunikationsstruktur zu schaffen. Da diese Thematik hauptsächlich den Produktionsbereich mit seinen spezifi-

---

18   Vgl. Löffler, H. (1988), S. 228 (modifizierte Darstellung).
19   TOP = Technical Office Protocol.
20   MAP = Manufactoring Automation Protocol.

schen Problemen der Steuerungs- und Regeltechnik unter Echtzeitverarbeitung betrifft, erfolgt hier keine weitere Auseinandersetzung mit dieser Thematik.

4.2 Netzwerktopologien und deren Merkmale

Bei der Entscheidung bezüglich der Realisation lokaler *Netzwerke* treten neben der Frage, welches LAN-Betriebssystem eingesetzt werden soll, auch Fragen hinsichtlich der *Übertragungsmedien*, *Zugriffsverfahren* und *Topologien* auf. Die Entscheidungen in diesem Bereich bestimmen in entsprechender Kombination miteinander und durch die Wahl der in *Basis-* oder *Breitbandtechnik (Übertragungstechniken)* den Grad der Integration bei der Übertragung der unterschiedlichen Informationsformen im LAN.[21]

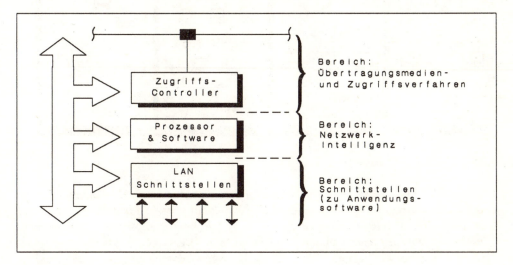

Abbildung 4.5:   Prinzipielle LAN-Systemarchitektur

Bei der Umsetzung in die entsprechenden LAN-Technologien lassen sich generell drei Bereiche (vgl. Abbildung 4.5[22]) unterscheiden:

– Die Festlegung der grundlegenden Struktur des Systems erfolgt im Bereich der *Über-tragungsmedien* und *Zugriffsverfahren*. Aus der Verkabelung und *Topologie* (Archit-ektur des LANs) leiten sich Parameter wie Geschwindigkeit, Kapazität, Ausdehnung, Teilnehmerzahlen etc. ab.

– Das Betriebsverhalten des Netzes, bezogen auf Lastverhalten, Durchsatz, Administra-tionsaufwand und Bedienverhalten, wird im Bereich der Netzwerk-Intelligenz durch die *Prozessor*-Leistung, das *Betriebssystem* sowie die *Netzwerk*-Software determiniert.

---

21 Vgl. Dieterle, G. (1985), S. 30.
22 Vgl. Dieterle, G. (1985), S. 30.

– Im Schnittstellenbereich sind die Zugangsmöglichkeiten zum *LAN* und anderen Systemen (über *Gateways* etc.) festgelegt.

4.2.1 LAN-Topologien

Ein Merkmal zur Klassifizierung von *Netzwerken* sind ihre *Topologien*. Die Topologie eines Netzes läßt sich definieren als die „Art der Verbindung zwischen den Stationen im Rechnernetz oder zwischen den Adaptern im Kommunikationssubsystem unter Abstraktion von der effektiv genutzten Leitungs- und Verbindungstechnik."[23]

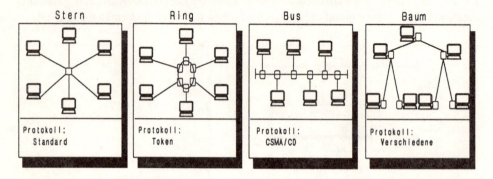

Abbildung 4.6:   LAN-Topologien

Beim Aufbau eines *LANs* kann man zwischen den vier gängigen LAN-Topologien Bus, Ring, Stern und Baum (vgl. Abbildung 4.6[24]) und damit zwischen den korrespondierenden, marktgängigen *Netzwerktypen Ethernet*, *Token Ring* und *Arcnet* differenzieren. Diese Netzwerktypen unterscheiden sich sowohl in der Verkabelung, als auch bezüglich Übertragungsgeschwindigkeit, Störanfälligkeit, *Netzwerk-Management* und Ausfallsicherheit.[25]

Die Entscheidung für eine bestimmte *Topologie*, einen bestimmten Typ oder eine Kombination hiervon hat einen erheblichen Einfluß auf die Kosten der Verkabelung und auf die Leistungsfähigkeit des Systems.

Ein nicht unbeträchtliches Problem stellt in diesem Zusammenhang auch die Auswahl der *Netzwerk-Adapterkarten* dar. Dies gilt vor allem für die *Server* und insbesondere bei der Einbindung bereits vorhandener Rechner. Der Grund hierfür ist, daß eine willkürliche Kombination der *Adapterkarten* in *heterogenen* bzw. *Multivendor*-Systemen derzeit nicht möglich ist. Die Ursache hierfür liegt in der noch mangelnden Verfügbarkeit von *Trei-*

---

23   Vgl. Kauffels, F.-J. (1989a), S. 51.
24   Vgl. Dieterle, G. (1985), S. 36 (modifizierte Abbildung).
25   Vgl. Zenk, A. (1991c), S. 30.

bern, die die Verbindung zwischen den Adapterkarten und der Netzwerksoftware herstellen.

Die Stern-Topologie

Die nur von wenigen LAN-Herstellern angebotene *Stern-Topologie* basiert auf der direkten Verbindung aller Rechner durch einen zentralen Vermittler. Die Eigenschaften dieser *Topologie* sind:[26]

– *PABX*-Leitungen können verwendet werden;
– Die Punkt-zu-Punkt-Verbindung ermöglicht schnelle Glasfaserlösungen (*FDDI*[27]-*Konzept*);
– Der Ausfall von Teilästen hat keinen Einfluß auf das Gesamtsystem;
– *PABX*-Leitungen verursachen einen technisch einfachen, jedoch generell hohen Verkabelungsaufwand, da jeweils ein Kabel zum Knoten-Rechner gelegt werden muß;
– Es besteht das Risiko des Totalausfalls, wenn der Sternknoten-Rechner ausfällt;
– Die Gewährleistung der Systemsicherheit erfordert Hardware-Redundanzen bei den Systembestandteilen.

Die Ring-Topologie

Die *Ring-Topologie* erzielte 1986 aufgrund der Unterstützung von *Token Ring*-Netzwerken durch IBM den Durchbruch. Bei dieser *Topologie* wird die *Information* in eine Richtung in das Netz geschickt und an jedem Knoten zwischengespeichert.[28] Die Eigenschaften dieser *Topologie* sind:[29]

– Leicht erweiterbare Struktur,
– geringe Leitungsanzahl,
– keine zentrale Station,
– Verminderung der Störanfälligkeit durch redundanten Sicherungsring, by-pass-Mechanismen und Ringleitungsverteiler (sternförmiger Ring) möglich,
– Totalausfall beim Aussetzen von nur einer Station oder Leitung,
– potentielle Verzögerungen durch das Zwischenspeichern an den involvierten Stationen des Rings.

Die Bus-Topologie

Der bekannteste und älteste Netzwerktyp ist das auf der *Bus-Topologie* mit *Koaxialkabel* basierende *Ethernet*. Dieser bereits 1970 von Xerox entwickelte, in Sonderformen auch

---

26   Vgl. u. a. Kauffels, F.-J. (1989a), S. 51 f. und Scholz, Ch. (1989), S. 235.
27   FDDI = Fiber Distributed Data Interface.
28   Genaueres hierzu unter 4.2.4 in Verbindung mit den Zugriffsverfahren.
29   Vgl. u. a. Kauffels, F.-J. (1989a), S. 53 f. und Scholz, Ch. (1989), S. 235 f.

als *Thin-Wire* bzw. *Cheapernet* bekannte Typ basiert auf dem *Zugriffsverfahren CSMA/CD.*

Bei dieser *Topologie* setzt der Sender die Nachricht auf das von allen abgehörte Medium (Koaxialkabel) auf. Es erfolgt keine Zwischenspeicherung der *Information.* Die Eigenschaften dieser *Topologie* sind:[30]

– Leichte Realisierung,
– keine Störung bei Ausfall einer Station,
– Möglichkeit für *Broadcasting* (Sendung an alle) und *Multicasting* (Sendung an eine Gruppe),
– Störunanfälligkeit durch passives Medium,
– kostengünstige Erweiterungsmöglichkeiten, da relativ kurze Kabellängen,
– keine Parallelität von Nachrichten auf dem Medium möglich,
– Zusatzkosten durch die schlechte Verträglichkeit der Topologie mit Lichtwellenleitern,
– Netzzusammenbruch bzw. Trennung der betroffenen *Segmente* bei Unterbrechung des Kabelstranges.

Die Baum-Topologie

Das bekannteste, in der *Baum-Topologie* realisierte LAN ist das *Arcnet.* Diese physikalisch andere Topologie wirkt logisch wie ein Ring- oder Bus-System. Die Eigenschaften dieser *Topologie* sind:[31]

– Die Nachrichten werden von einer Station zur Wurzel (auch Headend oder Kopfstation) gesendet, und von dort aus weiter an alle Stationen im Netz;
– Diese Topologie läßt sich am besten an die Erfordernisse in einem Gebäude anpassen;
– Der Ausfall der Wurzel legt das System lahm;
– Die Wurzel sollte zur Sicherheit redundant ausgeführt sein.

---

30   Vgl. u. a. Kauffels, F.-J. (1989a), S. 54 und Scholz, Ch. (1989), S. 234.
31   Vgl. u. a. Kauffels, F.-J. (1989a), S. 55 f. und Zenk, A. (1991c), S. 34.

4.2.2 Übertragungsverfahren und -techniken

Für die digitale Übertragung von Informationen über ein Trägermedium existieren zwei grundlegend verschiedene Verfahren (vgl. Abbildung 4.7[32]).

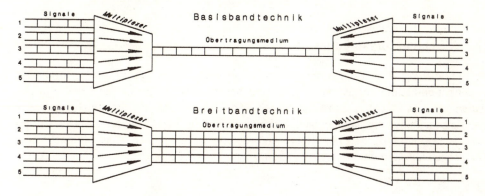

Abbildung 4.7:   Bandbreitennutzung bei Basisband- und Breitbandsystemen

Die Basisbandverfahren

Bei den *Basisbandverfahren* wird das zu sendende Signal auf der gesamten Bandbreite der Übertragungsstrecke gesendet. Dabei findet keine Unterteilung der verfügbaren Frequenzbreite statt. Die Signale werden rein digital oder als Tastung von Frequenzen nacheinander (*Zeitmultiplex*) übertragen. Die technische Realisation solcher LANs (*Basisbandtechnik*) ist unter Einhaltung gewisser Vorgaben wie Maximallängen und Biege-Radien des Kabels notfalls auch von nicht-fachkundigem Personal durchführbar. Einsatzgründe sind vor allem die kostengünstigere und unproblematischere Installation und Bedienung. Diese Verfahren eignen sich insbesondere, wenn nicht allzuviele Stationen (unter 100) vernetzt werden sollen[33] und die Geschwindigkeit nicht über 10 Mbit/s liegen muß.[34]

Die Breitbandverfahren

Die *Breitbandverfahren* hingegen modulieren das zu übertragende Signal auf unterschiedliche Trägerfrequenzen (analog Radio und Rundfunk) auf. Hierdurch können mehrere Signale gleichzeitig (*Frequenzmultiplex*) und unabhängig voneinander gesendet werden.[35] Unbestreitbarer Vorteil ist, daß auf diese Weise die Integration analoger und digitaler Informationen in Form von Sprache, Daten, Text und (Bewegt-)Bild auf einem

---

32   Vgl. Kauffels, F.-J. (1989b), S. 32.
33   Durch mit Bridges entkoppelte Subnetze (vgl. Kapitel 4.2.6) ist dieses Verfahren auch bei mehr als 100 Stationen sinnvoll.
34   Vgl. Kauffels, F.-J. (1989a), S. 58.
35   Vgl. Fachverband Informations- und Kommunikationstechnik (Hrsg.) (1987), S. 8.

Übertragungsmedium möglich ist.[36] Die *Breitbandtechnik* verlangt im Gegensatz zur *Basisbandtechnik* fundiertes Know-How aus dem Bereich der Trägerfrequenztechnik. Da sorgfältige Berechnungen der Längen, Verstärkungen und Dämpfungen nötig sind, sollte die Verlegung von Fachleuten durchgeführt werden.[37]

4.2.3 Übertragungsmedien

Die Verkabelung eines Unternehmens legt bereits den Grundstock für die Eigenschaften der Kommunikations-Infrastruktur. Die aufgabenadäquate Auswahl der *Übertragungsmedien* sollte dabei eine gesamtstrategische, von einzelnen Kabel- und Netztypen losgelöste Entscheidung sein. Die geplante Struktur muß in der Lage sein, hierarchische, organisatorische und aufgabenspezifische Anforderungen zu erfüllen. Das unternehmensspezifische Optimum wird daher i. d. R. eine heterogene Lösung sein.[38]

Twisted pair wire

Die *verdrillte Zweidrahtleitung* (twisted pair wire) ist das preiswerteste, verbreiteste und häufig durch die Telephontechnik (*PABX*) bereits vorhandene *Übertragungsmedium*. Dieses zunehmend auch von LANs (STARLAN, IEEE 802.9 etc.) genutzte Medium läßt sich für Ring-, Stern-, Bus- und Baum-Netze verwenden und ist einfach zu verlegen. Es bietet jedoch bei hoher Störanfälligkeit einen nur geringen *Datenschutz*.[39]

Koaxialkabel

Bei dem mit dem TV-Antennenkabel vergleichbaren *Koaxialkabel* sind höhere Übertragungskapazitäten bei bedingter *Datensicherheit* und mittlerer Störanfälligkeit zu erzielen. Es ist für *Basis-* und *Breitbandverfahren* geeignet und muß zur Vermeidung von Signalreflektionen (durch Knicke) sorgfältiger verlegt werden.[40]

Glasfaserkabel

Für den Einsatz bei hoher Bandbreite, EMV[41]-Anforderung und Übertragungskapazität ist das *Glasfaserkabel* das geeignetste Medium. Obwohl diese Art der Verkabelung noch neu ist, sind bereits einige, häufig als *Backbone* eingesetzte Varianten verfügbar. Es ist

---

36 Vgl. Dieterle, G. (1985), S. 27.
37 Vgl. Dieterle, G. (1985), S. 38.
38 Vgl. Kauffels, F.-J. (1989a), S. 115.
39 Vgl. u. a. Dieterle, G. (1985), S. 31 und Fachverband Informations- und Kommunikationstechnik (Hrsg.) (1987), S. 7.
40 Vgl. u. a. Dieterle, G. (1985), S. 31 f. und Fachverband Informations- und Kommunikationstechnik (Hrsg.) (1987), S. 7.
41 EMV = Elektromagnetische Verträglichkeit.

jedoch vergleichsweise teuer und es entstehen weitere Kosten durch die erforderliche optisch-/elektrische Umwandlung der Signale.

Die Eigenschaften sowie Vor- und Nachteile der Übertragungsmedien sind ausführlich in Abbildung 4.8[42] dargestellt.

Wichtigste Eigenschaften	verdrillte Kupferleitung	Kupfer Koaxialkabel		Glasfaserkabel
		Basisband	Breitband	
mögliche Topologien	Ring, Stern, Bus, Baum	Ring, Bus, Baum	Bus, Baum	Ring, Stern, Baum
Bandbreite	1 bis 3 MHz	50 MHz	500 MHz	praktisch unbegrenzt
geographische Ausdehnung	3 km; + Modems	1,5 bis 10 km	50 km	unbegrenzt
max. Anzahl	typisch: 1024	typisch: 1024	bis 25000	typisch: 1024
Störungseinflüsse	hoch	mittel	niedrig	sehr gering
Datensicherheit	gering	mittel	hoch	sehr hoch
Störungsempfindlichkeit	hoch	gering	gering	sehr gering
Bitfehler-Rate	1 in 10E6	1 in 10E6	1 in 10E6	1 in 10E9
Übertragungs-Rate	ca. 16 MBit/s	ca. 500 MBit/s	ca. 500 MBit/s	› 1000 MBit/s
Wartung	einfach	mittel	schwierig	sehr kompliziert
Signal-Ein- und Auskopplung	induktiv und galvanisch	galvanisch	galvanisch	optisch
Netzwerkänderungen	einfach	mittel	schwierig	sehr schwierig
Vorteile	preiswert einfache Installation Verwendung von existierenden Netzwerken möglich	einfache Installation leichter Anschluss niedrige Wartungs- kosten	Unterstützung von Sprache, Text, Daten und Bildern flexible Topologie	Unterstützung von Sprache, Text, Daten und Bildern unempfindlich gegen äussere Störeinflüsse sehr hohe Bandbreite
Nachteile	hohe Fehlerraten bei hohen Datenraten geringe Bandbreite Störeinflüsse	eingeschränkter Entfernungsbereich keine hohe Datensicherheit keine volle Ausnutzung der Bandbreite	hohe Wartungs- kosten hohe Kosten für HF-Modems	sehr hohe Installationskosten sehr hoher Fachpersonalbedarf Einschränkung auf Punkt-zu-Punkt- Verbindungen

Abbildung 4.8:   Übertragungsmedien im Vergleich

42   Vgl. Kurreck, H. (1988), S. 29 (ergänzte und modifizierte Abbildung).

4.2.4 Zugriffsverfahren

Unter Zugriffstechniken, Kanal- oder Mediumzugriffsverfahren versteht man die Verfahren, nach denen die sendewilligen Teilnehmerstationen das physikalische Kommunikationsmedium belegen.[43] Im Unterschied zu modernen Telefonanlagen, bei denen die Verbindung nur durch galvanisches Durchschalten zustande kommt, besteht bei *LAN*-Teilnehmern eine ständige physikalische Verbindung mit dem *Übertragungsmedium*. Dies macht Mechanismen – die *Zugriffsverfahren* – nötig, die die Konkurrenzsituation um die Belegung des Übertragungsmediums regeln.

Es lassen sich dabei kollisionsfreie und kollisionsbehaftete bzw. deterministische und stochastisch orientierte Verfahren unterscheiden.[44] Eine Übersicht dieser Verfahren gibt Abbildung 4.9[45] wieder.

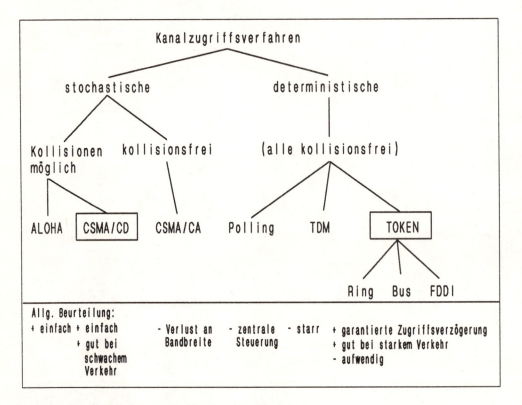

Abbildung 4.9:   Klassifizierung der Kanalzugriffsmethoden

Auf die Verfahren mit marktrelevanter Bedeutung, *CSMA/CD* und *Token* wird im nun folgenden noch näher eingegangen.

---

43   Vgl. Löffler, H. (1988), S. 11.
44   Dieterle, G. (1985), S. 32.
45   Vgl. Löffler, H. (1988), S. 12. und Schäfer, H. (1986), S. 20; modifiziert.

Das CSMA/CD (Ethernet)-Verfahren

Bekanntester Vertreter der Gruppe der stochastischen *Zugriffsverfahren* ist das durch die join-venture-Entwicklung zwischen Xerox, DEC und Intel (*Ethernet*) bekanntgewordene „Carrier Sense Multiple Access with Collision Detect"-Verfahren[46] (*CSMA/CD*) als Sonderform des CSMA-Verfahrens. Dieses Verfahren ist aus dem hier nicht näher erläuterten ALOHA-Verfahren von Abrahamson hervorgegangen.

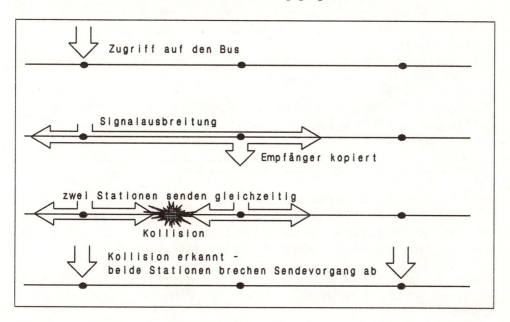

Abbildung 4.10: Prinzip des CSMA/CD-Verfahrens

Bedingungen und Eigenschaften des CSMA/CD-Verfahrens sind (vgl. Abbildung 4.10[47]):[48]

– Jede Station kann nur senden oder abhören.
– Den Teilnehmern steht nur ein Kanal zur Verfügung.
– Am Anfang hört jede Station den Kanal ab, um zu erfahren, ob ein anderer der Teilnehmer sendet (Carrier Sense).
– Ist der Kanal frei, beginnt die Station mit dem Senden.
– Dies gilt auch für alle anderen sendewilligen Stationen (Multiple Access).
– Stationen, die den Sendevorgang beim Abhören registrieren, stellen ihre Sendung zurück.

---

46   CSMA/CD entspricht ISO/DIS 8802/4, ECMA -82, IEEE 802.3.
47   Vgl. Dieterle, G. (1985), S. 33.
48   Vgl. u. a. Löffler, H. (1988), S. 75–80 und Dieterle, G. (1985), S. 32 f.

- Beginnen zwei Stationen ihre Sendung gleichzeitig, kommt es zur Kollision der Signale. Dies wird durch den Vergleich der Senden- und Hören-Information registriert und führt bei beiden Stationen zum Abbruch der Sendung (Collision Detect).
- Die erneuten Sendeversuche sind durch unterschiedliche, mit der Zahl der Versuche wachsende Verzögerungszeiten beeinflußt.
- Während des Abhörens vergleichen die einzelnen Stationen die Zieladresse der im Netz befindlichen Information mit der eigenen Adresse.
- Stimmen Zieladresse und Stationsadresse überein, kopiert die entsprechende Station die Daten aus dem Kanal und sendet eine Empfangsbestätigung (Acknowledgement) an den Absender.
- Nach ca. 15 fehlgeschlagenen Sendeversuchen erfolgt der Abbruch und eine Meldung an die höheren Schichten des Systems.

Vorteile dieses Verfahrens sind die einfache Implementierung und die gleiche Zugriffsberechtigung für alle Stationen. Durch die stochastischen[49] Verzögerungszeiten sind Prioritäten nicht realisierbar.

Bildhaft kann man dieses Verfahren wie folgt beschreiben:[50]

Ähnlich wie bei einem Gespräch in einer Gruppe von Menschen hören mehrere Teilnehmer demjenigen zu, der gerade spricht. In einer Gesprächspause kann ein anderer das Wort ergreifen. Beginnen gleichzeitig zwei Gesprächsteilnehmer zu reden, brechen sie ab. Einer von ihnen oder ein anderer kann das Wort ergreifen.

Dieses, unter anderem beim *Ethernet* verwendete *Zugriffsverfahren* ist insbesondere für ein statisch verteiltes Verkehrsaufkommen mit nicht allzugroßen Informationsmengen geeignet.

Das mittlerweile von etwa 250 Herstellern angebotene Ethernet wird vor allem im Bürobereich erfolgreich eingesetzt. Eine Verbesserung der Antwortzeiten läßt sich recht einfach durch die Bildung von *Subnetzen* auf Abteilungsebene erreichen. Durch Entkoppeln eines Stranges durch eine *Bridge* ist dies relativ kostengünstig möglich.[51] Der Datenverkehr findet dann, soweit nicht eine Zieladresse außerhalb des Subnetzes angegeben ist, innerhalb dieses Stranges statt. Umgekehrt konkurrieren die Stationen außerhalb des Subnetzes nur dann mit den Stationen des Subnetzes, wenn die Zieladresse innerhalb dieses Unternetzes liegt. Zur Verbindung der Subnetze wird häufig ein *Backbone* auf Glasfaserbasis aufgebaut, das höhere Lasten verarbeiten kann.

Da ein Großteil des Informationsaustausches meist innerhalb einer Abteilung, einer Sparte bzw. eines Bereichs aufkommt, erscheint die Definition und Realisation solcher Bereiche in Form von entkoppelten Subnetzen sinnvoll.

---

49   Daher kommt der Name „stochastische" Verfahren.
50   Vgl. Dieterle, G. (1985), S. 32.
51   Zu den Begriffen Bridge und Backbone vgl. die Ausführungen im Kapitel 4.2.6.

Das *Ethernet* unterscheidet sich in einigen kleinen Punkten von den *IEEE* 802.3-Spezifikationen. Dadurch sind diese Systeme trotz gleicher Arbeitsweise nicht *kompatibel*, was jedoch für das grundlegende Verständnis der Thematik nicht weiter von Belang ist.

Die Token-Verfahren

Von den deterministischen *Zugriffsverfahren* haben sich die Token-Verfahren[52] (*Token Ring* und *Token Bus*) als marktrelevant herausgebildet.

Der Token-Ring

Bedingungen und Eigenschaften des *Token Ring*-Verfahrens sind (vgl. Abbildung 4.11[53]):[54]

– Es existiert ein einziges Signal (*Token*), an das eine sendewillige Station ihre Daten hängen kann.
– Ist das Token bereits besetzt, d. h. mit Daten belegt, können keine weiteren Daten angehängt werden.
– Die Teilnehmer hören den Kanal ab und warten auf das Token.
– Ist es frei, kann die Station senden.
– Falls es besetzt ist, überprüfen die Stationen anhand der Adresse, ob sie die Zielstation sind.
– Der Adressat kopiert die Daten vom Token und schickt ein Acknowledgement zum Adressanten.
– Wird das Token von einer Station nicht benötigt, gibt diese es an die Nachfolgestation weiter.
– Geht das Token verloren, muß eine Station (Monitorstation) ein neues Token generieren.
– Falls eine Station durch Ausfall o. ä. nicht erreichbar ist, kann ein belegtes Token nicht zum Ziel kommen. Eine Monitorstation muß es dann wieder entfernen.
– Diese Monitorstation sollte aus Sicherheitsgründen redundant vorhanden sein.

Die Vorteile dieses Verfahrens sind die garantierten Verzögerungszeiten, der Prioritätenmechanismus für kritische Anwendungen und die Zuverlässigkeit durch die Rekonfigurationsmöglichkeiten. Nachteilig wirken sich die komplexe, aufwendige Implementierung und die wachsende Verzögerungszeit bei zunehmender Anzahl der Anschlüsse aus.

---

52 Token-Ring entspricht dem Standard ISO/DIS 8802/5, ECMA – 89, IEEE 802.5; Token-Bus entspricht dem Standard ISO/DIS 8802/4, ECMA – 90, IEEE 802.4.
53 In Anlehnung an Bueroße, J. (1990b), S. 50 (modifizierte Darstellung).
54 Vgl. u. a. Löffler, H. (1988), S. 189–196 und Dieterle, G. (1985), S. 33 f.

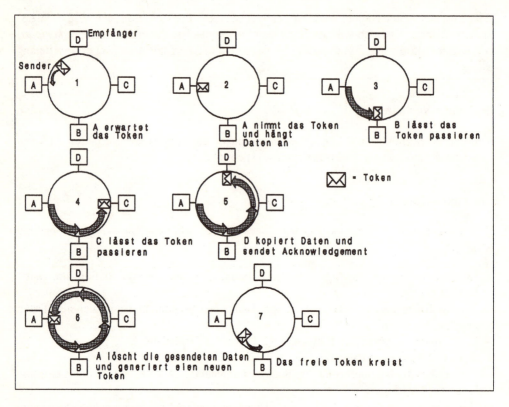

Abbildung 4.11:   Das Prinzip des Token Ring-Verfahrens

Dieses Verfahren läßt sich bildhaft mit einer Gruppe von Indianern am Lagerfeuer vergleichen. Der Indianer, der gerade die Friedenspfeife (das *Token*) hat, kann reden. Ist er mit seiner Rede fertig, gibt er die Pfeife an den nächsten weiter. Diejenigen, die die Pfeife nicht haben, müssen schweigen und zuhören.

Die Token-Verfahren eignen sich durch die Möglichkeit, Prioritäten und willkürliche Teilnehmerreihenfolgen zu vergeben, für Sprach- und Echtzeitanwendungen. Neben dem Token Ring (z. B. IBM-Token-Ring) hat sich der Token Bus (z. B. *Arcnet*) als zweite Verfahrensvariante durchgesetzt.

Der Token-Bus

Beim *Token-Bus*-Verfahren erreicht man durch Definition von Vorgänger und Nachfolger einer Station einen logischen Ring auf Bus-Basis. Dadurch wird, wie auch im Token Ring, eine kollisionsfreie Übertragung gewährleistet. Fällt eine Station aus, ist die sendewillige Station in der Lage, die Adresse „des Nachfolgers des Nachfolgers" zu erfragen, um so das *Token* weitergeben zu können.

Das Token Bus-Verfahren vereinigt in sich die Vorteile des CSMA/CD und des Token-Rings. Durch die Kollisionsfreiheit ist es „fairer" als das CSMA/CD-Verfahren und sicherer und flexibler als der Ring, da es ohne Monitor (Überwachungsstation) auskommt.

Das FDDI-Token

Im Rahmen der derzeitigen Entwicklungen im Zusammenhang mit den *Glasfaserkabeln* entsteht zur Zeit eine weitere Variante des Token-Verfahrens, das *FDDI*-Token-Management. Dieses Verfahren unterscheidet sich vom Token Ring durch zwei Eigenschaften:[55]

– Beim FDDI werden die zu sendenden Daten (*Frame*) vor das *Token* gesetzt. Hat das Frame die nachfolgende Station passiert, kann diese ein weiteres Frame vor das Token setzen. Die Absender der Frames entfernen diese nach einem Durchlauf im Netz.
– Das FDDI ist in der Lage, dynamisch verschiedene Bandbreiten zu nutzen und *Token* für bestimmte Aufgaben (z. B. *Netzwerk-Management*; *Monitoring*) zu reservieren. Somit werden auch *asynchrone* Anwendungen unterstützt.

Dieses Verfahren ist mit einem hausinternen Postdienst vergleichbar. Ein Bote sammelt auf einer festgelegten Route die Schriftstücke ein und verteilt sie gleichzeitig bei seinem Weg durch die Abteilungen.

Derzeitiger Einsatzbereich der am Markt verfügbaren FDDI-Systeme ist hauptsächlich das *Backbone-Konzept* als „Autobahn" zwischen den Subsystemen eines Unternehmens. Die Performance tendenziell überlagerter Kommunikationswege erfährt dadurch eine wesentliche Steigerung.[56] Da die Normungen zu *FDDI*-Netzen noch nicht abgeschlossen sind, ist bei der Auswahl von FDDI-Komponenten Vorsicht geboten. Die Kompatibilität zu den *IEEE* 802-Standards sowie zu den bereits definierten FDDI-Normen (bis 100 MBit/s) sollten bei der geplanten Migration solcher Netze Beachtung finden.[57]

4.2.5 Protokolle

Ein Kommunikationsprotokoll – kurz Protokoll – ist nach Löffler „die Gesamtheit aller semantischen und syntaktischen Festlegungen, die das Kommunikationsverhalten miteinander kooperierender Einheiten" definiert. „Kommunikationsprotokolle sollen die Erfüllung der Schichtenfunktionen sicherstellen. Schichtenfunktionen ergeben letztlich Kommunikationsdienste für die Schichtbenutzer[58]."[59]

---

55   Vgl. Bueroße, J. (1990b), S. 49 f.
56   Vgl. Bueroße, J. (1990a), S. 43 f.
57   Vgl. Bueroße, J. (1990c), S. 52 f.
58   Schichtbenutzer ist die jeweils darüber liegende Schicht (vgl. Kapitel 4.1.3).
59   Löffler, H. (1988), S. 34.

Protokolle legen folglich Randbedingungen für den Informationsaustausch fest. Aufgrund unterschiedlicher Netzeigenschaften unterscheidet man zwei Arten:[60]

– *verbindungsorientierte* Protokolle:
Vor und nach dem eigentlichen *Datentransfer* stellen diese Protokolle über spezielle „Telegramme" eine Verbindung zur Zielstation her, die sie nach der Übertragung ebenso wieder abbauen. Zusätzliche Quittungstelegramme (*Protokoll-Overhead*) ermöglichen die Datenflußüberwachung in der Datenphase.
– *verbindungslose* bzw. datagrammorientierte Protokolle:
Diese kommen ohne den telegrammbedingten Overhead aus.

Protokolle und Protokollfamilien[61] gibt es viele. Die wichtigsten Netzprotokolle sind dabei:

– NetBEUI/DLC (NetBios-Treiber und Data Link Controller) von IBM,
– Xerox Network System XNS von Xerox,
– TCP/IP vom DoD,
– OSI-Protokolle sowie
– die herstellerspezifischen Protokolle[62].

Eine Betrachtung der spezifischen Fähigkeiten der unterschiedlichen Protokolle findet nicht statt. Dies bleibt technikorientierten Abhandlungen überlassen. Einen kleinen Eindruck bezüglich der vorhandenen Vielfalt gibt die nachfolgend nach Schichten geordnete Abbildung 4.12[63]. Sie enthält hauptsächlich *OSI*-Empfehlungen.

---

60 Vgl. Fachverband Informations- und Kommunikationstechnik (Hrsg.) (1987), S. 11 und Löffler, H. (1988), S. 19–23.
61 Eine Protokollfamilie ist eine Gruppe von Protokollen, die unter einem gemeinsamen Namen die Funktionen aller Schichten mehr oder minder abdecken.
62 Vgl. hierzu Kapitel 5.2.
63 Vgl. Löffler, H. (1988), S. 29–31.

Applikationsschicht (7):
- ISO/DIS 8211:   Specification for a Data Description File.
- ISO/DP 8505 & 8883:   Message Handling System (MHS).
- ISO/DP 8571:   Information Processing Systems - OSI-File Transfer, Access and Management (FTAM).
- ISO/DP 8649 & 8650:   Information Processing Systems - OSI-Definition of Common Application Service
                         Elements (CASE) Part 1 - Part 3.
- ISO/DP 8831 & 8832:   Job Transfer and Manipulation Concepts and Services (JTM).
- ISO/DP 9040 & 9041:   Information Processing Systems - OSI-Virtual Terminal Service and Protocol.

Darstellungsschicht (6):
- ISO/DP 8822 & 8823:   Information Processing Systems - OSI-Connection Oriented Presentation Service
                         Definition and Specification.
- ISO/IS 6937:   Character Set for Text Communication.
- ISO/DIS 8613:   Text Structures.

Kommunikationssteuerungsschicht (5):
- ISO/DIS 8326 & 8327:   Information Processing Systems - OSI-Connection Oriented Session Service Definition
                         and Specification.

Transportschicht (4):
verbindungsorientiert:
- ISO/DIS 8072 & 8073.: Information Processing Systems - OSI-Transport Service Definition and Specification.
- ECMA-72:   Transport Protocol, 2nd Edition (1982)
verbindungslos:
- Working Draft for an Addendum to the Transport Service Definition Covering Connectionless Data Transmission
                         ISO/TC97/SC16/WG6, 1983.
- Working Draft for an Addendum to the Transport Protocol Specification Covering Connectionless Data Transmission
                         ISO/TC97/SC16/WG6, 1983.

Netzwerkschicht (3):
- ISO 8348:   Data Processing - OSI-Network Service Definition.
- ISO/DIS 8437:   Connectionless Internet Protocol.
- ISO/DIS 8208 X.25:   Interface between data terminal equipment (DTE) and data circuit terminating
                         equipment (DCE) for terminals operating in the packet mode and connected to public
                         data networks by dedicated circuit. Recommendation X.25
- CCITT-Doc. COM VII-Reviced Recommendation X.25-E (1983).
- Packet assembly/disassembly facility (PAD) in a public network. Draft Recommendation X.3 CCITT-Doc. COM VII-Reviced
                         Recommendation X.3, X.28, X.29 (1983).
- ISO/DP 8880/1/2/3:   LAN Conversation Protocols.

Datenverbindungsschicht (2):
- ISO/DP 8886:   Data Link Service Definition.
- ISO/DIS 8802/2:   Logical Link Control.
- ISO/DIS 4335:   Data comunication. High-level Data Link Control Procedures (HDLC).
- ISO/DIS 6159:   Data comunication. HDLC unbalanced class of procedures.
- ISO/DIS 6159:   Data comunication. HDLC balanced class of procedures.

Physikalische Schicht (1):
- ISO/DP 8877:   Physical Service Definition.
- CCITT Recommendation V.28: Electrical characteristics for unbalanced double-current interchange circuits.
- CCITT Recommendation X.24: List of definitions for interchange of circuits between Data Terminal Equipment
                         (DTE) and Data Circuit-Terminating Equipment (DCE) on public Data Networks (1976).
- CCITT Recommendation X.21: General purpose interface between DTE and DCE for synchonous operation on public
                         Data Networks.

Schicht 1-7:
- ISO/DIS 7489:   Data Processing - OSI-Basic Reference Mode. Draft International Standard (1982).

Abbildung 4.12: Standardempfehlungen für Dienste und Protokolle

Diese Liste ließe sich noch weiterführen. Auf das eine oder andere Protokoll wird noch im Zusammenhang mit den Kommunikationsmöglichkeiten der angesprochenen Netzwerke im Kapitel 5.2 eingegangen. Wichtig ist lediglich zu wissen:

– Es gibt viele verschiedene Protokolle, in denen das Verhalten einer Schicht festgelegt ist.
– Für die Kommunikation zweier Rechner ist es nötig, daß diese sich auf äquivalenten Schichten der gleichen, kompatiblen Protokolle bedienen.
– Aus den Eigenschaften der einzelnen Protokolle, aus ihren Fähigkeiten und Schwächen ergibt sich die Qualität der Kommunikation.

„Eine offene Kommunikationsarchitektur wird erst dann erreicht, wenn alle sieben Ebenen des ISO-Schichtenmodells durch genormte Protokolle unterstützt werden."[64] Bis dahin ist jedoch noch ein weiter Weg, vor allem wenn man betrachtet, daß *OSI* für viele Netzwerkhersteller nur „... eines von vielen Protokollen"[65] ist. Langfristig ist zwar mit einer Standardisierung auf allen Ebenen zu rechnen, die sich dann auch durchsetzen könnte; derzeit verfolgt jedoch jeder Netzwerkhersteller seine eigene, produktspezifische Strategie.[66] Kessler drückt die Problematik treffend aus:

„Das Großartige an Standards ist, daß es so viele von ihnen gibt, unter denen man wählen kann."[67]

4.2.6 Segmentkomponenten

Das letzte, mehr technikorientierte Unterkapitel beschäftigt sich mit einzelnen Baugruppen in Rechnernetzen und deren Aufgaben. Diese Bauteile sind nötig, um innerhalb eines *Segments* die einzelnen Komponenten bzw. innerhalb eines Gesamtnetzes die *Subnetze* miteinander zu verbinden.

Subnetze

„Ein *Subnetz* ist die Gesamtheit von physikalisch-technischen und logisch-funktionellen Elementen für die Kommunikation zwischen angeschlossenen Endsystemen, z. B. Teilnehmerrechnern. Ein Subnetz ist in der Lage, als autonomes Teilsystem völlig selbständig zu arbeiten."[68] Subnetze sind folglich eigenständige *LANs* mit identischen Kommunikationsprotokollen, die innerhalb eines Gebäudes, z. B. auf Abteilungs- oder Spartenebene, gebildet werden. Zu beachten ist dabei, daß neben den Vorteilen der Entkopplung

---

64 Vgl. Fachverband Informations- und Kommunikationstechnik (Hrsg.) (1987), S. 39.
65 Kessler, A. (1991), S. 17; Vizepräsident von 3COM.
66 Vgl. Hurwicz, M. (1991a), S. 16–22.
67 Kessler, A. (1991), S. 17.
68 Löffler, H. (1988), S. 220.

durch *Bridges* auch Zeitverluste bei der Kommunikation zwischen den Subnetzen entstehen, die bei Echtzeitanwendungen berücksichtigt werden müssen.

Die in diesem Zusammenhang beispielhaft folgenden Zahlenwerte beziehen sich meist auf mittels Koaxial-Kabel verbundene Ethernet-Netze (Version 2.0) bzw. IEEE 802.3/1985. Diese beiden Arten von Netzen sind zwar sehr ähnlich, jedoch, wie bereits erwähnt, nicht *kompatibel*. Es bestehen lediglich Übereinstimmungen in Protokollfunktionalitäten und Konfigurationsparametern.

Segmente

Je nach Anforderungen an das Netzwerk können folgende, grundlegende Segmentkomponenten zum Einsatz kommen:[69]

— Die Koaxial-Kabel-Segmente sind die bis zu 500 Meter langen Bus-Medien eines Ethernet-Netzes, die an den jeweiligen Enden einen Terminator (Endverschluß; Abschlußwiderstand) besitzen. Pro Koaxial-Segment dürfen im Abstand von mindestens 2,5 Meter (oder Vielfaches) bis zu 100 *Tranceiver* pro Segment angeschlossen werden. Die Kosten für das Yellow Cable (Koaxialkabel) liegen bei ca. 7,– bis 45,– DM pro Meter.

Tranceiver

— Ein *Tranceiver* (transmitter and receiver; Sender-Empfänger; MAU[70] des IEEE 802.3) ist das Bauteil, das den mechanisch-elektrischen Anschluß des Rechners (Leitung von der *Adapterkarte*) mit dem Koaxial-Kabel des Netzes herstellt. Er wird, abgesehen von einigen einfachen Ethernet-Varianten (Thin-Net, *Cheapernet*), bei denen sich der Tranceiver bereits auf einer Controllerplatine befindet, für Ethernet benötigt. Sollen auf engem Raum mehrere Rechner an des *Ethernet* angeschlossen werden (Tranceiver-Abstand: 2,5 Meter) gibt es hierfür sogenannte Fan-out-Einheiten. Es handelt sich dabei um nach nicht IEEE standardisierte Multiport-Tranceiver, über die z. B. acht Stationen mit einem Tranceiverkabel angeschlossen werden können. Eine derartige Lösung kann auch aus Kosten- oder organisatorischen Gründen sinnvoll sein.
— Mit dem Tranceiver-Kabel (maximale Länge: 50 Meter) erfolgt im Ethernet die Verbindung des Rechners (Controller) mit dem Tranceiver.

Repeater

— *Repeater* (Verstärker) gestatten die räumliche Ausdehnung eines LANs auf der physikalischen Ebene (Schicht 1) bis zu 100 Metern. Durch die Verlängerung des physikali-

---

69   Vgl. Marquardt, R. et al. (1987), S. 42–60.
70   MAU = Medium Attachment Unit; Tranceiver nach IEEE-Standard 802.3; Zugriffsverfahren: CSMA/CD etwa gleich Ethernet.

schen Wirkungskreises ist so die Verbindung gleichartiger Netzsegmente möglich. Sonderformen sind der Multiport-Repeater, der über mehrere Anschlüsse verfügt, und der Remote-Repeater, der bei Entfernungen größer 100 Metern in Verbindung mit *Link-Segmenten* eingesetzt wird. Nach der IEEE-Norm 802.3 dürfen zwischen zwei Stationen maximal 4, bei Ethernet maximal 2 Repeater in der Signalstrecke liegen.

Link-Segment

– Sind zwei zu verbindende Koaxial-Segmente mehr als 100 Meter voneinander entfernt, ist beim Ethernet eine Verbindung durch einen Repeater mit zwei Tranceiverkabeln nicht mehr möglich. Mit *Link-Segmenten* (und zwei Link-Tranceivern), die bis zu 1000 Meter lang sein dürfen, kann dies auf Glasfaserbasis realisiert werden. Es dürfen an ihr allerdings keine Systeme (Rechner etc.) angeschlossen werden. Einsatzbereich ist häufig die Verbindung von Gebäuden oder Bereichen mit starken, elektromagnetischen Wechselfeldern.

Da die Anforderungen an die *Inhouse-Kommunikation* von nur einem *LAN* in der Praxis kaum zu erfüllen sind, müssen auch Netze mit unterschiedlichen Strukturen wie Ethernet, Token Bus, IBM-LAN etc. gekoppelt werden. Der Einsatz der dazu benötigten Bauteile hängt in erster Linie von den Protokollübereinstimmungen bzw. ihren Unterschieden ab. Innerhalb gleicher Systeme kann dies auf physikalischer Ebene (*Repeater*) erfolgen. Bei ungleichen Protokollen müssen auch andere Schichten mit in die Kopplung einbezogen werden.

Bridge

– Eine *Bridge* (Brücke) besteht aus Software und Hardware und verbindet zwei Netzsegmente, die dasselbe Übertragungsmedium (identische *LLC*-Protokolle) und das selbe Kommunikationsprotokoll verwenden. Die physikalische Ebene und die *MAC*-Protokolle können verschieden sein.[71] Die Verbindung auf der Sicherungsebene arbeitet mit der gleichen Übertragungsrate, wie die zu verbindenden Netze (1–10 MBit/s). Folglich wird durch Bridges die Umsetzung auf unterschiedliche Netztopologien und somit die Verbindung zwischen zwei oder mehreren Netzwerken möglich.

---

71 LLC und MAC sind Teilschichten der zweiten Schicht (Sicherungsschicht), auf die hier nicht weiter eingegangen wird.

Dieses, ursprünglich zur Verbindung von unterschiedlichen Subnetzen gedachte Bauteil läßt sich auch zwischen homogenen Subnetzen (z. B. NetWare oder LAN Manager[72]) sinnvoll einsetzen. Wie bereits in Kapitel 4.2.4 erwähnt, können so durch Entkoppeln Netze in logische Teilnetze zerlegt werden. Die Datendurchsatzrate innerhalb der so gebildeten „künstlichen" *Subnetze* ist dadurch wesentlich höher. Es kommt zu weniger Kollisionen im Gesamtnetz. Zwischen den Subnetzen kommt es allerdings zu Zeitverzögerungen. Der Ausfall der Bridge führt zur Trennung der dadurch verbundenen Segmente.

Die Bridge sendet ein erhaltenes Signal zum Aufbau einer Verbindung zu allen Segmenten und registriert dadurch, in welchem Segment sich der Zielrechner befindet. Die Daten-Pakete werden nun in diese Richtung geleitet. Nach ca. 3 Minuten ohne Aktivität zwischen den beiden Rechnern löscht die Bridge die Adresse und Segment-zuordnung aus dem Speicher.

Router

– Mit Hilfe von *Routern* (auch Intermediate System genannt bzw. *Gateway* nach *ISO*-Norm) ist es möglich, lokale LANs mit entfernten, physikalisch verschiedenen Systemen zu verbinden. Die Kopplung erfolgt dabei mit einem ISO-Layer-3-Protokoll. Das bedeutet, daß die darunterliegenden Protokolle *LLC*, *MAC* und die physikalische Ebene verschieden sein können. Da für die Umsetzung der Protokolle die Informationen zwischengespeichert werden müssen, entstehen Verzögerungen, die die Übertragungsgeschwindigkeiten auf ca. 9600 Bit/s bis 64 Kbit/s sinken lassen.

Brouter

– Der *Brouter* stellt eine Kombination aus Bridge und Router dar. Dadurch ist es möglich, z. B. Token Ring-Pakete auf Ethernet (*CSMA/CD*) zu transportieren. Es ist findet aber keine Umsetzung statt. Hierzu sind *Gateways* nötig.

Gateway

– Ein *Gateway* im allgemeineren Sinne dient der Verbindung verschiedener Protokolle und Netzwerkarchitekturen. Nicht normkonforme[73] Netze (SNA, DECnet etc.) werden mittels Protokoll-Konverter, die im Extremfall auf der Schicht 7 (Applikationsebene) angesiedelt sind, verbunden. Da das Paketvermittlungsprotokoll *X.25* von den meisten Rechnerherstellern als Schnittstelle implementiert ist, stellt dies oft eine gemeinsame Basis dar. Sogenannte X.25-Gateways sind daher auch am Markt als Standardprodukt (bis 64 Kbit/s) verfügbar. Die meisten Gateways sind derzeit noch in Form von spe-

---

72   Vgl. Kapitel 5.3.
73   Netze, die nicht durch internationale Normungsgremien wie ISO, CCITT oder ECMA, sondern von einem Hersteller „normiert" wurden.

ziellen, *dedizierten* Rechnern realisiert, die exklusiv für diese Aufgabe (Kommunikations-Server) vorgesehen sind.

Dieses Kapitel sollte lediglich einen Eindruck bezüglich der technischen Probleme der
Rechnervernetzung sowie Grundlagen zu Segmentkomponenten (vgl. Abbildung 4.13),
insbesondere am Beispiel von Ethernet, vermitteln. Die nun folgenden Ausführungen
beschäftigen sich wiederum mit den mehr anwenderorientierten Problemen.

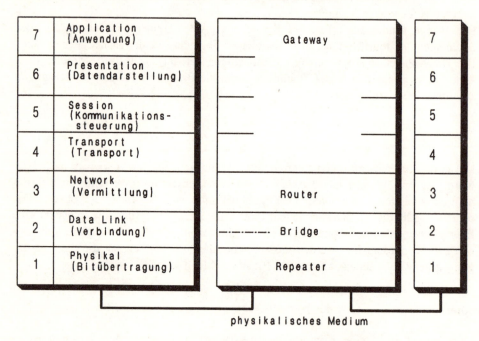

Abbildung 4.13: Komponenten für die Verbindung von LAN und deren Schichtenzugehörigkeit

5. Kommunikationsmöglichkeiten in Rechnernetzen

Informationen sind bekanntlich der Lebensnerv eines Unternehmens, ohne den es kaum konkurrenzfähig sein kann. Grundanliegen ist die Verfügbarkeit der richtigen Informationen am richtigen Ort zur richtigen Zeit.

Ein Unternehmen mit einer grünen EDV-Wiese, in dem absolut keinerlei Hard- und Software vorhanden ist, ist mittlerweile nur noch eine Utopie in den Köpfen der EDV-Vertriebsmanager. Der Status Quo sind vorhandene, *heterogene Multivendor*[1]-Systeme, die zu vernetzen sind.

Die enorme Weiterentwicklung auf dem Gebiet der lokalen Netzwerke vollzog sich nicht nur bedingt durch die technische Evolution im Bereich der Personal Computer und Kommunikationsanlagen. Auch die Anforderungen an die lokalen Netze sind erheblich gestiegen.

Nach der Darstellung der grundlegenden Eigenschaften der *Betriebssysteme* und *Benutzeroberflächen*, sowie der Erläuterung der wichtigsten technischen Grundlagen, erfolgt nun eine nähere Betrachtung der anwenderrelevanten Eigenschaften der *Netzwerke*. Die hierfür vorgenommene Systematisierung orientiert sich an Aspekten der Eingliederung vorhandener Systeme und den hieraus erforderlichen Verbindungen. Weitere Einflußfaktoren sind die generellen Taxonomien für Rechnernetze und die Server-Konzepte der *Netzwerkbetriebssysteme*.

Im Anschluß an diese generelle Klassifizierung werden drei grundlegende *Netzwerkbetriebssysteme* und deren elementare Eigenschaften dargestellt. Schließlich erfolgt die kritische Betrachtung der Kommunikationsmöglichkeiten nach Kopplung dieser Teilsysteme zu einem *heterogenen* lokalen *Inhouse-Netz* auf Ethernet-Basis.

5.1 Server-Konzepte und Kommunikationsdienste

Betrachtet man nun die sich aus dem Netz-Szenario (vgl. Abbildung 1.4) ergebenden Verbindungsmöglichkeiten, so erhält man theoretisch 12 x 12 = 144 verschiedene Kommunikationswege (vgl. Abbildung 5.1).

Im Idealfall besteht die Möglichkeit, daß jeder dieser Rechner-Typen, unabhängig vom verwendeten *Betriebssystem*[2], mit jedem anderen so kommunizieren kann, als existiere ein homogenes Netzwerksystem. Die Realität sieht zum Leidwesen der Anwender anders aus.

---

1   Multivendor Umgebung = Mehrfach-Anbieterumgebung; heterogene Systeme von verschiedenen Anbietern.
2   DOS, OS/2 oder Unix in jeder Version; auch als Emulation (DOS-Box).

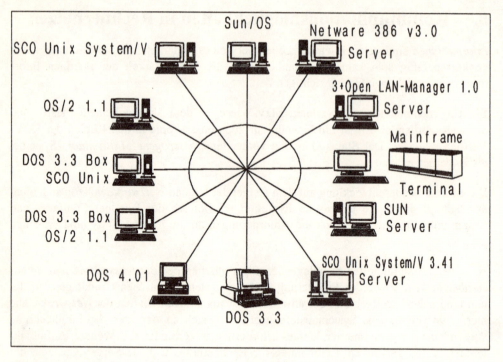

Abbildung 5.1:   Theoretische Kommunikationswege im Szenario

Das Disk-Server-Prinzip

In den Anfängen der *LAN*-Technologie entstand das sogenannte *Disk-Server-Konzept*. Bei dieser einfachsten Form der gemeinsamen Nutzung von Ressourcen teilen sich die im Netz verbundenen Rechner eine bzw. mehrere gemeinsame Festplatten. Bei zentralen Festplatten auf einem *dedizierten Server* ist die Festplatte in feste *Partitionen* eingeteilt (getrennte Partitionen für jeden Benutzer). Zudem besteht die Möglichkeit auch Drucker (über einen *Print-Server*) gemeinsam zu nutzen. Nachteile dieses Konzeptes sind zum einen der meist schwer realisierbare Zugriff auf gemeinsame *Daten*, da diese auf unterschiedlichen Personal Computern bzw. unterschiedlichen Partitionen verteilt liegen. Zum anderen ist im Bereich des *Zugriffsschutzes* nur ein *Passwort* für den Zugriff auf die gesamte *Partition* und nicht auf einzelne Verzeichnisse oder Dateien vorgesehen.[3]

Das File-Server-Prinzip

In der nächsten Entwicklungsstufe entstanden LAN-Betriebssysteme auf Basis des *File-Server-Konzeptes*. Im *Server* ersetzt ein spezielles *Netzwerkbetriebssystem* das PC-Betriebssystem. Dieses Betriebssystem beinhaltet Dienstprogramme (*Netzdienste*) zur

---

3   Vgl. Zenk, A. (1991b), S. 36–40.

Sicherung und Verwaltung der Daten, Ressourcen und Benutzerkennungen. Der Haupt-
unterschied zum *Disk-Server-Konzept* ist unter anderem darin zu sehen, daß bei diesem
neueren Konzept die *Zugriffsrechte* nicht auf der Partition-Ebene sondern auf der Ver-
zeichnis- und Datei-Ebene vergeben werden können. Zudem sind statt festen *Partitionen*
logische Laufwerke (einzelne Unterverzeichnisbäume) implementierbar. Dies ermöglicht
organisations- und benutzerspezifischere *Datenschutz*-Konstrukte. Gemeinsam genutzte
Daten und Programme sind am *Server* abgelegt, erscheinen dem *Anwender* aber wie lokale Ressourcen.

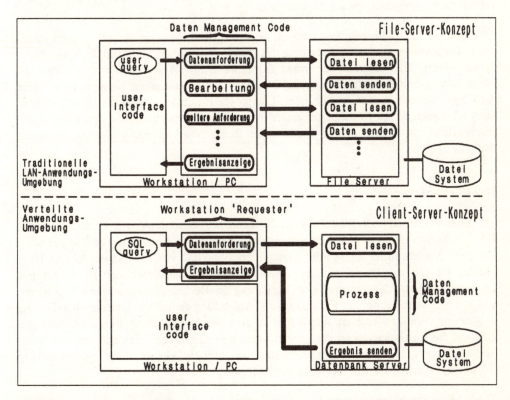

Abbildung 5.2:   Server-Prinzipien

Doch auch diesem Konzept sind Grenzen gesetzt. Die Daten und Anwendungen liegen
zwar zentral auf einem oder mehreren Servern, auf die die Anwender direkten Zugriff
(nach dem Anmelden an das Netz) haben. Nach wie vor muß jedoch an jedem
Arbeitsplatz das vollständige Programm angestartet und die benötigten Daten eingelesen
werden. Der Ablauf in einer File-Server-Umgebung läßt sich am besten am Beispiel einer
Datenbank-Anwendung an dem *Arbeitsplatz-Rechner* (z. B. *PC*) verdeutlichen (vgl.
Abbildung 5.2[4] oben):[5]

---

4   Vgl. Humphries, K. (1991), S. 44 (modifizierte Abbildung).
5   Vgl. Humphries, K. (1991), S. 44.

Will der Anwender eine Liste aller Datensätze anzeigen, die eine gegebene Anzahl von Kriterien erfüllen, formuliert er zunächst die Datenanforderung über ein Menü oder eine Abfragesprache (z. B. dBase oder *SQL*). Diese Anforderung veranlaßt am *Server* das Lesen einer bestimmten Anzahl von Datensätzen, die von der Konfiguration und Hauptspeicherkapazität des Arbeitsplatzrechners abhängt. Diese *Daten* kommen über das Netz zur Bearbeitung zum PC. Die Auswertung erfolgt im Hauptspeicher des Arbeitsplatzes. Die Arbeitsfolge Datenanforderung, Lesen, Senden und Bearbeiten wird bis zum Erreichen des Dateiendes durchgeführt. Nach Beendigung aller Auswertungen erfolgt die Ergebnisanzeige am Arbeitsplatz.

Mit zunehmendem Umfang der *Daten* im Netz steigt somit das im System zu transportierende Datenvolumen und die Belastung des Netzes. Desweiteren müssen die angeschlossenen Arbeitsplätze aufgrund der immer größer werdenden *Applikationen* zunehmend mit mehr Arbeitsspeicher ausgerüstet sein. Durch die Implementierung konzernumfassender *LAN*-Systeme und darauf entstehender, komplexer Informationssysteme (MIS[6], MAIS[7] etc.) stößt auch dieses Konzept der zentralisierten Datenverwaltung und dezentralisierten Rechnerleistung schnell an die Grenzen der Realisierbarkeit und vor allem auch der Finanzierbarkeit.

Das Client-Server-Prinzip

„In firmenweiten Systemen müssen vorhandene Microcomputer und Großrechner mit LAN-Systemen in einer Weise kommunizieren können, die es den Anwendern gestattet, auf Host-Betriebsmittel transparent zuzugreifen, ohne daß von den Anwendern verlangt würde, den Ort jedes einzelnen, von ihnen möglicherweise benötigten Betriebsmittels genau zu kennen."[8] Zudem muß eine Verteilung der Rechenleistung auf andere Systeme sowie die Unterstützung von Funktionen zur Anbindung an andere Systeme ohne Einsatz *dedizierter Gateway*-Rechner möglich sein. Aus der Verknüpfung dieser Forderungen entstand das im Gegensatz zu den serverorientierten Konzepten serviceorientierte *Client-Server-Konzept* (auch *distributed processing* oder *verteilte Verarbeitung*, vgl. Abbildung 5.2 unten), welches das *File-Server-Konzept* ergänzt.[9]

Dieses Konzept beinhaltet neben Service-Funktionen wie *Gateways* (*Kommunikations-Server*) die Client-Server-Funktionen, bei denen ein Programm in zwei Bereiche aufgeteilt wird.[10]

---

6   MIS = Management Informationssystem.
7   MAIS = Marketing Informationssystem.
8   Vgl. Humphries, K. (1991), S. 38.
9   Vgl. Zenk, A. (1991b), S. 36–37.
10   Vgl. Schneller, M. (1990), S. 91.

Diesen Bereichen entsprechen zwei Prozesse. Ein *Front-End-Prozeß*, der vom *Anwender* (Arbeitsplatzrechner) ausgeht und ein *Back-End-Prozeß* auf dem Rechner, auf dem sich die *Daten* befinden (*Server, Host* etc.; vgl. Abbildung 5.3[11]).

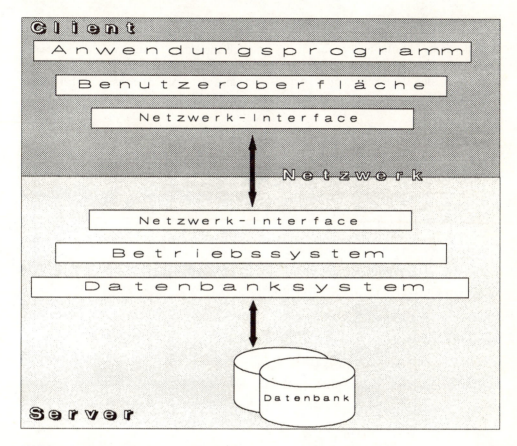

Abbildung 5.3: Das Client-Server-Konzept

Der *Front-End-Prozeß* (*Client*) ist am Arbeitsplatz für die Interaktion zwischen Anwender und Arbeitsplatzrechner (Tastatureingabe, Bildschirmausgabe etc.) zuständig. Am *Server* verarbeitet der *Back-End-Prozeß* z. B. die Datenbankdateien und deren physikalischen Aufbau. Diese Prozesse sollen im Netzwerk auf verschiedenen Rechnern mit unterschiedlichen *Betriebssystemen* laufen, wobei das Transportprotokoll flexibel bleiben muß. Die Back-End-Prozesse werden durch sogenannte „Relational Database Management Systems" (RDBMS[12]) realisiert, die i. d. R. auf *SQL* basieren. Diese Art der Datenverarbeitung, die hauptsächlich bei Datenbanksystemen, CAD-Systemen und ähnlichen

---

11   Vgl. Schneller, M. (1990), S. 91.
12   Beispiele für RDBMS-Systeme, die das Client-Server-Konzept unterstützen, sind Oracle, Ingres, MS-SQL-Server, SQL Base, Btrieve, DB2 etc.

Problemstellungen zum Einsatz kommt, ist nur mit speziell hierfür entwickelten Programmen möglich.

Klassifizierung der Rechnernetze

Grundlegender Einflußfaktor auf die Kommunikationsmöglichkeiten in *heterogenen* Systemen ist neben den Server-Konzepten und den daraus resultierenden Netzwerk-Konzepten der Herstellerfirmen die Umsetzung der Anforderungen anhand der Klassifizierungsmerkmale von Rechnernetzen (vgl. Abbildung 5.4 und 5.5) in konkrete Systeme.

Die Klassifizierung der Rechnernetze kann nach folgenden Merkmalen erfolgen:[13]

1) Haupteinsatzzweck (vgl. Kapitel 2.3):
    – Funktionsverbund,
    – Lastverbund,
    – Sicherheitsverbund und
    – Datenverbund.

2) *Netzanwendungen* (vgl. Kapitel 5.2 f.):
    – Dialog,
    – Terminaldurchgriff,
    – Fernauftragsverarbeitung (RJE),
    – Datei-Transfer,
    – Informationsabruf,
    – Nachrichtenübertragung (E-Mail) etc.

3) Rechnertypen (vgl. Kapitel 3):
    – Prozessor,
    – Betriebssystem,
    – Homogenität, Heterogenität.

4) Zugänglichkeit:
    – Privat,
    – öffentlich.

5) Verbindungsstrukturen:
    – Wählnetz,
    – Standleitungen.

6) Topologie (vgl. Kapitel 4.2):
    – Sternnetz,
    – Ringnetz,
    – Busnetz,
    – gemischtes Netz.

---

13   Vgl. Hegering, H.-G. (1991), S. 5 f.

7)   Informationstypen:
  – Textdateien,
  – Binärdaten,
  – Grafik,
  – Sprache,
  – Bewegtbild,
  – HiFi/Audio.

Netzanwendungen

Aus der Interdependenz dieser Merkmale untereinander ergeben sich schließlich die unternehmensspezifischen Systemanforderungen. Die möglichen *Netzanwendungen* sind zudem abhängig von den Konzepten der Netzwerksysteme.

Der originäre Nutzen von Rechnernetzen liegt in den möglichen *Netzanwendungen* und *Verbundeffekten*. Dabei ist der Begriff *Netzanwendungen* als zusammenfassende Bezeichnung für alle Dienste und Anwendungen, die innerhalb eines Netzwerkes von den *Netzwerkbetriebssystemen* zur Verfügung gestellt werden, zu verstehen. Darunter fallen sowohl die Kommunikationsdienste (Basisdienste, Serverdienste etc.) als auch die Netzmanagementdienste (Netzadministration, Fehlermanagement etc.).

Auf die einzelnen Dienste wird an geeigneter Stelle im Zusammenhang mit den konkreten Netzwerksystemen eingegangen. Lediglich die *Basisdienste Terminal-Emulation*, *File-Transfer* und *Dateizugriff*, die fast jedes Kommunikationsprogramm oder Netzwerk unterstützt, werden im nun folgenden in der Grundform dargestellt. Die Übergänge sind fließend und lassen sich in der Praxis oft kaum trennen.[14]

---

14   Auf die verschiedenen Ausprägungen der Basisdienste wird in den Kapiteln 5.2 und 5.3 eingegangen.

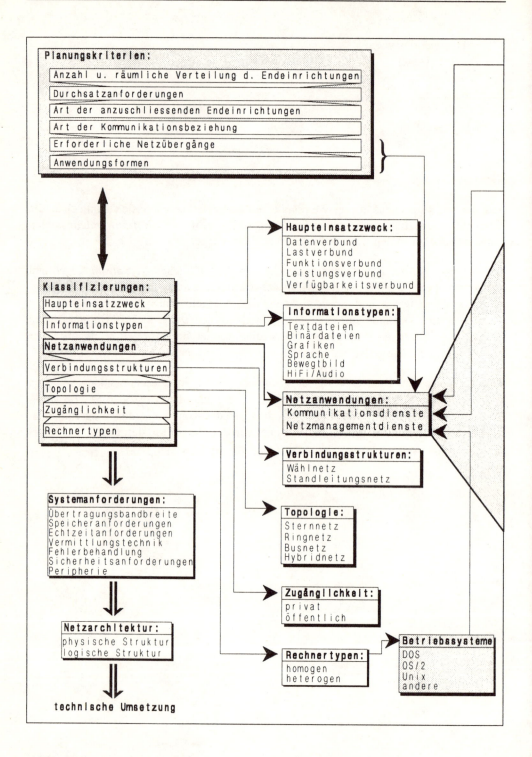

Abbildung 5.4:   Klassifizierung der Kommunikationsmöglichkeiten in lokalen Rechnernetzen (Teil 1)

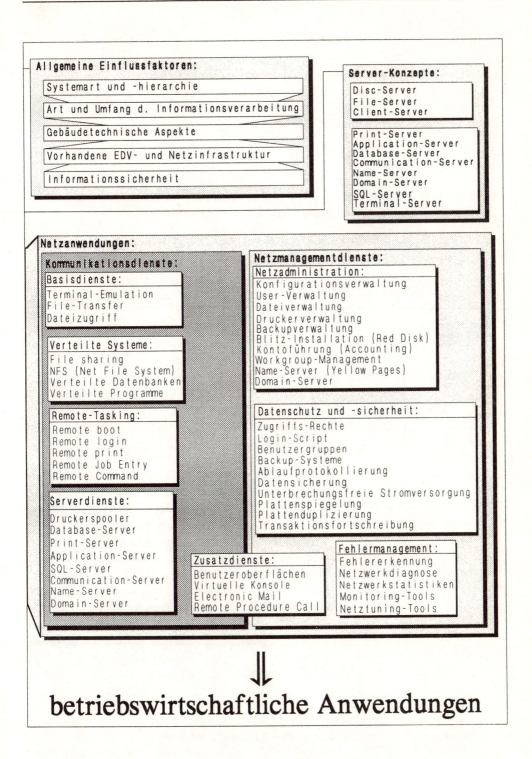

Allgemeine Einflussfaktoren:
- Systemart und -hierarchie
- Art und Umfang d. Informationsverarbeitung
- Gebäudetechnische Aspekte
- Vorhandene EDV- und Netzinfrastruktur
- Informationssicherheit

Server-Konzepte:
- Disc-Server
- File-Server
- Client-Server

- Print-Server
- Application-Server
- Database-Server
- Communication-Server
- Name-Server
- Domain-Server
- SQL-Server
- Terminal-Server

Netzanwendungen:

Kommunikationsdienste:

Basisdienste:
- Terminal-Emulation
- File-Transfer
- Dateizugriff

Verteilte Systeme:
- File sharing
- NFS (Net File System)
- Verteilte Datenbanken
- Verteilte Programme

Remote-Tasking:
- Remote boot
- Remote login
- Remote print
- Remote Job Entry
- Remote Command

Serverdienste:
- Druckerspooler
- Database-Server
- Print-Server
- Application-Server
- SQL-Server
- Communication-Server
- Name-Server
- Domain-Server

Zusatzdienste:
- Benutzeroberflächen
- Virtuelle Konsole
- Electronic Mail
- Remote Procedure Call

Netzmanagementdienste:

Netzadministration:
- Konfigurationsverwaltung
- User-Verwaltung
- Dateiverwaltung
- Druckerverwaltung
- Backupverwaltung
- Blitz-Installation (Red Disk)
- Kontoführung (Accounting)
- Workgroup-Management
- Name-Server (Yellow Pages)
- Domain-Server

Datenschutz und -sicherheit:
- Zugriffs-Rechte
- Login-Script
- Benutzergruppen
- Backup-Systeme
- Ablaufprotokollierung
- Datensicherung
- Unterbrechungsfreie Stromversorgung
- Plattenspiegelung
- Plattenduplizierung
- Transaktionsfortschreibung

Fehlermanagement:
- Fehlererkennung
- Netzwerkdiagnose
- Netzwerkstatistiken
- Monitoring-Tools
- Netztuning-Tools

⇓

betriebswirtschaftliche Anwendungen

Abbildung 5.5:   Klassifizierung der Kommunikationsmöglichkeiten in lokalen Rechnernetzen (Teil 2)

Die Basisdienste

Die drei *Basisdienste* sind die ältesten Anwendungen aus dem Bereich der Rechnerkopplung. Sie stammen aus der Zeit, in der einzelne Personal Computer oder *Workstations* an *Großrechner* angekoppelt wurden. Die Aufgaben einer Großrechnerkopplung (auch *Host-*Kopplung) lassen sich wie folgt beschreiben:[15]

– **Terminal-Emulation:**

   Hierbei sind zwei Grundformen zu unterscheiden, die in der Realität wegen des stufenlosen Übergangs nicht immer von einander abgrenzbar sind.
   – Reine Terminal-Emulation:
   Der *PC* bzw. die *Workstation* wird zu einem reinen Bildschirmarbeitsplatz umfunktioniert. Nach dem Start der *Terminal-Emulation* arbeitet der Rechner ausschließlich als Datenendgerät des Großrechners (bzw. in Rechnernetzen allgemein des Host-Rechners). Der Rechner verwendet dazu nur noch die Host-Programme. Dabei existiert keine Verbindung zum PC-Betriebssystem.
   Neben den numerischen und alphanumerischen Tasten erfolgt i. d. R. lediglich eine *Emulation* (Umsetzung) der wichtigsten Tasten des Host-Systems (Enter-Taste und einige Funktionstasten). Sondertasten, zu denen beispielsweise bereits die Delete-Taste gehören kann, werden häufig nicht emuliert. Die reinen *Terminal-Emulationen* arbeiten zudem nur im *ASCII*-Modus, wodurch ein Arbeiten mit Grafikprogrammen des *Host* nicht möglich ist. Die klassische VT-100-Emulation ist zwar wenig zeit- und kostenaufwendig, Tastatur-Inkompatibilitäten und mangelnde Unterstützung von Sonderzeichen führen jedoch zu vielen Einschränkungen.[16]
   – Additive Terminal-Emulation:
   Es besteht eine gewisse Parallelität zwischen einer *Terminal-Emulation* und einem PC-Betriebssystem[17]. Die Intelligenz des eigenen Rechners ermöglicht die *Emulation* von Tasten des Host-Systems, die auf dem PC nicht existieren (z. B. die PF-Tasten des IBM-Großrechners oder K-Tasten eines Siemens-Großrechners) durch entsprechende Tastenkombinationen (Hot-Keys). Desweiteren ermöglicht diese Form der *Terminal-Emulation*[18] teilweise auch das Arbeiten mit Programmen mit grafischer *Benutzeroberfläche* bzw. Bildschirmausgabe des Host-Rechners. Zudem ist bei einigen Varianten auch ein einfacher *File-Transfer* zum PC möglich. Dabei wird die Festplatte bzw. das Laufwerk des Personal Computers als externes Speichermedium des Host verwendet (dies ist vergleichbar mit den Disk-Server-Funktionen; es handelt sich jedoch um ein anderes Konzept). Eine letzte, sehr praktische Eigenschaft ist oftmals die Unterstützung mehrerer *virtueller Terminals* –

---

15   Vgl. Scholz, Ch. (1989), S. 245–247.
16   Vgl. u. a. Schmidbauer, U. (1991), S. 100–104.
17   Nachfolgendes gilt sowohl für Personal Computer als auch für Workstations.
18   Ein Beispiel zur IBM–3270 Emulation auf DOS-Personal Computern mit Grafikunterstützung, Datei-Transfer etc. ist Extra! von Attachmate.

auch *Multiscreen*[19] genannt.   Dabei ist es möglich, zwischen unterschiedlichen Sitzungen (auch an unterschiedlichen Rechnern) hin und her zu schalten.

Zusammenfassend kann eine *Terminal-Emulation* als ein Programm bezeichnet
werden, das das Arbeiten mit Programmen und *Daten* eines anderen Rechners der
gleichen oder auch anderer Bauart (*Betriebssystem* etc.) erlaubt. Muß beispielsweise ein Sachbearbeiter sowohl mit einem PC als auch mit dem Großrechner (oder
anderen Rechnersystemen im Unternehmen) arbeiten, benötigt er trotzdem nur
einem *PC* oder eine *Workstation* mit der entsprechenden Software. Ein zusätzliches
Terminal für den anderen (Host-)Rechner ist nicht nötig.

– File-Transfer:

Der *File-Transfer* dient dazu, beliebige Dateien (meist jedoch im *ASCII-* bzw. *EBCDI-*
Code oder als Binär-Datei) vom Host zum PC (Down-Load) oder umgekehrt (Up-
Load) zu transferieren.

– Besonders zu erwähnen ist der automatische *File-Transfer*:
Dieser Basisdienst arbeitet nicht über eine Emulation, sondern über spezielle
Transportprogramme. Dabei übernimmt das Programm oft auch Konvertierungs-
funktionen, wie dies beispielsweise bei der Kopplung zwischen IBM-Großrechner
(*EBCDI*-Code) und PC (*ASCII*-Code) nötig ist. Die Palette der Funktionen der File-
Transfer-Programme ist sehr breit. Manche Programme beinhalten auch
Schnittstellen zu Großrechner-Datenbanken, über die Daten (z. B. aus der *DB2*)
selektiert und übertragen werden können.[20]
Durch File-Transfer-Programme lassen sich häufig auch Dateien vom PC direkt auf
die Drucker des Großrechners schicken.
Der *File-Transfer* dient also dem Transport von *Daten* auf einen anderen Rechner,
um diese dort weiter verarbeiten zu können. Es entstehen dabei allerdings
Redundanzen im System.

– Dateizugriff:

Beim *Dateizugriff* erfolgt kein Transfer der *Daten*. Der PC bzw. die Workstation erhält
direkten Zugriff auf Host-Daten aus einer Anwendung heraus. Voraussetzung für
dieses Konzept ist die Datenformat-*Kompatibilität*[21], wie sie ansatzmäßig durch die
Abfrage-Sprache *SQL*[22] implementiert wird. Hauptvorteil gegenüber dem *File-
Transfer* ist die eindeutig niedrigere Übertragungszeit, da beispielsweise aus einer
Datenbank nur die benötigten Sätze übertragen werden müssen. Zudem erfolgt keine

---

19   Vgl. Fähigkeiten von Open Desktop unter Kapitel 3.4.1 sowie im Anhang.
20   Diese Funktionen sind allerdings nicht vergleichbar mit einer SQL-Abfrage oder Client-Server-
     Unterstützung.
21   Ein Beispiel hierzu ist das Produkt ORACLE, das auf unterschiedlichen Betriebssystemen einsetzbar
     ist.
22   Dabei ist SQL jedoch ein völlig anderes Konzept.

physikalische Verdoppelung der Daten. *Redundanzen*, wie sie beim File-Transfer verursacht werden, entstehen nicht.[23]

Die Darstellung weiterer *Netzanwendungen* und Kommunikationsdienste erfolgt sukzessive anhand konkreter Netzwerkbetriebssysteme.

5.2 Grundlagen von TCP/IP, NetWare und LAN-Manager

Innerhalb dieses Kapitels werden die grundlegenden Eigenschaften von drei, bereits von der Konzeption her unterschiedlichen und am Markt verbreiteten Netzwerkbetriebssystemen exemplarisch dargestellt. Die grundlegende Kenntniss dieser Systeme dient als Basis der Diskussion bezüglich der Kommunikationsmöglichkeiten innerhalb verschiedener Netzwerkkonstellationen in Kapitel 5.2.3.

5.2.1 TCP/IP – Transport Control Protocol/Internet Protocol

Anfang der siebziger Jahre gab das „Department of Defense" (*DoD*) bei der Abteilung „Defense Advanced Research Projects Agency" (DARPA) die Entwicklung und Definition eines Kommunikationsprotokolls für die Verbindung und den Datenaustausch in einer *Multivendor*-Umgebung in Auftrag. Neben den Integrationszielen bezüglich unterschiedlicher Dateistrukturen, Datenformate, Betriebssysteme und Rechnerarchitekturen standen die folgenden Leitlinien im Vordergrund:[24]

– Fehlertoleranz (Surviability):
  Das Netz muß auch bei Ausfall einiger Knotenrechner lauffähig bleiben.
– Sicherheit (Security):
  Schutz vor unberechtigtem Zugriff und sichere Datenübertragung.
– Belastbarkeit (Robustness):
  „Gutartiges" Verhalten bei unerwarteten Situationen, Fehlbedienung und starker Belastung.
– Einsatzbereitschaft (Availability):
  Teile des Systems müssen immer einsatzbereit und erreichbar sein.
– Kooperationsfähigkeit (Interoperability):
  Die verschiedensten Systeme sollen miteinander verbunden werden können. Dies bezieht sich auch auf neue, zukünftige Systeme.

Nach Beendigung der Versuche im *Arpanet* erklärte das *DoD* Anfang der achtziger Jahre das Ergebnis, das sogenannte *TCP/IP*, zu seinem Standard-Kommunikationsprotokoll. Rechnernetze auf TCP/IP-Basis sind vor allem in den USA, aber auch zunehmend in

---

23 Vgl. auch die Ausführungen zum NFS in den Kapiteln 5.2.1 und 5.3.
24 Vgl. Blümel, B. (1988), S. 20.

Europa verbreitet und stellen dort die Verbindung offener Systeme verschiedener Hersteller im sogenannten *Internet* her.[25]

Die Verbreitung von *TCP/IP* erfolgte zudem noch durch das Faktum, daß *TCP/IP* Quasi-Bestandteil vieler Unix-Implementierungen ist. Dieses Kommunikationsprotokoll ist somit für alle Unix-Systeme (aber auch andere Betriebssysteme) verfügbar.[26]

Die *Internetprotokolle* (*TCP/IP*) werden heute zunehmend aus zwei Gründen eingesetzt:[27] Im LAN-Bereich ermöglicht es die Kommunikation zwischen Rechnern unterschiedlicher Betriebssysteme, im WAN-Bereich den Anschluß an das weltweite Internet.

Vergleich von TCP/IP mit dem OSI-Modell

Zum besseren Vergleich mit anderen Systemen sowie zur Klassifikation der *Netzdienste* ist es sinnvoll, die Architektur von *TCP/IP* mit der des *OSI-Referenzmodells* zu vergleichen (vgl. Abbildung 5.6[28]).

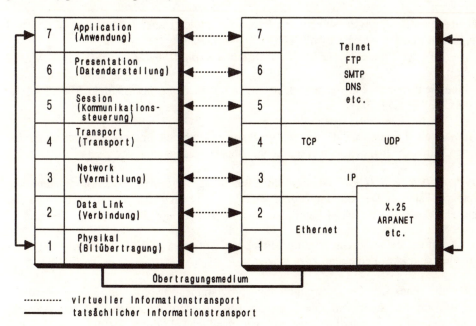

Abbildung 5.6:   Vergleich des ISO-OSI-Referenzmodells mit dem TCP/IP-Protokoll

---

25   Vgl. Davidson, J. (1988), S. 2–6.
26   Entsprechende Derivate der Unix-Hersteller sind bei diesen zu beziehen.
27   Vgl. Gorys, L. T. (1989), S. 7.
28   Vgl. u. a. Davidson, J. (1989), S. 9 und Gorys, L. T. (1989), S. 54 (modifiziert und ergänzt).

Auf den beiden unteren Schichten (*physikalische Schicht* und *Sicherungsschicht*) verwendet *TCP/IP* im *LAN Ethernet*, im *WAN Datex-P* oder ähnliche, nach *X.25*-Norm (über *Gateways*) arbeitende, paketvermittelte Dienste.

Die Aufgabe der dritten OSI-Schicht (*Vermittlungsschicht*), die Auswahl des Daten-Übertragungsweges (*Routing*), obliegt dem *Internetprotokoll* (*IP*).

Die Transportdienste sind beim *DoD-Protokoll* durch zwei unterschiedliche *Protokolle* realisiert:

– Das „Transmission Control Protocol" (*TCP*) sorgt für den zuverlässigen Datentransfer.
– Für den schnellen Datagrammdienst ist das „User Datagramm Protocol" (*UDP*) zuständig.

Die applikationsorientierten Schichten (beim OSI-Modell die Schichten 5 bis 7) beinhalten bei *TCP/IP* sogenannte Applikationsprotokolle, die im Gegensatz zum OSI-Modell alle 3 Schichten zusammenfassen:

– Für den *File-Transfer* stehen die Protokolle „File Transfer Protocol" (*FTP*) und „Trivial File Transfer Protocol"(TFTP) zur Verfügung.
– Das „Telnet Protocol" (*TELNET*) realisiert *Terminal-Emulationen* (VT100, VT220 etc.).
– Zum Senden und Empfangen elektronischer Post dient das „Simple Mail Transfer Protocol" (*SMTP*).

Auf die weiteren *Protokolle*[29], die vorwiegend der Unterstützung der *Netzadministration* dienen, wird der Übersicht halber hier nicht näher eingegangen.

Das *DoD-Protokoll TCP/IP* ist somit nicht ein einziges Protokoll, sondern vielmehr eine Protokoll-Familie. Der Sammelbegriff TCP/IP ergibt sich aus der Tatsache, daß die meisten Dienste der Protokoll-Familie auf den Funktionen von *TCP* und *IP* basieren.

Bevor nun auf die generelle Funktionalität der wichtigsten TCP/IP-Protokolle eingegangen wird, sind zwei Feinheiten zu ergänzen:

– Da die Funktion der Kommunikationsprogramme sowohl von der verwendeten Hardware als auch von der Software (insbesondere von den Betriebssystemen) abhängt, ist es verständlich, daß es unterschiedliche Produkte für die verschiedenen Systeme (DOS, OS/2 etc.) gibt.
– Weil der Markt für Kommunikationssysteme sichtlich vorhanden und im Wachstum begriffen ist, gibt es viele Anbieter solcher Programme.[30]

---

29 ICMP (Internet Control Message Protocol), ARP (Adress Resolution Protocol), RARP (Reverse ARP), NVP (Network Voice Protocol), DNS (Domain Name Service), NSP (Name Service Protocol).
30 Zu Beispielen hierzu, wie SK-TCP/IP, vgl. Kapitel 5.3.

Obwohl die grundlegende Arbeitsweise der *Protokolle* klar definiert ist (vgl. die Ausführungen zur Schichtenbildung in Kapitel 4.1.1), folgen aus dem Kampf um Wettbewerbsvorteile der Anbieter unterschiedliche Realisierungen. Diese schlagen sich vor allem in einer unterschiedlicher Benutzerführung sowie „kleinen Extras" nieder. Dabei werden zudem meist die systemspezifischen Besonderheiten der Hard- und Software ausgenutzt. Kapitel 5.3 beinhaltet die Unterschiede einiger dieser Produkte im Vergleich zu TCP/IP unter *Open Desktop* (SCO-Unix).

SCO-TCP/IP als Teilmodul von Open Desktop

Mit dem Übergang von *80286-* zu *80386-*Systemen öffnet sich die gesamte Unix-Welt auch für Netzwerkbetreiber. Durch die *Multi-User-* und *Multi-Taskingfähigkeit* von *Unix* erhält der Anwender in Verbindung mit *Ethernet*, *TCP/IP* und *NFS* ein kostengünstiges Standard-Betriebssystem mit Server-Eigenschaften. Die so verfügbaren Kommunikationsdienste werden im folgenden am Beispiel von SCO *TCP/IP*[31] erläutert.

Die Eigenschaften von SCO-TCP/IP

Generelle Eigenschaften bzw. *Netzanwendungen* dieses Systems sind:

– Die Unterstützung der Standard-Ethernet-Protokolle TCP, UDP, IP, ICMP und ARP, wodurch nachfolgende Protokolle und Kommunikationsdienste unterstützt werden:

Die Standarddienste ARP (Telnet, FTP)

– Die Standarddienste für das *ARP*
  (Adress Resolution Protocol):
  – Mittels *TELNET* stehen dem Anwender eine Reihe von *Terminal-Emulationen*
    (DEC VT100, VT220, *IBM 3270* etc.) zur Verfügung. Voraussetzung zur
    Verwendung von TELNET ist, daß der Anwender auf dem anderen Rechner eine
    Benutzerkennung besitzt. Diesbezügliche Probleme behandelt Kapitel 6.1 im
    Zusammenhang mit *Name-* und *Domain-Servern*. Zudem benötigt der Anwender
    die Internet-Adresse bzw. den Namen des anderen Rechners. Ist die Verbindung
    hergestellt, verfügt der Benutzer über eine additive *Terminal-Emulation* ohne
    Grafik-Unterstützung und kann entsprechend auf dem anderen Rechner arbeiten.
  – Mit *FTP* hat der Benutzer die Möglichkeit zum interaktiven *File-Transfer* zwischen
    zwei Rechnern. Es gelten dabei die gleichen Voraussetzungen wie bei *TELNET*.
    Beide Programme bzw. Protokolle unterstützen heterogene Systeme, so daß sie
    zwischen allen Systemen, für die *TCP/IP*-Protokolle verfügbar sind, funktionieren.

---

31 SCO TCP/IP unterstützt die Netzwerk-Adapterkarten 3COM 3C501, 3C503 Ethernet, Western Digital
    WD8003E, WD8003EB sowie alle standardmäßigen SCO System V-kompatiblen asynchronen
    seriellen Schnittstellen unter SCO XENIX 386 Version 2.3 oder SCO Unix System V/386 Release 3.2.
    Vgl. The Santa Cruz Operation, Inc. (Hrsg.) (1990b).

Bezüglich der auf dem Host-Rechner getätigten Aktionen gelten die dort für die *Benutzerkennung* festgeschriebenen Rechte.

Die Berkley R-Utilities

– Die Berkley R-Utilities:
  – Innerhalb der *Unix*-Welt, sowie in Verbindung mit einigen anderen TCP/IP-Produkten[32] sind die Remote-Befehle *rlogin, rcp, rcmd* etc., um nur die Wichtigsten zu nennen, verfügbar.
  – Mit *rlogin* (Remote Login) existiert eine Terminal-Emulations-Alternative zu *TELNET*. Innerhalb von Rechnernetzen mit gleichem *Betriebssystem* (hier Open Desktop bzw. SCO Unix 386/V) besteht die Möglichkeit, am anderen Rechner ohne die Hürde eines weiteren *Passwortes* zu arbeiten. Voraussetzung dafür ist die sogenannte *Systemäquivalenz*. Dies bedeutet, daß auf beiden Rechnern die gleiche *Benutzerkennung* mit dem gleichen *Passwort* eingetragen sein muß. Ohne *Systemäquivalenz* ist die Eingabe von Benutzerkennung und Passwort wie bei *TELNET* nötig.[33]
  – Der *rcp*-Befehl (Remote Copy) stellt die dem *rlogin* entsprechende Alternative zum *FTP* dar. Es gelten die Voraussetzungen entsprechend dem *rlogin*-Befehl. Bei *Systemäquivalenz* kann somit eine Datei mit einem Kopierbefehl, der um den Rechnernamen erweitert ist, zum anderen System kopiert werden.[34]
  – Durch den *rcmd*-Befehl (Remote Command) ist der Anwender in der Lage, Programme ohne Bildschirmeingaben und -ausgaben an einem anderen Rechner ausführen zu lassen. Voraussetzung ist ebenfalls *Systemäquivalenz*. Programme, die eine Interaktion mit dem Benutzer verlangen, müssen mit *rlogin* oder *TELNET* durchgeführt werden. Für Berechnungen oder Datenbankabfragen, deren Ergebnisausgabe in eine Datei erfolgt, ist der *rcmd*-Befehl ein nützliches Werkzeug, um die Rechenleistung anderer Rechner zu nutzen.[35]

Sendmail und SMTP-Mail

– Berkley Sendmail und SMTP-Mail:
  – Der *mail*-Befehl (*Electronic-Mail*) ermöglicht in Verbindung mit einer vom *Systemadministrator* einzurichtenden Mail-Datenbank das Versenden von Nachrichten und Texten an Benutzer(-kennungen) im lokalen Netz. Dieser Befehl erlaubt es – erweitert um den *Host*- und *Domain*-Namen – auch das Versenden von Nachrichten im gesamten *Internet*[36].[37]

---

32 Z.B. SK-TCP/IP; vgl. Kapitel 5.3.2.
33 Vgl. The Santa Cruz Operation, Inc. (Hrsg.) (1990a), ODT-NET S. 12 ff.
34 Vgl. The Santa Cruz Operation, Inc. (Hrsg.) (1990a), ODT-NET S. 15 ff.
35 Vgl. The Santa Cruz Operation, Inc. (Hrsg.) (1990a), ODT-NET S. 21 ff.
36 WAN; alle mittels TCP/IP weltweit erreichbaren Rechner.
37 Vgl. The Santa Cruz Operation, Inc. (Hrsg.) (1990a), u. a. ODT-NET S. 23 ff.

Dateizugriff mit SUN NFS

– SUN *NFS* (Net File System – *Dateizugriff*):
  – Das auf dem *UDP*-Protokoll aufsetzende *NFS*[38] ermöglicht den Zugriff auf verteilte Dateisysteme. Über den „mount"-Befehl kann der Systemverwalter in der allgemeinen oder benutzerspezifischen Konfigurationsdatei dem *Client* (Rechner des Benutzers) Teile des Dateisystems des *Servers* (beliebiger anderer Rechner) in Form von Unterverzeichnissen zuweisen. Jeder Rechner, der *NFS* unterstützt, kann dabei sowohl Client als auch Server sein. Für den *Anwender* erscheinen die Unterverzeichnisse und deren Inhalte lokal. Dadurch sind Daten und Programme benutzerspezifisch erreichbar und *Redundanzen* im System in Form von Mehrfachkopien gleicher Daten und Programme vermeidbar. *NFS* ersetzt in diesen Systemen sowohl einen Teil der Remote-Befehle als auch *FTP*. Der Benutzer benötigt keinerlei Kenntnis über den Ort (Rechner), an dem die Daten bzw. Programme real abgelegt sind.[39]

5.2.2 NetWare von Novell

Novell-NetWare, das wohl am meisten installierte Netzwerkprodukt, ist ein eigenständiges *Betriebssystem*[40] für *File-Server* und gilt in diesem Bereich als Quasi-Standard. Das 1982 ursprünglich für die Vernetzung von *CP/M*-, später *DOS*-Rechnern konzipierte System ist so konstruiert, daß eine beliebige DOS-Version (ab 2.0) auf den Arbeitsplätzen verwendet werden kann. Um der schnellen Entwicklung des DOS-Sektors folgen zu können, basiert *NetWare* auf einer Shell/Interface-Konstruktion. Dies erlaubt über variierende *Shells*[41], bei gleichbleibendem *Interface*[42], die rasche Anpassung an andere *Betriebssysteme*. Die Einbindung von anderen Betriebssystemen (Macintosh, OS/2, VMS, Unix etc.)[43] ist somit ohne allzugroße Schwierigkeiten durch Zukauf entsprechender Netzwerkprodukte (u. a. LAN Workplace for DOS, OS/2, SCO Unix etc.) möglich. Einen Überblick über einen Teil der derzeit verfügbaren Produkte gibt die nachfolgende Zusammenstellung.[44]

Übersicht über NetWare-Systeme

– ELS (Entry-Level-System) NetWare Level I, v2.0a:
  Einstiegsversion für bis zu vier Benutzer.

---

38 Näheres hierzu in Kapitel 5.3.
39 Vgl. The Santa Cruz Operation, Inc. (Hrsg.) (1990a), u. a. ODT-NET S. 25 ff.
40 NetWare verwendet im Gegensatz zu TCP/IP und OS/2 kein Trägerbetriebssystem, d. h. es setzt direkt auf der Hardware des Servers auf.
41 Shell = Schale; Ein Programm wie z. B. net3.com, das sich um DOS 3.x legt und den Zugang zum Netzbetriebssystem ermöglicht.
42 Interface = Schnittstelle; Übergangsstelle zwischen zwei (unterschiedlichen) Bereichen.
43 Vgl. Novell (Hrsg.) (1990f), S. 4–5.
44 Vgl. Novell (Hrsg.) (1990f), S. 2–5.

- ELS NetWare Level II, v2.15a:
  Ausbauversion für bis zu acht Benutzer.
- Advanced NetWare 286, v2.15:
  Enthält zusätzliche Schutzmechanismen wie Prüfung nach Schreibvorgängen, Fehlererkennung auf Speichermedien und Schnittstellen zu Macintosh und OS/2-Varianten und ist für bis zu 100 Benutzer ausgelegt.
- SFT (System Fault Tolerant) NetWare, v2.15:
  Neben einem beschleunigtem Zugriff auf Daten im File-Server sind mehrere parallele Plattenkanäle zur schnelleren Ein-/Ausgabe realisiert. SFT ist ausgelegt für bis zu 100 Benutzer.
- NetWare 386, v3.x
  Neben der speziellen Unterstützung der 32-bit-Umgebung von 80386- und 80486-Rechnern, einer vereinfachten Installation und Verwaltung (ab v3.0) sind Gateway-Funktionen (ab v3.1) integriert. Netware 386 ist ausgelegt für bis zu 250 Benutzer.
- NetWare for Macintosh v1.1:
  Es erlaubt die Einbindung von Apple Macintosh-Rechnern in NetWare v2.15 LAN und somit die gemeinsame Verwendung von Dateien und Druckern sowie das Versenden von Nachrichten.
- NetWare Requester for OS/2, v1.2:
  OS/2 v1.2-Rechner und -Server erhalten Verbindung zu Netzwerken unter NetWare ab v2.1. Ab NetWare v2.15 sind Dateien auf dem Server gemeinsam von DOS, OS/2 und Macintosh nutzbar.
- UNA (Universal Network Architecture):
  Unter dieser Bezeichnung stellt Novell Gateway-Software zur Einbindung von Rechnern von Fremdherstellern zur Verfügung. Erhältlich sind Gateways zu IBM-SNA, SAA-LU 6.2, TCP/IP, Siemens BS2000 und X.25/Datex-P.
- LAN Workplace for DOS, OS/2 etc.:
  Die Arbeitsplatzunterstützung für DOS, OS/2, Macintosh, SCO Unix und SCO Xenix beinhaltet die parallele Nutzung von TCP/IP-Protokollen und NetWare auf ein und demselben Rechner.
- Portable NetWare
  Integration von anderen Betriebssystemen (z. B. Unix, VMS etc.) und NetWare durch Portierung der Programmcodes von NetWare auf andere Betriebssysteme.
- Weitere Client-Server-Applikationen und Workstation-Unterstützungen.

Das mit der formellen Methode zur Teilnehmeradressierung (großer *Protokoll-Overhead* bei höherer Sicherheit) arbeitende *NetWare* gehört zur Klasse der *File-Server*-orientierten

Netzwerksysteme, die sich im Vergleich zu den auf Basis von *Partitionen*[45] arbeitenden Systemen der *Disk-Server*-Systeme durchgesetzt haben. Daraus ergibt sich auch die starke Orientierung hin zu einem oder mehreren Servern. Zudem unterstützt es ab der Version NetWare 386 das *Client-Server-Konzept*.

Aufgaben eines File-Servers

Die Hauptaufgaben eines *File-Servers* sind, wie auch bei den meisten anderen *Netzwerkbetriebssystemen*:[46]

- Der Dialog mit allen angeschlossenen Stationen.
- Bedienung der Anfragen nach *Daten* durch den *File-Server* oder *Datenbank-Server*.
- Bereitstellen von netzwerkfähigen Anwendungsprogrammen (*Application-Server*).
- Verwaltung von Warteschlangen für Hintergrundaufgaben (*Print-Server* und *-Spooler*).
- Transparente Verwaltung der Ressourcen in gekoppelten *LANs* und Bereitstellung von Netzübergängen (*Bridges*, *Gateways*; Funktion als *Kommunikations-Server*oder *Terminal-Server*).
- Beschleunigung der Festplattenzugriffe durch *directory caching* (Kopieren und Verwalten des *FAT* in den Hauptspeicher).
- Überprüfung der Zugriffsberechtigungen der angemeldeten Benutzer.

Vergleich NetWare mit dem OSI-Modell

Wie schon bei der Darstellung von TCP/IP erfolgt ein Vergleich zwischen *NetWare* und dem *OSI-Referenzmodell* (vgl. Abbildung 5.7[47]).[48]

Durch die Transparenz bezüglich der LAN-Standards 802.3, 802.4 und 802.5 (für die *Bitübertragungsschicht*) sowie die Unterstützung weiterer *Topologien* sind die *NetWare-Netzanwendungen* weitestgehend von den Eigenschaften der Übertragungsstrecke entkoppelt.

Die weiteren drei transportorientierten Schichten (die Schichten 2 bis 4) sind durch die Protokolle *IPX* und *SPX* abgedeckt.

Das aus dem „Xerox Network System"(*XNS*)-Transportprotokoll hervorgegangene „Internetwork Packet Exchange"-Protokoll (*IPX*) unterstützt das Senden und Empfangen der *Datagramme*. Damit ist es für die *Kommunikation* zwischen den NetWare-Servern und den Arbeitsplätzen zuständig.

---

45   Vgl. Kapitel 5.1.
46   Vgl. Heitlinger, P. (1989a), S. 4.
47   Vgl. Mutschler, S. (1989), S. 20.
48   Vgl. WRS Verlag (Hrsg.) (1990), S. 312 f. sowie Novell, Incorporated (Hrsg.) (1990e), S. 2–19.

Das „Sequenced Packet Exchange"-Protokoll (*SPX*) stellt die „Zustellung" der Pakete und die Überwachung der Reihenfolge bei größeren Datenmengen sicher.

Die Kommunikationssteuerung (*Session-Layer*) erfolgt, geprägt vom Einfluß von IBM im PC-Bereich, durch eine *NetBIOS*-Emulation. Das „Net Basic Input/Output System" entkoppelt die anwendungsorientierten Protokolle von den transportorientierten.

Die ISO-Schichten sechs und sieben, die Anwendungen und deren Darstellung, basieren auf dem Rechnerbetriebssystem (*DOS*), dem „NetWare Core Protocol" (NCP), den NetWare-Kerndiensten und Utilities sowie Leistungskomponenten von Fremdherstellern. Dabei stellen die NCP-Prozeduren die Kommunikation zwischen dem Rechnerbetriebssystem und dem File-Server-Betriebssystem her. Hierauf bauen dann NetWare-*Netzanwendungen* auf.

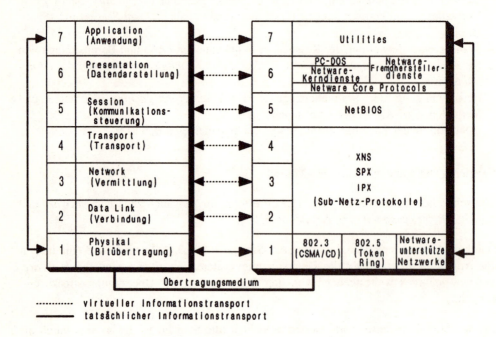

Abbildung 5.7:   Vergleich des ISO-OSI-Referenzmodells mit NetWare

Eigenschaften von NetWare

Voraussetzungen eines Rechners zum Einsatz als *NetWare* 386-Server[49] sind ein *386er Prozessor* und mindestens 4 MB Hauptspeicher (*RAM*) sowie 70 MB Festplattenkapazität. Die genaueren Daten hängen selbstverständlich von der Anzahl der Benutzer[50] sowie dem Umfang der auf dem *Server* zu speichernden *Daten* und Programme[51] ab.[52]

Netzanwendungen unter NetWare

Die NetWare Kerndienste beinhalten in der Version v3.1 folgende *Netzanwendungen* und Dienste, die in homogenen *LANs* ohne Zusatzprodukte verfügbar sind:[53]

– Durch die Programme IPX.COM und NETx.COM erfolgt (bei DOS-Rechnern) der Aufbau der Verbindung zum Server. Nach dem *Login* mit *Benutzerkennung* und *Passwort* hat der Anwender den Zugriff auf den *Server* und dessen Ressourcen gemäß den Einstellungen im *Login-Script*.
Da ein File-Server-Betriebssystem nichts anders als ein *Multi-User-/Multi-Tasking-Betriebssystem* darstellt, muß es entsprechende Datenschutzmechanismen bieten. Dazu stehen dem *Systemadministrator* (Supervisor) einige Werkzeuge zur Verfügung.
– Der Supervisor besitzt im gesamten System alle Rechte. Um die anfallenden Aufgaben, gerade in größeren Netzen, besser erfüllen zu können, bietet NetWare 386 diverse Delegations-Mechanismen. So ist der *Systemadministrator* in der Lage, einzelnen *Benutzerkennungen* besondere Rechte zuzuweisen.[54]
    – Der *Workgroup Manager* erhält die Rechte, Benutzer und *Benutzergruppen* anzulegen und zu verwalten. Die so generierten Kennungen haben maximal die gleichen Rechte, die die Workgroup Manager-Kennung besitzt. Es können folglich keine zusätzlichen Rechte vergeben werden.
    – Der „User Account Manager" ist eine Untergruppe des *Workgroup Managers*, der in der Lage ist, Rechte zu ändern. Das Einrichten von Gruppen und Benutzern ist nicht möglich.
    – Desweiteren ist es möglich, Verwaltungsaufgaben bezüglich der *File-Server* („File Server Console Operator"), der *Print-Server* („Print Server Operator") und der Print Queues[55] („Print Queue Operator") zu vergeben.

---

49 Novell NetWare unterstützt in der Version v3.1 u. a. die Adapterkarten 3COM 3C505, 3C503 und 3C523 auf ISA, EISA- und MC-Bus Systemen. Vgl. Novell, Incorporated (Hrsg.) (1990e), S. 4–18 f. Die Karte 3C503 unterstützt im Gegensatz zur 3C505 neben dem XNS Protokoll auch das DLC Protokoll. Vgl. Borchers, D. (1989), S. 29.
50 Ein guter Anhaltspunkt sind 4 MB plus ca. 512 KB je Benutzer.
51 Bei NetWare 386 sind bis zu 32.000 GB Festplattenspeicher und bis zu 4 GB Speicherplatz je Datei möglich.
52 Vgl. Novell, Incorporated (Hrsg.) (1990e), S. 3–13.
53 Vgl. Novell, Incorporated (Hrsg.) (1990e), S. 4–3 bis 4–20.
54 Vgl. u. a. Müller, R. (1990a), S. 25–29.
55 Eine Print Queue ist eine Warteschlange für Druckaufträge.

– Die Rechte eines Benutzers im Netz bzw. auf dem Server muß der Supervisor definitiv zuweisen. *NetWare* weist hier im Vergleich zu *Unix* und auch dem *LAN-Manager* die komplexeste Form des *Zugriffsschutzes* auf. Die Kombination aller vier Einflußfaktoren (Benutzer-Rechte, Gruppen-Rechte, Verzeichnis-Rechte und Verzeichnis-Attribute; vgl. Abbildung 5.8[56]) zu den wirklichen Rechten eines Benutzers dürfte wohl die Ausnahme sein. Bei näherer Betrachtung dieser Konstruktion stellt man zwar fest, daß dies ein sehr flexibles System ist. In der Praxis entstehen somit jedoch meist äußerst undurchsichtige effektive Rechte eines Benutzers.

Wie in einigen anderen Punkten auch, haben sich unter NetWare 386 die Rechte im Vergleich zu NetWare 286 (vgl. Abbildung 5.8.) geändert. Die an dieser Stelle gezeigte Übersicht bezieht sich auf NetWare 386 das folgende Rechte beinhaltet.[57]

- Das Supervisor-Recht (Supervisory; S),
- der Lesezugriff (Read; R),
- der Schreibzugriff (Write; W),
- die Berechtigung neue Dateien anzulegen (Create; C),
- die Erlaubnis, Dateien zu löschen (Erase; E),
- die Möglichkeit, Dateiattribute zu ändern (Modify; M),
- das Recht, Verzeichnisse zu durchsuchen (File Scan; F),
- die Berechtigung, Trustee-Rechte (vgl. Abbildung 5.8) sowie Directory-Rechte im eigenen Verzeichnis und dessen Unterverzeichnissen zu ändern (Access Control; A)

Die Berechtigung, Programme auszuführen wird meist durch die Kombination der Rechte R, W und C erreicht.[58]

Diese *Zugriffsrechte* werden zudem auf Datei- und Verzeichnisebene ergänzt durch deren Datei-Attribute (Read Only, Hidden, Execute Only etc.), wodurch die wirklichen Rechte eines Benutzers doch leicht undurchschaubar werden. Der endgültige Grad der Verschachtelung der Rechte bleibt dem „Organisationstalent" des Netzwerk-Administrators überlassen. Diese Konstruktion bietet jedoch beispielsweise im Vergleich zu *Unix* (vgl. Kapitel 3.4.1) erheblich mehr Flexibilität bei erhöhtem *Datenschutz*.

---

56   Vgl. Schürger, R. (1990), S. 42

57   Vgl. Novell, Incorporated (Hrsg.) (1990b), S. 229–233 und 239–273 sowie Müller, R. (1990b), S. 32–36.

58   Bei einigen Programmen, wie beispielsweise Harvard Graphics, reichen diese Rechte zur Programmausführung allerdings nicht aus.

Beispiel effektives Recht

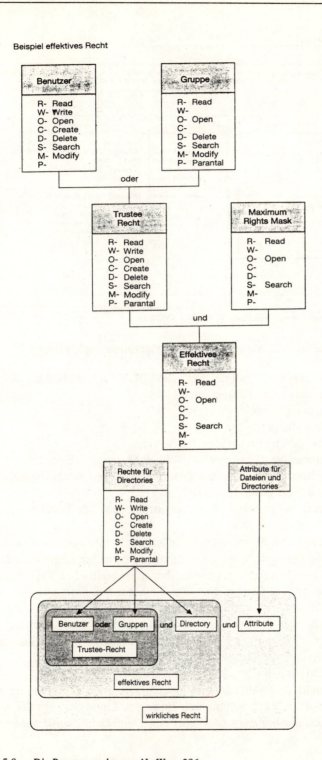

Abbildung 5.8:   Die Benutzerrechte von NetWare 286

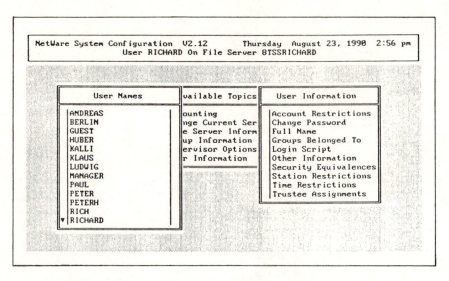

NetWare System Configuration V2.12   Thursday August 23, 1990 2:56 pm
              User RICHARD On File Server BTSSRICHARD

```
   User Names        vailable Topics    User Information

  ANDREAS           ounting            Account Restrictions
  BERLIN            nge Current Ser    Change Password
  GUEST             e Server Inform    Full Name
  HUBER             up Information     Groups Belonged To
  KALLI             ervisor Options    Login Script
  KLAUS             r Information      Other Information
  LUDWIG                               Security Equivalences
  MANAGER                              Station Restrictions
  PAUL                                 Time Restrictions
  PETER                                Trustee Assignments
  PETERH
  RICH
 ▼ RICHARD
```

Abbildung 5.9:   Die Administrator Shell von NetWare – SYSCON

– Zur Verwaltung der *Netzdienste* sind folgende Programme implementiert:[59]

   – Das Programm „System Configuration" (SYSCON, vgl. Abbildung 5.9.[60]) dient
     dem Supervisor und dessen Stellvertreter
     – zur Kontoführung (*Accounting*),
     – zur Server-Verwaltung,
     – zum Abruf von Informationen über den Server,
     – zum Management der Gruppeninformationen (Anzeigen, Erstellen, Ändern und
      Löschen von *Benutzergruppen* und *Benutzerkennungen* mit besonderen Rechten
      wie z. B. einem *Workgroup Manager*),
     – zur Verwaltung allgemeiner Zugangsrestriktionen (Zeitrestriktionen, *Login-*
      Scripts, Error Log-Buch) und
     – zur *Benutzerverwaltung* (Anzeigen, Erstellen, Ändern, Umbenennen und Löschen
      von Benutzerkennungen; Einrichten benutzerspezifischer *Login-Scripts* Einrich-
      ten, Ändern und Löschen besonderer, benutzerspezifischer Restriktionen, wie
      z. B. maximal zur Verfügung gestellter Platz auf der Festplatte oder in einem
      Verzeichnis).

   – Mit der „File Server Console" (FCONSOLE) können der Supervisor und der
     „Console Operator" neben der Verwaltung des *File-Servers* (Übersicht, Shutdown
     etc.) vor allem Nachrichten an alle (*Broadcasting*) versenden.

   – Über den MENU-Befehl ist der Systemverwalter in der Lage, system- oder
     benutzerspezifische Auswahlmenüs zur verbesserten Benutzerführung erstellen.
     Der Benutzer verfügt dann automatisch (über das Login-Script) oder wahlweise
     (durch den Aufruf dieses Programms) über einen einfachen Zugriff auf Programme.

---

59 Die Aufzählung gibt lediglich einen Überblick über die wichtigsten Programme bzw. Netzdienste.
60 Novell, Incorporated (Hrsg.) (1990a), S. 493.

Diese Menüs lassen sich jedoch kaum mit dem Benutzerkomfort unter Windows o. ä. vergleichen.
- Die Programme „Print Console" (PCONSOLE) und „Print Job Configuration" (PRINTCON) stellen autorisierten Benutzern Werkzeuge zur Steuerung und Verwaltung der *Print-Server*-Ressourcen zur Verfügung.
- Die *Netzanwendungen* eines Benutzers ohne besondere Operator-Rechte hängen von den Einträgen in den *Login-Scripts* (Domain-, Gruppen- und Benutzer-*Login-Script*) ab. Neben den netzwerkfähigen Befehlen des Rechnerbetriebssystems (z. B. Copy oder Delete bei DOS), die nun in Abhängigkeit von den Benutzerrechten funktionieren und teilweise durch NetWare ergänzt werden, steht der SEND-Befehl (*Multicasting*) zur Verfügung. Damit kann der Benutzer einfache, kurze Nachrichten an andere Benutzer oder Benutzergruppen senden.
- Die Programme SYSCON, FCONSOLE, PCONSOLE und PRINTCON stehen, je nach Benutzerrechten, oft allen Anwendern zur Verfügung. Spezielle Supervisoraufgaben bleiben dabei, wenn sie nicht explizit freigegeben werden, trotzdem gesperrt.

Somit steht dem *Anwender* mit *NetWare* ein sicheres, aber trotzdem flexibles Netzwerksystem zur Verfügung, welches den *Dateizugriff* auf gemeinsame Daten (*File-Server*) und Programme (*Application-Server*) sowie die bessere Ausnutzung von Drucker-Ressourcen (*Print-Server* und -*Spooler*) bietet.

Zusatzmodule zu NetWare

Desweiteren sind durch den Zukauf entsprechender Produkte weitere *Netzanwendungen* und -*dienste* realisierbar. Auf Software zur Unterstützung *heterogener Multivendor*-Systeme wird in Kapitel 5.3 näher eingegangen. Novell bietet ebenfalls diverse Zusatzprogramme an. Dabei handelt es sich um:[61]

- Workstation Software:
  - Zusatzprodukte zur Einbindung anderer Systeme (OS/2, Unix etc; vgl. Kapitel 5.3).
- File and Print Services:
  - Durch den *NetWare Print-Server* kann jeder Drucker[62], auch an einem Arbeitsplatzrechner, als *Print-Server* definiert werden. Dies war vorher nur durch Fremdherstellerdienste möglich. Bei älteren NetWare-Systemen sind ohne Utilities von Fremdherstellern ausschließlich Drucker, die direkt am *Server* angeschlossen sind, als Print-Server konfigurierbar. Dieser neue Dienst setzt mindestens NetWare v2.1 voraus und ist dort über einen *VAP*[63] direkt in NetWare eingebunden. Er ist fester Bestandteil der Version v3.x.
  - Der LAN Service *NFS* ermöglicht verteilte Dateisysteme mit VAX-Rechnern (VAX mit TCP/IP-Adapter) und unterstützt PC-NFS-Clients.

---

61   Vgl. Novell, Incorporated (Hrsg.) (1990e).
62   Bis zu 16 Drucker an unterschiedlichen Knoten eines Subnetzes. Vgl. Novell, Incorporated (Hrsg.) (1990e), S. 4–11 ff.
63   Vgl. a.a.O.

Client-Server Anwendungen

– Client-Server Applications:
  – Über das Konstrukt sogenannter „value-added processes" (*VAP*[64])-*Schnittstellen* ist es Client-Server-Anwendungen möglich, mit NetWare (ab v2.15) und den Servern zusammenzuarbeiten.
  – Zudem stellt NetWare (ab NetWare 386) den Client-Server-Applikationen eine Reihe von Programmier-*Schnittstellen* und Werkzeugen in Form von „NetWare Loadable Modules" (*NLM*; ähnlich VAP) zur Verfügung. Das vereinfacht die Erstellung solcher Anwendungen.
  – Auf diesen Schnittstellen (*VAP* und *NLM*) bauen dann SQL- und Client-Server-Applikationen von Novell oder auch von Fremdherstellern auf.[65]
– Database Services:
  – Für Programmentwickler stehen zur Unterstützung von Client-Server-Applikationen NetWare Btrieve und NetWare SQL und damit Schnittstellen zu SQL-Datenbanken zur Verfügung.
– Communication Services:
  – Neben dem Remote-Zugriff sind einige *Gateways* (IBM SNA, IBM 5250, X.25, MultiNet VAX/VMS etc.) erhältlich.
– Messageing Services:
  – Das „Message Handling System" (*MHS*) von Novell unterstützt den Nachrichtenaustausch zwischen Anwendungen und Prozessen im Netzwerk auch über *Subnetze* (*Bridges* und *Gateways*) hinweg.[66]
– Network Management Services:
  – Zur Verwaltung des Netzwerks sind einige Produkte erhältlich, auf die in Kapitel 6 näher eingegangen wird.

Das sich aus diesen *Netzanwendungen* zusammensetzende NetWare-Konzept veranschaulicht Abbildung 5.10.[67] Die einzelnen Teilfunktionen werden dabei häufig durch VAPs und NLMs bzw. durch (gesondert zu erwerbende) Zusatzprodukte realisiert.

---

64 VAP ist eine Software, die durch NetWare als Bestandteil des Betriebssystems im File-Server läuft und dem Anwender zusätzlich zu dem Standard-Betriebssystem Dienste bietet. Beispiele für VAPs sind: Print-Server VAP (s. o.) oder Btrieve VAP (Datenbank-Tools).

65 VAP und NLM sind standardmäßig eingebaute Schnittstellen. Sie sind jedoch nur in Verbindung mit zusätzlicher Software nutzbar.

66 Vgl. auch Novell, Incorporated (Hrsg.) (1990c).

67 Die Darstellung erfolgt in Anlehnung an Zenk, A. (1991b), S. 37.

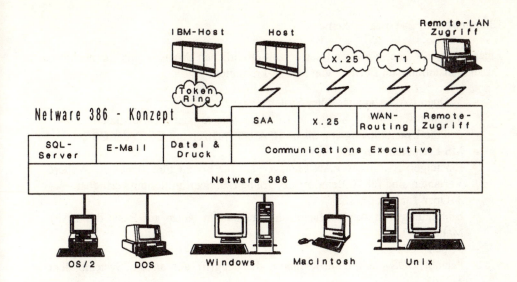

Abbildung 5.10: Das NetWare-Konzept

5.2.3 Der OS/2-LAN-Manager von 3COM

Das *Netzbetriebssystem 3+Open*[68] ist eine mit Eigenentwicklungen versehene Variante
des *MS OS/2-LAN-Managers* und setzt in der Version 2.0 als Trägerbetriebssystem *OS/2*
1.2 ein. Wie *NetWare* ist 3+Open ein *Netzwerkbetriebssystem* für *File-Server*. Da es auf
OS/2 aufsetzt und OS/2 generell durch seine *Multi-Taskingfähigkeit* mehrere parallele
Anwendungen unterstützt, ermöglicht der *LAN-Manager* ebenfalls die Realisation des
Client-Server-Konzeptes.[69] Der *LAN-Manager* entstand zwischen 1987 und 1988 auf
Initiative von Microsoft in Zusammenarbeit mit einigen *OEMs*[70], allen voran 3COM.
Obwohl sich 3COM angeblich in der Zukunft durch den Verkauf aller eigenen Entwick-
lungen am LAN-Manager an Microsoft aus diesem Bereich zurückzieht, läßt sich aufgrund des Entwicklungsstandes und der verfügbaren Informationen der LAN-Manager
gut am Beispiel von 3+Open beschreiben.[71] Der LAN-Manager ist für das *Betriebssystem
OS/2* geschrieben und nutzt im Netzbetrieb die Fähigkeiten dieses Systems gut aus. Wie
bei NetWare und TCP/IP sind auch für den LAN-Manager Module für andere Betriebssysteme verfügbar.

---

68   Die Begriffe 3+Open und LAN-Manager werden im folgenden synonym verwendet.
69   Vgl. Zenk, A. (1991c), S. 30–34.
70   OEM = Original Equipment Manufacturer.
     OEMs dürfen das Originalprodukt nicht ohne Veränderungen weiterverkaufen. Oft erhalten diese
     Produkte dann neue Namen (z. B. 3+Open). Derzeit unterstützten ca. 40 OEMs den LAN-Manager,
     z. B. 3COM, AT&T, DCA, DEC, HP, IBM, NCR, NEC, Olivetti, Ungermann-Bass etc.
71   Vgl. Gößlinghoff, K. (1991), S. VI und Schepp, Th. (1991a), S. 4 f.

Übersicht über 3+Open Systeme

Einen Überblick über einen Teil der derzeit erhältlichen Produkte gibt die nachfolgende Zusammenstellung am Beispiel von 3COM-Produkten:[72]

- 3+Open LAN Manager Entry System II 1.1F:
  Variante für 80286-, 80386- und PS/2 *dedizierte* oder nicht-dedizierte *Server* und die Unterstützung von bis zu 10 Arbeitsplätzen mit DOS oder OS/2.
- MS LAN Manager v2.0 Server:
  Einsteigerversion des LAN-Manager 2.0 für bis zu fünf Benutzer. Weitere Varianten sind für 10 Benutzer bzw. ohne Benutzerlimitierung verfügbar.
- 3+Open for Macintosh:
  Einbindung von Apple Macintosh-Rechnern in Netze auf Basis des LAN-Managers 1.1.
- 3Open TCP:
  Erlaubt DOS- und OS/2-Rechnern den Zugriff auf andere Systeme über TCP/IP.
- 3+Open Mail:
  E-Mail mit DOS-, OS/2- und Macintosh-Rechnern.

Das LAN-Manager Konzept

Konzeptionell unterscheiden sich *3+Open* und *NetWare* vorrangig dadurch, daß der *LAN-Manager*, zumindest auf dem Server-Rechner, auf dem Trägerbetriebssystem *OS/2* basiert (vgl. Schicht 6 des OSI-Modells in Abbildung 5.11[73]). Damit stehen diesem *Netzwerkbetriebssystem* die OS/2-Fähigkeiten zur Interprozeßkommunikation (*IPC*) und der Zugriff auf die *OS/2 APIs* zur Verfügung. 3+Open ist mit seinen ca. 127 LAN-Manager-spezifischen APIs ebenfalls ein File-Server-Betriebssystem, welches im Gegensatz zu NetWare 386 notfalls nicht-dediziert betrieben werden kann. Ob und inwieweit dies sinnvoll ist, hängt stark von der Größe des Netzwerkes ab. Für Netze ab ca. 5 Benutzern dürfte schon aus Performance-Gründen ein *dedizierter Server* die bessere Lösung sein. Auf die Aufgaben eines *File-Servers* muß an dieser Stelle nicht nochmals eingegangen werden, da sie bei allen Konzepten die gleichen sind (vgl. Kapitel 5.2.2). Desweiteren ist der LAN-Manager ebenso wie NetWare ein serviceorientiertes System zur Unterstützung *heterogener* Systeme.[74]

---

[72] Vgl. 3COM (Hrsg.) (199c), S. 5–10 sowie 3COM (Hrsg.) (1991), S. 10 f.
[73] Die Abbildung lehnt sich an Mutschler, S. (1989), S. 21; Ludwigs, D./ Schuckmann, B. (1991), S. 98 f. und Borchers, D. (1989a), S. 28–32 an.
[74] Vgl. Zenk, A. (1991d), S. 30–34; Freund, M. (1990), S. 4 f; Kauffels, F.-J. (1991), S. 82–87 und Kauffels, F.-J. (1989b), S. 160–164.

Vergleich von 3+Open mit dem OSI-Modell

Vor der Beschreibung der *Netzanwendungen* unter *3+Open* erfolgt in Analogie zu den vorangegangenen Kapiteln ein Vergleich zwischen dem *OSI-Modell* und den äquivalenten *LAN-Manager*-Protokollen (vgl. Abbildung 5.11).[75]

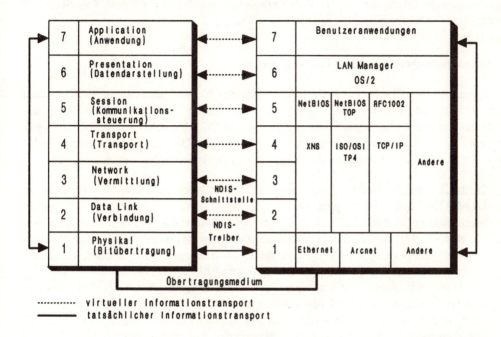

Abbildung 5.11:   Vergleich des ISO-OSI-Referenzmodells mit 3+Open

Bezüglich der OSI-Schicht 1 (*Physical Layer*) besteht seitens 3+Open die Unterstützung von *Ethernet, Token Ring*, IBM-Token Ring und *Arcnet* sowie beliebige Verbindungen dieser Hardwaresysteme über *Bridges*.

Der Datentransport (Schichten 2 bis 4) erfolgt unter anderem durch die Protokolle Xerox *XNS*, OSI TP4, *TCP/IP* sowie einige andere Protokolle.

Für die Steuerung der Kommunikation (*Session Layer*) stellt der LAN-Manager die Unterstützung des Protokolls *NetBios* und damit den IBM „Quasi"-Standard für Anwendungsschnittstellen bereit.

Die Präsentation der Daten (OSI-Schicht 6) obliegt vorrangig dem Trägerbetriebssystem *OS/2* mit seinem Teilmodul, dem *Presentation Manager* sowie den dazugehörigen *APIs*. In dieser Schicht sind auch die LAN-Manager APIs angesiedelt.

---

75   Vgl. Ludwigs, D./Schuckmann, B. (1991), S. 98 f; Mutschler, S. (1989), S. 21 f und Borchers, D. (1989a), S. 28–32.

Der OSI-Schicht 7 entsprechen die Benutzeranwendungen, die durch die *Schnittstellen* (*APIs*) von OS/2 und 3+Open unterstützt werden.

Die Hardware-Voraussetzungen für einen Server[76] unter *3+Open* sind im Vergleich zu *NetWare* etwas höher. Neben einem schnellen Rechner (*80386* oder *80486*) erfordert der LAN-Manager mindestens 6 MB RAM, empfohlen werden sogar 9 MB. Die Festplatte sollte, wie für *Server* allgemein nötig, entsprechend groß dimensioniert werden.[77]

Netzanwendungen unter dem LAN-Manager

Da innerhalb des Kapitels 5.2 die Betrachtung der Netzbetriebssysteme in homogener Umgebung den Vorrang hat, erfolgt an dieser Stelle nur eine Beschreibung der *Netzanwendungen* und *-dienste* von *3+Open* in der OS/2-Umgebung. Dies betrifft somit sowohl die Server als auch die OS/2-Arbeitsplätze.[78] Die Darstellung der entsprechenden Dienste in *heterogener Multivendor*-Umgebung ist Aufgabe des Kapitels 5.3.

– Nach Eingabe des Befehls „Net Start Workstation", der üblicherweise bereits in der STARTUP.CMD[79] eingetragen wird, erfolgt der Aufbau der Verbindung zum Server. Nach dem *Login* mittels „Net Logon" verfügt der Anwender zusätzlich zu der *Multi-Taskingfähigkeit* von *OS/2* auch über eine *Multi-Userumgebung*. Wie bereits von *Unix* und *NetWare* bekannt, durchläuft auch der LAN-Manager entsprechende Routinen mit Voreinstellungen bezüglich der *Benutzerkennung* – die *Benutzerprofile*.

– Die wohl umfangreichste *Netzanwendung* ist das Programm „Net Admin" bzw. dessen Untermenge „Net", welches sowohl dem Systemverwalter als auch in begrenztem Umfang den „normalen" Anwendern zur Verfügung steht. Falls über STARTUP.CMD lediglich der „Net Start Workstation"-Befehl erfolgt, erscheint beim Aufruf von „Net Admin" zuerst eine dem *Presentation Manager* ähnliche Dialog-Box, die zum *Login* auffordert. Über dieses *SAA*-konforme Menü, das im Gegensatz zu *NetWare* mit der Maus bedient werden kann, stehen dem Systemverwalter und den Benutzern (in Abhängigkeit der *Benutzerprofile*) folgende *Netzdienste* zur Verfügung:

– Über das Pull-Down-Menü „View" kann der *Anwender* zwischen den von ihm erreichbaren *Servern* und deren Ressourcen auswählen. Desweiteren ist das Ändern von Verbindungen bezüglich verteilter Ressourcen der Workstation, das Hinzufügen und Löschen dieser Verbindungen möglich. Dadurch kann der Anwender steuern, auf welchen der *Server* er zugreifen will. Auch der Zugriff auf *Print-Server* und deren Queues (Warteschlangen) ist über diesen Menüpunkt möglich. Last but not least ist unter „View" auch die Verwaltung und der Zugriff auf sogenannte „Communication Devices" (Modems, serielle Drucker, Plotter und Scanner;

---

76   Der LAN-Manager unterstützt in der Version 2.0 derzeit ca. 20 verschiedene Adapterkarten, so unter anderem 3COM 3C505, 3C503 und 3C523. Die Treiber-Unterstützung durch weitere Karten ist derzeit im Vergleich zu NetWare noch stark eingeschränkt.

77   Vgl. Pfeiler, K. (1991), S. 102.

78   Vgl. u. a. 3COM (Hrsg.) (1989c); 3COM (Hrsg.) (1990b); Microsoft Support-Crew (1990), S. 33–39.

79   Die Datei STARTUP.CMD ist das OS/2-Äquivalent der DOS-Datei AUTOEXEC.BAT.

Kommunikations-Server), die am Server angeschlossen sind, erreichbar. Dies alles ist jedoch nur in Abhängigkeit von den Rechten des Benutzers möglich.

– Der Menüpunkt „Message" dient vorrangig dem Versenden von kurzen Texten oder Dateien (*Broadcasting* und *Multicasting*), wobei die Nachrichten mitprotokolliert werden.

– Das Ein- und Ausloggen, die Verwaltung von eigenen *Benutzerprofilen* (die selbstverständlich den Benutzerprofilen, die durch den Systemverwalter erstellt wurden, untergeordnet sind), das Ändern des *Passwortes* und das Abschalten der *Netzdienste* (Zugriff auf verteilte Ressourcen, Verbindung zum LAN etc.) ermöglicht der Menüpunkt „Config". Interessant ist hier besonders die Möglichkeit, daß der *Anwender* für verschiedene Projekte oder Tätigkeiten eigene *Benutzerprofile* erzeugen kann. Damit müssen innerhalb verteilter Systeme (*Application-Server*, *Datenbank-Server* etc.) nicht immer alle, vom Anwender eventuell benötigte Verbindungen aufgebaut werden.

– Über den Menüpunkt „Status" können Statistiken und Fehlermeldungen des Servers und des LAN abgefragt werden.

– Der letzte, der *Systemadministration* vorbehaltene Menüpunkt „Accounts" dient der Verwaltung der *Benutzerkennungen*.

– Die Flexibilität und die Sicherheit eines Systems bezüglich der Zugriffsmöglichkeiten und des *Datenschutzes* hängen vorrangig von den definierbaren *Zugriffsrechten* ab.

– Den Benutzerrechten, „Trustee Rights", etc. von *NetWare* entsprechen beim *LAN-Manager* die „Access Permissions". Folgende Zugriffsattribute (vgl. auch Abbildung 5.12.[80]) stehen zur Verfügung:[81]

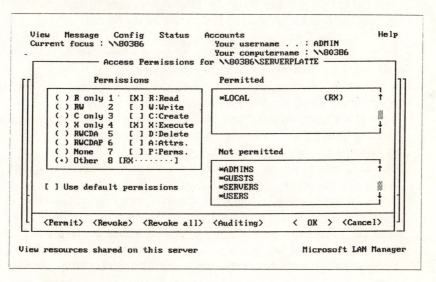

Abbildung 5.12: Die Benutzerrechte unter 3+Open

---

80 Bueroße, J. (1991a), S. 37.
81 Vgl. Bueroße, J. (1991a), S. 35–37.

- Der Lesezugriff (Read; R),
- der Schreibzugriff (Write; W),
- die Berechtigung neue Dateien anzulegen (Create; C),
- die Möglichkeit, Programme auszuführen (Execute; X),
- die Erlaubnis, Dateien zu löschen (Delete; D),
- das Recht, OS/2-Datei-Attribute zu ändern (Set Attributes; A),
- die Ermächtigung, Zugriffsrechte für Ressourcen zuzuweisen (Set Permission; P), sowie
- die Parameter Yes (Y) und No (N), die einem Benutzer entweder die Standardrechte (RWCDA) zuweisen oder den Dateizugriff verweigern.

Dabei unterscheidet 3+Open lediglich zwischen Benutzer- und Gruppenrechten, wodurch eine übersichtlichere Rechtestruktur entsteht.

- Neben dem Benutzer ADMIN (*Systemadministrator*) können, ähnlich wie bei NetWare, auch sogenannte „Junior Administrators" eingerichtet oder Operator-Rechte an normale Benutzer zugewiesen werden. Mögliche Junior-Administratoren sind:[82]
  - Der „Server Operator", der die Dienste und Ressourcen eines Servers verwaltet,
  - der „Accounting Operator" für die Verwaltung der Benutzerkennungen etc.,
  - der „Print Operator" für die Verwaltung der Drucker und
  - der „Communication Operator" für die Wartung der Kommunikationsfunktionen.
  Durch die Kombination von Gruppen- und Benutzer-Berechtigungen ist es möglich, ein verschachteltes System zur effektiveren Ressourcenverwaltung zu entwickeln.
- Zudem besteht für den Supervisor die Möglichkeit, über Unterpunkte der vorange-gangenen Menüpunkte „Auditing"-Funktionen zu verwenden.
  - Dabei kann der Systemverwalter ein Log-Buch führen, in dem festgehalten wird, welche Workstation mit welchen Ressourcen gearbeitet hat und wo erfolgreiche bzw. erfolglose Schreib- und Löschvorgänge stattfanden.
- Das Verhalten des Systems, die Vergabe der Zugriffsrechte und das Auditing hängen von der gewählten Sicherheitsebene (Level Security) ab.
  - Unter „User Level Security" sind die *Zugriffsrechte* und Auditing-Funktionen auf einzelne Dateien, Verzeichnisäste oder Festplatten zu verstehen. Dies entspricht im Prinzip auch dem Zugriffsschutz von NetWare.
  - Bei der „Share Level Security" erfolgt die Vergabe der Rechte dagegen für alle Server-Zugriffe (bzw. Ressourcen-Zugriffe). Hier wird jedes Verzeichnis mit einem *Passwort* belegt. Kennt ein Benutzer dieses Passwort, kann er in diesem Verzeichnis und in den darunterliegenden Unterverzeichnissen arbeiten. Dabei kann ein Verzeichnis mehrfach mit unterschiedlichen Rechten und Namen ver-teilt werden. Ein solcher Schutz ist für den Systemverwalter einfacher zu warten. Er bietet jedoch nicht den Schutz des an die *Benutzerkennung* gebundenen Prin-zips.
  Dieses Prinzip der „Shared Resources" (verteilte bzw. gemeinsam genutzte Ressourcen) gilt, wie bereits aus dem Menüpunkt „View" zu schließen, auch für die

---

82 Vgl. Wagner, M. (1990), S. 30–33.

Print und Communication Ressourcen.[83] Die dem Benutzer verfügbaren Ressourcen
können so, gemäß einem *Benutzerprofil*, problemlos von den *Anwendern* aktiviert
und deaktiviert werden.

– Zu diesem *LAN-Manager*-Menü und den damit verbundenen Diensten kommen noch
  einige Netz-Befehle, die direkt auf Betriebssystemebene einzugeben sind. Sie decken
  unter anderem die Funktionen ab, die zudem im Net Menü enthalten sind. Daher
  werden hier auch nur die zusätzlichen *Netzdienste* betrachtet.

  – Für Benutzer, die beispielsweise mit mehreren *Benutzerkennungen* arbeiten müssen
    bzw. für den Fall einer Urlaubsvertretung bietet der „Net Forward"-Befehl die
    Möglichkeit, an einen Benutzer gerichtete Nachrichten an eine andere Benutzer-
    kennung umzuleiten.

  – Mit dem „Net Run"-Befehl steht eine dem Unix *rcmd*-ähnliche Funktion zur
    Verfügung, die es erlaubt, Programme an einem anderen Rechner, hier dem Server,
    auszuführen.

Konzeptionell ähnelt der LAN-Manager dem *Netzwerkbetriebssystem* NetWare 386. Es
ist ebenfalls ein *File-Server*-orientiertes Betriebssystem, das Client-Server-Anwendungen
und verteilte Ressourcen unterstützt. Der LAN-Manager bietet ebenfalls, wie in Kapitel
5.3 näher dargestellt, die Möglichkeit zur Vernetzung *heterogener* Systeme (vgl.
Abbildung 5.13[84]).

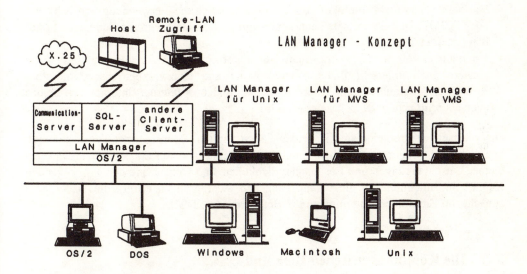

Abbildung 5.13: Das LAN-Manager-Konzept

Ein Vorteil existiert allerdings bezüglich der Benutzerführung und Verwaltung. Die *SAA*-
konforme *Benutzeroberfläche* mit Maus-Unterstützung von *3+Open* mit der Integration

---

83   Vgl. Bueroße, J. (1991b), S. 36–39 und Bueroße, J. (1991c), S. 43–45.
84   Die Abbildung ist an Zenk, A. (1991b), S. 38 angelehnt.

nahezu aller Dienste ist im Vergleich zu den verschachtelten *ASCII*-Menüs von NetWare oder auch Open Desktop übersichtlicher und einfacher zu bedienen.

5.3 Kopplung heterogener lokaler Netzwerke

Einzelne lokale Netze auf Abteilungs- oder Bereichsebene unterstützen diese Unternehmensbereiche meist in ausreichendem Maße. Die *Kommunikation* innerhalb eines Unternehmens bedingt jedoch eine Infrastruktur, der keinerlei Beschränkung bezüglich des Wirkungskreises und damit des Informationsflusses anhaftet.

Die Ausweitung von Teilnetzen und die Kopplung von *Subnetzen* zu einem *heterogenen* lokalen *Internet* beinhalten grundsätzlich mehrere Problemfelder, die teilweise bereits in den vorangegangenen Ausführungen dargelegt wurden. Der Begriff *heterogen* bezieht sich dabei auf zwei Teilbereiche:

Heterogene Internetze

– Ein Netzwerk kann *heterogen* sein bezüglich der eingesetzten Rechnerbetriebssysteme (z. B. DOS, OS/2 oder Unix) und dabei homogen bezüglich des Netzwerkbetriebssystems (bzw. Protokolls), z. B. ausschließlich die Verwendung von NetWare oder TCP/IP. Das Gesamtnetz kann unabhängig davon aus mehreren Subnetzen bestehen (Internet-Typ 1).
– Kommen in einem Netzwerk nicht nur unterschiedliche Rechnerbetriebssysteme sondern auch unterschiedliche Netzprotokolle und Netzwerkbetriebssysteme zum Einsatz, erhält man bei deren Kopplung ein komplexeres *Internet* (Internet-Typ 2), das auch als *Multivendor*-Netz bezeichnet wird.

Die zu lösenden Probleme sind in beiden Fällen ähnlich. Beim Internet-Typ 2 kommen lediglich Umformungs- bzw. Übersetzungsprobleme auf anderen Ebenen hinzu. Die Probleme, Einschränkungen und Lösungsmöglichkeiten sind Gegenstand der nun folgenden Kapitel. In Anlehnung an die vorangegangenen Ausführungen erfolgt die Darstellung zunächst im Zusammenhang mit dem PC-Betriebssystem DOS.

5.3.1 Die Kopplung zwischen DOS und OS/2

Um die einzelnen Teilprobleme besser zu veranschaulichen, wird nun auf das in Kapitel 1.3 skizzierte Szenario zurückgegriffen und dieses näher ausgeführt. Ausgangspunkt der Integration der Teilsysteme ist der Verwaltungsbereich.[85]

---

85   Die gewählte Reihenfolge der Integrationsschritte dient der besseren Darstellung der Teilprobleme und entspricht somit nicht unbedingt der Realität in einem Unternehmen.

Die Kopplung der Sub-LANs 2, 3 und 6 mit NetWare

Der Verwaltungsbereich (Sub-LAN 6 in Abbildung 1.4) ist mit *NetWare* v2.15 SFT vernetzt. Ziel des ersten Integrationsschrittes ist die Einbindung der Bereiche Produktion/AV (Sub-LAN 2) und Absatz/Vertrieb (Sub-LAN 3). Diese Bereiche sind ebenfalls mit NetWare v2.15 SFT vernetzt. Da es sich hierbei um gleiche *Topologien* (*Ethernet*) handelt, bietet sich die Kopplung über jeweils eine *Bridge* an. NetWare stellt hierfür mehrere Möglichkeiten zur Verfügung:

– Eine interne, auf einem der *File-Server* eingerichtete oder
– eine externe, an einer User-Station installierte *Bridge*.
  Verständlicherweise belastet die externe Bridge und deren Software den *File-Server* nicht. Für diesen Fall existieren bei NetWare wiederum zwei Möglichkeiten:
  – Als *dedizierte* Brücke eingesetzt, übt der Personal Computer ausschließlich Bridging-Funktionen aus. Da diese Station nicht gleichzeitig als Arbeitsplatz verwendet werden kann, ist dies zwar die sicherere, jedoch auch kostenintensivere Lösung.
  – Die nicht dedizierte Brücke übt beide Funktionen aus. Der PC steht als Arbeitsstation zur Verfügung und wickelt zudem den *Datentransfer* von LAN zu LAN ab. Fällt dieser Rechner aus, sind die so gekoppelten *Subnetze* getrennt. Der Verwaltungsbereich kann beispielsweise keine Daten mehr vom Produktions/AV-Server abfragen.

Somit ist, bei entsprechendem Hauptspeicherausbau eines der *Server*, die interne *Bridge* die wohl sicherste und kostengünstigste Lösung.

Synchronisation der File-Server – Name- und Domain-Server

Damit taucht bereits das erste, sich in *Multivendor*-Netzen noch verschärfende Problem auf. Prinzipiell stellen die drei *Server* drei unabhängige *Multi-User-/Multi-Tasking* Systeme dar. Dies bedeutet, daß auf jedem dieser Systeme eine eigene, vom anderen System unabhängige *Benutzerverwaltung* mit den dahinter stehenden *Zugriffsrechten* vorhanden ist. Auch wenn *Benutzerkennung* und *-profil* des einzelnen Anwenders auf allen Systemen gleich ist, führt eine Passwortänderung oder die Änderung des *Benutzerprofils* auf dem einen System bereits zu Inkonsistenzen und Verwirrungen, da die anderen Systeme nicht angeglichen werden. Vor nicht allzulanger Zeit beschönigten die Netzwerk-Hersteller dieses Manko mit dem Hervorheben der zusätzlichen Sicherheit im Netz. Die diesbezügliche Transparenz und *Benutzerfreundlichkeit* setzt sich jedoch zunehmend unter der Bezeichnung *Name-* und *Domain-Service* (teilweise auch *Name-* und *Domain-Server*) durch. Durch die Synchronisation des gesamten Rechnerverbundes ist es möglich, logische Gruppen von File-Servern (Domains[86]) zu bilden. Innerhalb einer *Domain* führt jeder *File-Server* die gleichen (synchronisierten) Benutzer, Passwörter, Gruppen, Profile und Print Queues. Die so erzeugten synchronisierten Datenbanken (Bindary) werden oft als *Name-Server* bezeichnet. Durch ein „sharing" der *Server* bzw. deren Teilbereiche (Unterverzeichnisse), benötigt der *Anwender* keinerlei Informationen bezüglich des physikalischen Ortes der von ihm benötigten Daten und Programme. Dies kann und muß durch entsprechende Einträge im *Benutzerprofil* festgelegt sein.[87]

Domains

Im Falle von *NetWare*[88] können sich *Domains* nicht überlappen. Ein *File-Server* kann folglich nur einer Domain angehören. Es können jedoch auch Server existieren, die keiner Domain angehören. Für die unlimitierte Anzahl der Domains mit den jeweils bis zu 400 Servern, spielt der physikalische Standort des Servers (lokal oder remote via *X.25* oder *ISDN*) und die topologische Struktur des Internetzes keine Rolle. Über ein X.25-Gateway[89] läßt sich so auch der Außendienst (Sub-LAN 7) eingliedern, wobei das *Gateway* auch an einem der Unix-Rechner oder am Großrechner installiert sein kann.

Die Administration dieses Dienstes, der *Name-Service*, ist Gegenstand des Kapitels 6.1. Die Problematik der Domains in *Multivendor*-Umgebung wird im folgenden noch mehrfach aufgegriffen.

Die Einbindung des Sub-LANs 5

Im nächsten Schritt werden die Systeme des Sub-LANs 5 (Marktforschung und Controlling) integriert. Die Bereiche Marktforschung und Controlling sind bereits aus bereichsinternen Gründen (vgl. Kapitel 1.4) durch den *3+Open LAN-Manager* 1.1 vernetzt. Wie *NetWare* unterstützt *3+Open* die Bildung von *Domains*.[90] Die Betrachtung der Kopplungsmöglichkeiten bezieht sich im folgenden auf:

– Die Nutzung der NetWare-Server durch OS/2-Rechner,
– die Nutzung des 3+Open-Servers durch DOS-Rechner und
– die Kopplung der unterschiedlichen Server im Sinne verteilter Ressourcen.

---

86   Näheres hierzu auch in Kapitel 6.2.
87   Vgl. Zenk, A. (1991a), S. 27–31 und Zenk, A. (1991d), S. 34–38.
88   Voraussetzung ist NetWare v2.15 (Advanced und SFT) und höher bzw. NetWare v3.0, v3.1. Vgl. Zenk, A. (1991a), S. 27–31.
89   Z.B. NetWare Link/X.25; vgl. Novell, Incorporated (Hrsg.) (1990e), S. 4–136 bis 4–139.
90   Vgl. u. a. Hofner, W. (1990), S. 12 und Microsoft Support Crew (1990), S. 33–39.

Die Nutzung der NetWare-Server durch OS/2-Rechner

Wie bereits im Kapitel 5.2.2 erwähnt, besteht innerhalb der *NetWare*-Welt die Möglichkeit, *OS/2*-Arbeitsplätze über das Zusatzprodukt NetWare Requester for OS/2 v1.2 einzubinden.[91] Diese Software setzt mindestens NetWare v2.15 und *OS/2* 1.2[92] voraus. Somit erfordert dies ein Update der *Betriebssysteme* in den Bereichen Marktforschung und Controlling. Nach einer Umsetzung besteht die Möglichkeit, *80x86-* und IBM *PS/2*-Rechner, die mittels *Arcnet, Ethernet*, IBM PC Netz oder IBM Token Ring vernetzt sind und unter OS/2 1.2 arbeiten, in das Netware-Netz einzubinden.[93]

Die für die *Kommunikation* auf der Serverseite benötigten Programme (NetWare Utilities for OS/2[94]) müssen dabei nur auf einem *Server* installiert werden, der jedoch zu der verwendeten *Domain* gehören muß. Nach dem *Login* hat der OS/2-*Anwender*, entsprechend seiner Rechte, den Zugriff auf die gleichen *NetWare-Netzdienste* wie die *DOS*-Arbeitsplätze.[95] Hierzu gehören neben dem Zugriff auf File-Server (Application-Server, Print-Server etc.) auch die OS/2-abhängige Unterstützung von verteilten Anwendungen und *Datenbank-Servern.*

Durch die Installation des sogenannten „NetWare Requester DOS"-Interface, das ebenfalls Bestandteil des „Requester for OS/2" ist, besteht in begrenztem Umfang auch die Möglichkeit der Nutzung der *DOS-Box* im Netz.[96] Dabei gelten die bereits in Kapitel 3.3.2 angesprochenen Restriktionen der *DOS-Kompatibilitätsbox.*

Auf diese Weise können zum einen die *OS/2* Rechner der Bereiche Marktforschung und Controlling auf die *NetWare*-Ressourcen der Bereiche Personal/Verwaltung und Produktion/AV zugreifen, andererseits besteht so eine einfache Migrationsmöglichkeit von *DOS* nach *OS/2*. Ein beliebiger Arbeitsplatz kann, falls dies erforderlich wird, ohne weitere Änderungen im Netz mit OS/2 betrieben werden.

Die Nutzung des 3+Open Servers durch DOS-Rechner

Im umgekehrten Fall benötigen die *DOS*-Rechner einen Zugriff auf den bzw. die *Server* des *3+Open* Netzes. Eine Möglichkeit hierfür ist die Installation der „3+Open MS-DOS

91 Vgl. hierzu Novell, Incorporated (Hrsg.) (1991i), S. 4–59 – bis 4–62 und Novell, Incorporated (Hrsg.) (1990d).
92 Für OS/2 1.21 wird die entsprechende Requester Version v1.21 benötigt.
93 Dabei bestehen in gewissem Umfang wiederum Beschränkungen bezüglich der einsetzbaren Adapterkarten.
94 Die Utilities sind Teilsystem des Requesters.
95 Die NetWare Utilities für OS/2 entsprechen in der Funktionalität denen unter DOS. Da sie jedoch im Protected Mode von OS/2 laufen müssen, sollten sie zur Vermeidung von Konflikten in unterschiedlichen Verzeichnissen abgelegt sein.
96 Vgl. Novell, Incorporated (Hrsg.) (1990d), S. 137–139.

LAN-Manager Netstation Software".[97] Dieses Produkt stellt, analog zur OS/2 LAN-Manager-Software, die Verbindung zum *Server* des *3+Open* Netzes her. Nach dem *Login* stehen dem DOS-Benutzer ebenfalls die Verzeichnisse und Drucker etc. des Servers und die Möglichkeiten des *LAN-Manager*-Menüs (*Domain-Service* etc.; vgl. Kapitel 5.2.3) zur Verfügung.

Die Kopplung der NetWare und 3+Open Server

Beide bisher vorgestellten Lösungen sind jedoch Einbahnstraßen. Die effektivste Kopplung dürfte sicherlich die der unterschiedlichen *Server* selbst, und nicht deren einseitige Verfügbarkeit sein. „3+Open Connection for NetWare" ist eines von drei Produkten[98], das NetWare- und LAN-Manager-Server zumindest für *DOS*-Arbeitsplätze verbindet.[99] Die *Anwender* erhalten damit die Möglichkeit, Dateien, Programme[100] und Drucker in beiden Systemem gemeinsam zu nutzen. Dabei unterstützt 3+Open Connection IEEE 802.3 (*Ethernet*) und IEEE 802.5 (*Token Ring*) Interfaces, die Protokolle *XNS*, *IPX*, *TCP/IP*, NBP, DLC und *OSI* sowie das *Client-Server-Konzept*. In Verbindung mit dem „NetWare Requester for OS/2" könnte so auch der Zugriff auf NetWare- und LAN-Manager-Server für *OS/2*-Arbeitsplätze erreicht werden. Die negative Seite dieser Lösung ist, daß 3+Open Connection nur den LAN-Manager ab der Version 2.0 und nicht die früheren Versionen unterstützt.[101]

Wie aus den Kopplungsmöglichkeiten hervorgeht, ist weder *DOS* auf *NetWare*, noch *OS/2* auf den *LAN-Manager* angewiesen. Lediglich für den LAN-Manager-Server ist OS/2 nötig, da dieses Betriebssystem die Basis des LAN-Managers darstellt. In beiden Systemen sind jedoch, wie auch bei anderen *Netzwerkbetriebssystemen* (z. B. Banyan Vines), sowohl DOS-, als auch OS/2-Rechner (und meist auch Macintosh-Rechner) einsetzbar.[102]

Kompatibilität des Domain-Service von NetWare und 3+Open

Bereits bei der Vernetzung zweier Netzwerksysteme mit mehreren Rechnern taucht ein weiteres, derzeit noch offenes Problem auf. Über den *Name-Service* lassen sich innerhalb der homogenen Netzwelten (nur NetWare oder nur LAN-Manager) problemlos konsistente *Domains* definieren. Eine Vereinheitlichung dieser Dienste (vgl. auch Kapitel

---

97   Vgl. u. a. 3COM Corporation (Hrsg.) (1989a); 3COM Corporation (Hrsg.) (1989b); 3COM Corpora-
     tion (Hrsg.) (1990c) und 3COM Corporation (Hrsg.) (1991).
98   Weitere Produkte sind: LMN-Server von Racal Interlan oder Bill-Ray von Schneider & Koch. Vgl.
     Wagner, M. (1991), S. 38 f.
99   Vgl. auch 3COM Corporation (Hrsg.) (1990a); 3COM Corporation (Hrsg.) (1990c) und 3COM
     Corporation (Hrsg.) (1991); nach Cooper, E. (1991), S. 16 gilt dies im Gegensatz hierzu auch für
     3+Open Clients.
100 Es können selbstverständlich nur solche Programme gemeinsam genutzt werden, die sowohl unter
     DOS als auch unter OS/2 ablauffähig sind (z. B. MS-WORD 5.0).
101 Vgl. 3COM Corporation (Hrsg.) (1990c), S. 7.
102 Vgl. u. a. Freund, M. (1990), S. 4 f.

6.1) läßt sich jedoch erst nach endgültiger Standardisierung des *X.500* Directory-Dienstes, dessen Unterstützung durch *Netzdienste* und deren Einbindung in die anderen *Netzwerkbetriebssysteme* (NetWare, 3+Open, Banyan etc.) erwarten.

5.3.2 Die Kopplung zwischen DOS und UNIX

Die Integration der Sub-LANs 4 und 8

Im nächsten Schritt werden die Unix-Rechner der Bereiche Beschaffung/Logistik (Sub-LAN 4; Open Desktop) und F&E/Konstruktion (Sub-LAN 8; SUN/OS) eingegliedert. Die Kommunikation zwischen diesen Bereichen ist über *TCP/IP* und *NFS* realisiert. Analog zum vorangegangenen Kapitel beziehen sich die Kopplungsmöglichkeiten auf:

– Die Nutzung der NetWare-Server durch Unix-Rechner,
– die Nutzung des Unix-Servers durch DOS-Rechner,
– die Nutzung der Unix-Workstations durch DOS-Rechner und
– die Kopplung der unterschiedlichen Server inklusive der Unix-Workstations im Sinne verteilter Ressourcen.

Die Nutzung der NetWare-Server durch Unix-Rechner

Da *DOS* ein *Single-User-/Single-Tasking-Betriebssystem* ist, können andere Systeme wie beispielsweise *Unix* nicht auf solche Rechner zugreifen. Daten, die in DOS-Bereichen erzeugt bzw. verwaltet werden, müssen somit auf einem der *Server* abgelegt sein, so daß andere Systeme sie erreichen können.

Eine, wenn auch umständliche Möglichkeit des Bereichs Beschaffung/Logistik besteht darin, den *Dualboot* (DOS/Open Desktop) auszunutzen. Durch das Booten der Systeme mit *DOS* kann bei Vorhandensein einer *Adapterkarte*, die sowohl *NetWare*-Protokolle als auch *TCP/IP*-Protokolle verträgt, eine einfache Verbindung zum *NetWare*-Netz aufgebaut werden. Die Weiterverarbeitung der Daten unter *Unix* (*Open Desktop*) erfolgt durch das Kopieren der Dateien auf die lokale Festplatte (DOS-Partition) und einem erneuten Booten mit Unix mit anschließendem Zugriff auf diese DOS-Partition.

Die Nutzung des Unix-Servers durch DOS-Rechner

Für die Nutzung des *Unix-Servers* (*Open Desktop*) durch die *DOS*-Arbeitsplätze gibt es mehrere Möglichkeiten.[103]

---

103 Vgl. auch Vogt, E. (1991), S. 58–62.

Durch *TCP/IP*-Produkte von Drittanbietern[104] ist es möglich, an *DOS*-Rechnern wahlweise *NetWare* oder *TCP/IP* zu verwenden. Bei einfachen Produkten schließen sich die Protokolle aus. Für den Wechsel zwischen den Protokollen ist ein Reset (neues Booten) oder ein Hilfsprogramm[105] nötig, das das vorherige *Protokoll* aus dem Hauptspeicher entfernt. Der *Anwender* verfügt dann über die *DoD-Netzdienste Telnet*, *FTP* und oftmals auch über mehrere *virtuelle Terminals* innerhalb von Telnet und einige Remote-Befehle (*rcp, rlogin, rpc*). Einige andere Produkte, so auch SK-TCP/IP, erlauben den gleichzeitigen Betrieb von *TCP/IP* und *NetWare*. Voraussetzung ist wiederum eine geeignete *Adapterkarte*.[106] Diese Produkte sind ebenfalls geeignet, eine Verbindung zu vorhandenen Großrechnern (z. B. Siemens BS 2000) herzustellen, da TCP/IP-Produkte mittlerweile für alle Großrechner verfügbar sind.

NFS

Wenn auch nicht direkt zu den *TCP/IP*-Protokollen dazugehörend, besteht bei TCP/IP-Programmen[107] oder durch Zusatzprodukte die Möglichkeit, *DOS*- und *Unix*-Systeme mittels des auf dem *UDP*-Protokoll basierenden *NFS* (Net File System von SUN[108]; vgl. Abbildung 5.14[109]), hier PC-NFS, zu verbinden.[110] Dabei erfolgt unter Ausnutzung der Möglichkeiten von *rpc* und systeminternen *Schnittstellen* (virtuelles Dateisystem) eine Verbindung der Festplatten bzw. Unterverzeichnisse dieser Rechner. Der *Anwender* der so verbundenen Systeme bemerkt nicht, ob er lokal oder remote über *NFS* auf eine Datei zugreift. Ein *File-Transfer* (z. B. mit *FTP*) ist nicht nötig.

104 Z.B. SK-TCP/IP; vgl. Schneider & Koch (Hrsg.) (1991).
105 Z.B. die TSR-Utilities von Kim Kokkonen (über Turbo Power Software), die nicht nur das Programm aus dem Hauptspeicher entfernen, sondern auch veränderte Interrupts wieder herstellen.
106 Vgl. Gorys, L. T. (1989), S. 45 f.
107 Z.B. SK-TCP/IP; vgl. Vgl. Gorys, L. T. (1989), S. 48 ff.
108 Vgl. u. a. The Santa Cruz Operation, Inc. (1989a); ODT-NET S. 61–78 und The Santa Cruz Operation, Inc. (1990a), ODT-NET S. 25–28.
109 In Anlehnung an The Santa Cruz Operation, Inc. (1990a), ODT-NET S. 27.
110 Ähnliche Systeme, die jedoch nicht die Bedeutung von SUN NFS erlangt haben sind das RFS (Remote File System) von AT&T und SMB (Server Message Block) von IBM. Vgl. Chylla, P./ Hegering, H.-G. (1988), S. 230.

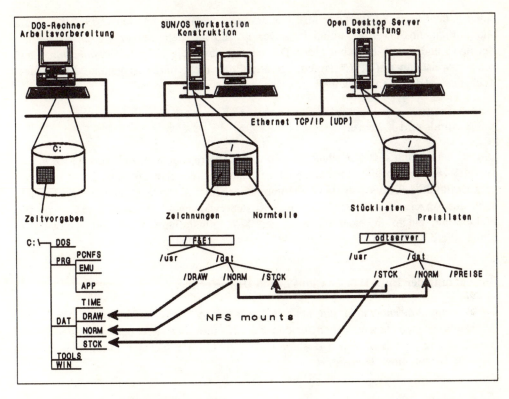

Abbildung 5.14: Die Funktionsweise von NFS

Durch die Erweiterung durch PC-NFS ist es auch möglich, einen *Unix*-Rechner als *File-Server* und *Print-Server* für *OS/2*- oder *DOS*-Rechner zu verwenden.

LAN Workplace for DOS

Mit dem LAN Workplace for DOS ist auch ein Produkt dieser Art seitens Novell verfügbar, durch das beide Protokolle (*TCP/IP* und *NetWare*) gleichzeitig am *DOS*-Arbeitsplatz laufen können.[111] Dieses Produkt unterstützt im Ethernet die Systeme NetWare 286, NetWare 386, IBM SMB und LAN-Manager Server und die Protokolle *TCP* (FTP und Telnet), *UDP* (NFS), ICMP, Remote-Befehle, *NetBios* und DNS. Durch die Unterstützung verteilter Applikationen sind Prozesse der Interprozeßkommunikation (*IPC*) wie *X-Window*, Oracle, Sybase etc. möglich.

X-Window

Die grafische *Schnittstelle X-Window* entwickelt sich zunehmend zu einem rechner- und betriebssystemunabhängigen Window-System. Dieses zweigeteilte System besteht aus

---

111 Vgl. Novell, Incorporated (Hrsg.) (1990e), S. 4–67 bis 4–72.

einem *Client*-Prozeß (X-Programm), der am Arbeitsplatz (mindestens *80386 SX*) läuft und mit einem *Server* kommuniziert. Der Prozeß auf dem Server ist dabei für das Zeichnen und somit Berechnen der Darstellung zuständig. Die *Kommunikation* kann beispielsweise über *TCP/IP* laufen, ist allerdings nicht daran gebunden. Der lokale Rechner wird damit entlastet.[112]

X-Terminals und X-Server

Die Weiterführung dieses Gedankens führt zu den sogenannten X-Terminals bzw. X-Servern. Hier laufen alle Anwendungen auf anderen Rechnern im Netz. Das *Terminal*, häufig mit CISC-Prozessoren[113] von Motorola oder Intel ausgestaltet, dient ausschließlich noch der Anzeige. Dabei sind es meist Kostenerwägungen, die zum Einsatz von *X-Window* auf einem *PC* oder einem reinen X-Terminal führen. X-Terminal-Lösungen führen allerdings unweigerlich zu einer stärkeren Belastung des Netzes.[114]

Die Nutzung der Unix-Workstations durch DOS-Rechner

Da sich aus *Anwendersicht* ein unter *Unix* laufender *Server* nicht von einer Unix-Workstation unterscheidet, gelten für den Zugriff eines *DOS*-Rechners auf einen Unix-Arbeitsplatzrechner (z. B. Open Desktop oder SUN/OS) die gleichen Möglichkeiten wie beim Zugriff auf einen Unix-Server.

Die Kopplung der NetWare- und Unix-Server sowie Unix-Arbeitsplätze

Das *NetWare NFS*, eine Neuankündigung von Novell, scheint die transparente Einbindung von Unix-Systemen in die NetWare-Welt zu bieten. Durch dieses, für die NetWare Version 3.11 angekündigte Produkt sollen Unix-, DOS-, Windows-, OS/2- und Macintosh-Anwender gleichwertige Teilnehmer im NetWare-Netz werden. Die verwendeten Daten, Programme (soweit vom entsprechenden Betriebssystem ausführbar) und Ressourcen (Drucker etc.) sowie die korrespondierenden *Netzdienste* (PCONSOLE, FILER etc.) wären erreichbar.[115] Dabei ist zu ergänzen, daß die durch *NFS* verfügbaren *Netzdienste* (auf *UDP*-Basis) schneller als die *TCP*-basierenden *Netzdienste* sind. Bei gleichzeitiger Verwendung von *NetWare* und *NFS* bietet es sich an, die Ressourcen anderer Systeme nicht an die einzelnen Arbeitsplätze, sondern direkt auf den Server zu „mounten", um sie so den *Anwendern* verfügbar zu machen.

Wie bereits bei der Kopplung von DOS und OS/2 bzw. NetWare und LAN-Manager, bleibt es auch bei der Kopplung von NetWare und TCP/IP fraglich, inwieweit die *Name-Services* dieser Systeme synchronisierbar sind.

---

112 Vgl. Kirsch, Ch. (1990), S. 116–120.
113 Neue, extrem schnelle Prozessorgeneration.
114 Vgl. Veiser, H.-O. (1991), S. 90.
115 Vgl. Deutsche NetWare Benutzergruppe e.V. (Hrsg.) (1991), S. 4.

5.3.3 Die Kopplung zwischen OS/2 und UNIX

Die Kopplung der Sub-LANs 4 und 8 mit 5

Im folgenden Schritt erfolgt die Kopplung der Unix-Rechner der Bereiche Beschaf-
fung/Logistik (Sub-LAN 4; Open Desktop) und F&E/Konstruktion (Sub-LAN 8;
SUN/OS) mit den OS/2-Systemem der Bereiche Marktforschung und Controlling (Sub-
LAN 5). In diesem Fall beziehen sich die angestrebten Kopplungsmöglichkeiten auf

– die Nutzung der LAN-Manager-Server durch Unix-Rechner,
– die Nutzung des Unix-Servers durch OS/2-Rechner,
– die Nutzung der Unix-Workstations durch OS/2-Rechner und
– die Kopplung der unterschiedlichen Server inklusive der Unix-Workstations im Sinne
  verteilter Ressourcen.

Die Nutzung der LAN-Manager Server durch Unix-Rechner

Über den SCO LAN-Manager *Client* von *Open Desktop*[116] können diese Unix-Systeme
über *NetBios* auf *OS/2-* (und DOS-) *Server* zugreifen, jedoch nicht umgekehrt.[117] Ein bei
der *Kommunikation* zwischen *Unix* und *OS/2* oder DOS auftretendes Problem sind dabei
die unterschiedlichen Namenskonventionen der Dateinamen. *Unix* unterscheidet im
Gegensatz zu OS/2 und DOS Groß-/Kleinschreibung, läßt Dateinamen bis zu 14 Zeichen
(statt 8+3) zu und erlaubt auch zusätzliche Sonderzeichen, die bei DOS und OS/2 zu
Fehlermeldungen und Programmabstürzen führen. Ebenso existieren innerhalb der
Dateien Unterschiede bezüglich der Markierung von Zeilen- und Dateiende. Daher
müssen die Dateien vor der Weiterverarbeitung mit *Unix* oft transformiert werden.[118] Die
Verbindung zum LAN-Manager-Server erfolgt durch den LAN-Manager-Befehl „net
use". Durch den „net share"-Befehl werden dann die Server-Verzeichnisse und -Dateien
verfügbar.

Die Nutzung des Unix-Servers und der Unix-Workstations durch OS/2-Rechner

Die Nutzung des Unix-Servers, wie auch der Unix-Workstations, durch OS/2-Rechner
erfolgt analog der DOS-Unix-Kommunikation. Einziger Unterschied dabei ist, daß der
LAN-Manager bereits grundlegende Teile von TCP/IP beinhaltet.

---

116 Eine Variante des LAN-Manager for Unix – LM/X.
117 Vgl. u. a. The Santa Cruz Operation, Inc. (1989a), ODT-NET S. 79–102 und The Santa Cruz
     Operation, Inc. (1990a), ODT-NET S. 29–38.
118 Entsprechende Werkzeuge stellt Unix mittels *dtox* (dos to unix) und *xtod* (unix to dos) zur Verfügung,
     die für PC-NFS auch in der entsprechenden DOS-Variante vorhanden sind.

TCP/IP for OS/2

Die Unterstützung der *TCP/IP*-Protokolle erfolgt sowohl seitens 3COM mit FTP v1.0 (*FTP File-Transfer*) und VT v1.0 (*Telnet Terminal-Emulation*) für DOS- und OS/2-Rechner als auch durch Novell (LAN Workplace for OS/2) und Drittanbieter[119]. Dabei sind zwar häufig die verfügbaren *Terminal-Emulationen* noch auf einige wenige eingeschränkt, bieten jedoch betriebssystemabhängig mehrere parallel im Hintergrund lauffähige Emulationen an.[120] Diese Programme sind, wie beispielsweise das Produkt von FTP zeigt, für alle *Ethernet*-Karten erhältlich.[121] Der Funktionsumfang variiert allerdings wiederum von einer einfachen Unterstützung von *FTP* und *Telnet* bis hin zur Unterstützung von Remote-Befehlen und anderen *DoD-Protokollen*. Analog zu den DOS-Produkten erlauben die OS/2-TCP/IP-Programme teilweise auch Client-Server-Konstrukte und somit *X-Window*-Anwendungen. Ein Beispiel hierfür ist der *NetWare* LAN Workplace for OS/2.[122]

Die Kopplung der 3+Open Server mit dem Unix-Server und den Unix-Workstations

Für die Kopplung der *Server* unter *Unix* und dem *LAN-Manager* bleibt derzeit abzuwarten, ob einer der Netzwerk-Hersteller eine Variante anbietet, die beide Systeme unterstützt. Da sich ein Unix-Rechner jedoch als LAN-Manager-Client am Server anmeldet und gleichzeitig über *NFS* auf den Unix-Server zugreifen kann, müßte eine Kopplung der *Server* über NFS für Unix in Verbindung mit NFS für OS/2 möglich sein.

Auch in diesem Falle bleibt die Synchronisation der *Name-Services* und damit der Zugriff auf alle Rechner bzw. Server mit einer Benutzerkennung fraglich.

5.3.4 Die Kopplung zwischen DOS, OS/2 und UNIX

Aufbau und Kopplung des Sub-LANs 1 (Management-Netz)

Der letzte noch ausstehende Kopplungsschritt beschäftigt sich mit dem Aufbau und der Integration des Management/EDV-Netzes (Sub-LAN 1). Dieses *Subnetz*, das möglicherweise wiederum aus zwei weiteren Subnetzen (Management; EDV) besteht, soll entsprechend seiner Aufgabenstellungen auf alle *Daten* im Unternehmen zugreifen können.

Zur Speicherung der kumulierten Unternehmensdaten aus allen Systemen und der für die Abfrage benötigten Programme wird ein weiterer *File-Server* mit NetWare 386 3.11 mit

---

119 Z.B. SK-TCP/IP oder TCP/IP von FTP.
120 Z.B. bei SK-TCP/IP nur VT102, 3270 und TTY; vgl. u. a. Schneider & Koch (Hrsg.) (1991), S. 3.
121 Vgl. Vogt, E. (1991), S. 60.
122 Vgl. u. a. Novell, Incorporated (Hrsg.) (1990e), S. 4–73 bis bis 4–77.

je einem DOS- bzw. DOS- und OS/2-Rechner (*80386 SX*) pro Management-Arbeitsplatz installiert. Unter Verwendung von *Adapterkarten*, die mehrere *Protokolle* verarbeiten, bestehen so die Zugriffsmöglichkeiten, wie sie in den vorangegangen Kapiteln beschrieben sind. Um den Schulungsaufwand des Managements möglichst gering zu halten, wird nach Produkten gesucht, die möglichst einheitlich eine *Benutzeroberfläche* für alle drei Systeme darstellen. Diese Produkte (Windows, Presentation Manager und Motif) sollen die *Netzdienste* der unterschiedlichen *Netzwerkbetriebssysteme* weitestgehend unterstützen.

NetWare for Windows

Innerhalb des *NetWare*-Netzes und auf *DOS*-Rechnern läßt sich *Windows* ab Version 3.0 prinzipiell anstarten und gleichzeitig mit *TCP/IP* verwenden. Durch diverse Speicherkonflikte zwischen Windows und den Kommunikationsprotokollen kommt es allerdings manchmal zu Systemabstürzen und unerklärlichen Fehlermeldungen, die ein Neubooten erforderlich machen. Mit dem NetWare DOS/Windows Workstation Update Kit[123] existiert ein Programm, das *Windows* im Netz einerseits sicherer macht, andererseits zudem noch einige Zusätze mitbringt, die nicht nur Systemverwaltern die Arbeit erleichtern:

- Der Programm Manager wird durch die Windows-Workstation-Oberfläche ersetzt.
- Das Modul Workstation Menu erlaubt die gruppenweise oder auch benutzerindividuelle Organisation von Menüs[124] zum Aufbau von Windows-Anwendungen mittels eines Menügenerators.
- Mit einer Makrosprache können diverse Aufgaben, wie beispielsweise der Zugriff auf einen anderen Server, automatisiert werden.
- Über das Modul Workstation Intercom ist ein im Vergleich zu den Novell-Menüs einfaches Versenden und Empfangen von Nachrichten möglich.
- Der Print Manager ist ebenfalls einfacher als sein NetWare-Äquivalent zu bedienen und stellt nicht nur für Netzmanager eine Hilfe dar.

Außer der Version für NetWare soll es in absehbarer Zeit auch Versionen für den MS-LAN-Manager und den IBM LAN Server geben.

Somit sind für den DOS/NetWare-Nutzer nach Kopplung der Teilnetze mittels *Bridge* alle NetWare-Server bzw. -*Domains* erreichbar. Der DOS/3+Open-Anwender verwendet den MS-DOS LAN-Manager und für die Verwendung der Unix-Ressourcen kann PC-TCP/IP und PC-NFS parallel zu NetWare laufen.

---

123 Vgl. Novell, Incorporated (Hrsg.) (1990e), S. 4–62 f. und adcomp GmbH, München (Hrsg.) (1991), S. 43–45. Eine Version für 10 Benutzer soll ca. 2000,– DM kosten.

124 Die Menüs selbst beinhalten dabei keine Icons.

Der Presentation Manager und 3+Open

Obwohl das OS/2 LAN-Manager-Menü im sogenannten Full-Screen-Modus arbeitet, läßt es sich unter dem *Presentation Manager* ausführen. Nachdem so oder über entsprechende Einträge in der STARTUP.CMD die Verbindung zum *3+Open*-Netz hergestellt ist, ist die Nutzung der verteilten Ressourcen gemäß der Eintragung im *Benutzerprofil* möglich. Die daraus resultierenden Kommunikationsmöglichkeiten wurden bereits dargestellt.

Portable NetWare

Die Integration von DOS-, OS/2-, Macintosh-Rechnern mit *Unix* als Bindeglied, ist Ziel eines weiteren Produktes von Novell. Portable NetWare soll im Gegensatz zu NetWare 386 auf mehreren Trägerbetriebssystemen wie Unix, VMS oder OS/2 aufsetzen und so beispielsweise einem 32-Bit Unix-Rechner als *File-Server, Print-Server, X.400-* oder *SNA-Gateway* dienen. Die Arbeitsstationen benutzen dabei für die Kommunikation die Transportprotokolle *SPX/IPX*. Portable NetWare wiederum teilt die Host-Ressourcen des Servers mit anderen Multi-Tasking-Anwendungen wie beispielsweise *NFS*. Da Portable NetWare nicht die Dateisperrmechanismen des Host-Betriebssystems, sondern die von *NetWare* verwendet, sind so auch Verbesserungen gegenüber der Unix-Zugriffsregelung (vgl. Kapitel 3.4.1) zu erwarten.[125] Es bleibt abzuwarten, welche Kopplungsmöglichkeiten und Netzdienste dieses Produkt mitsichbringt.

NetWare 386 3.11

Es ist leicht ersichtlich, daß die beiden vorgestellten Lösungen noch unbefriedigend sind. Der zunehmende Konkurrenzkampf, u. a. zwischen Novell (*NetWare*) und Microsoft (*LAN-Manager*), führt, wenn man den Ankündigungen der einschlägigen Presse glauben schenken kann, bereits zu ersten Änderungen. Nach Angaben der NetWare Benutzergruppe e.V.[126] beinhaltet das zum 2. Quartal 1991 angekündigte NetWare 386 3.11 Unterstützungen für *TCP/IP*, *OSI* und NetView[127], die andere Netzwerk-Hersteller zu entsprechenden Gegenreaktionen veranlassen könnten. Es bleibt zwar fraglich, inwieweit bestehende *heterogene* Systeme vom Typ 2 (*Multivendor*-Netze) Unterstützung finden, die angekündigten Neuheiten können sich, sofern sie realisiert sind, sehen lassen.[128]

---

125 Vgl. Novell, Incorporated (Hrsg.) (1990e), S. 4–233 und Wolf, J. (1990), S. 75 f.
126 Vgl. Deutsche NetWare Benutzergruppe e. V. (Hrsg.) (1991), S. 6–8.
127 Vgl. Kapitel 6.
128 Vgl. auch Krogull, H. (1991), S. 25–31.

– So soll für DOS-, Windows-, Macintosh- und OS/2-Arbeitsplätze sowie Unix-Rechner mit *NFS* eine nahtlose Integration in die *NetWare*-Umgebung möglich sein. Inwieweit unterschiedliche *Server* (u. a. LAN-Manager-Server) transparent eingebunden werden können (wie bei 3+Open Connection), bleibt fraglich. Das sogenannte Universal File System (UFS) soll jedoch neben der Unterstützung von *FAT* und *HPFS* auch Macintosh-, *NFS-* und *FTAM*-Konventionen bieten und so die unterschiedlichen Dateisysteme integrieren.

– Die Unterstützung des „de facto Standards" *TCP/IP* ist im Produkt enthalten. In diesem Zusammenhang ist der Zugriff von DOS-, Windows- und OS/2-Arbeitsplätzen auf NetWare-Server via *TCP/IP* (und nicht nur *SPX/IPX*) angekündigt. Desweiteren können LAN Workplace- und NetWare NFS-Arbeitsplätze durch das *Routing* von IP-Paketen über *Ethernet-*, *Token Ring-* und *Arcnet*-LAN-Adapter im NetWare 3.11-*Server* auf Systeme im *TCP/IP-Internet* zugreifen. Auch ist die Unterstützung von Schnittstellen zu AT&T Unix System/V und SUN *RPC* durch entsprechende *APIs* implementiert.

– Die Kommunikation mit *OSI*-Rechnerumgebungen wie GOSIP, MAP und TOP soll über das optionale NetWare *FTAM* möglich sein.

Der Grad der für den Benutzer transparenten Integration unterschiedlicher Systeme muß sich noch herausstellen. Alternativen, wie die Verbesserung und Ausweitung der Integrationsfähigkeiten von Produkten wie 3+Open Connection (3COM) oder auch dem MS-LAN-Manager/X (LM/X) für Unix-Systeme[129], werden bald folgen. Somit ergibt sich letztlich ein Netzwerk, wie es in Abbildung 5.15 veranschaulicht ist.

---

129 Vgl. Microsoft (1991), S. 41.

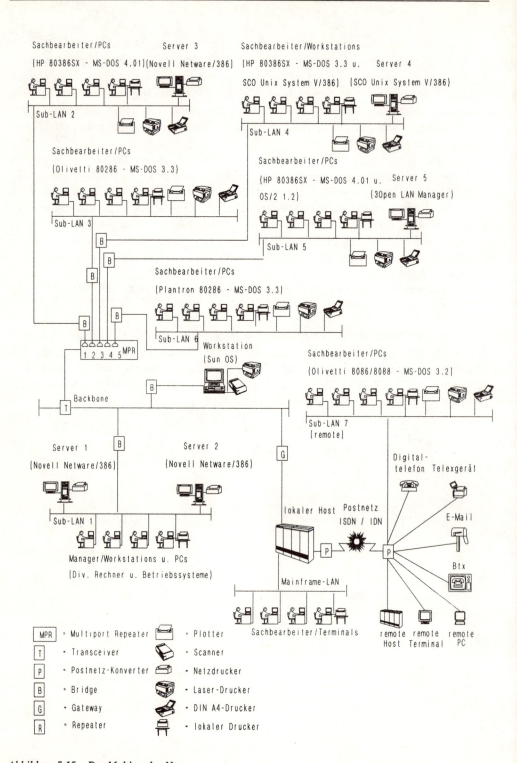

Abbildung 5.15: Das Multivendor-Netz

Datenbank-Server

Für die Kopplung der Rechnersysteme, insbesondere im Hinblick auf die Verfügbarkeit der Datenbestände, die auf unterschiedlichen Rechnern mit verschiedenen Betriebssystemen vorliegen, existiert ein weiterer Weg, nämlich der Einsatz relationaler Datenbanksysteme (RDBMS), die sowohl das *Client-Server-Konzept*, unterschiedliche Rechnerbetriebssysteme und verschiedene Transportprotokolle bzw. Netzwerkbetriebssysteme unterstützen.

Am Markt sind sowohl Lösungen der Netzwerkhersteller (Btrieve 386 und NetWare SQL von Novell, SQL-Server von Microsoft) als auch von Drittanbietern (Ingres von ASK; vormals Ingres, Oracle von Oracle, Informix von Informix) mit unterschiedlichen Einschränkungen erhältlich.

Bei Verwendung eines *Datenbank-Servers*, wie beispielsweise Oracle[130], ist es Aufgabe dieses Systems, die *Daten* betriebssystemspezifisch umzuwandeln bzw. darzustellen. Dabei kommt es teilweise wiederum zu Konflikten mit *NFS*-Programmen. Ursache hierfür ist die mangelnde Kompatibilität zwischen SQL*Net *TCP/IP* von Oracle und beispielsweise den *APIs* von PC-NFS von SUN, die nach Herstellerangaben bald möglichst beseitigt sein soll.[131]

Die Frage der einheitlichen *Benutzeroberfläche* löst Informix beispielsweise über das Front-End-Tool Wingz. Damit ist der Zugriff auf die SQL-Daten unter *Windows* 3.0 für DOS-Rechner bzw. Open Look oder *Motif* für Unix-Systeme gewährleistet.[132]

Innerhalb der DOS-OS/2-Welt stehen eine Vielzahl von Transportprotokollen zur Verfügung (SPX/IPX, NetBios, TCP/IP etc.), zur Einbindung von Unix-Systemem ist derzeit lediglich TCP/IP durchgängig verfügbar.

Zum Aufbau eines effektiven Informationsmanagements ist es daher erforderlich, ein Werkzeug zu finden, welches über Betriebssystemgrenzen hinweg transparente *Schnittstellen* zu möglichst allen Datenbanksystemen herstellt. Nebeneffekt dieser Programme sind die geplanten Mail-Systeme, die den betriebssystemübergreifenden Nachrichtenaustausch (vgl. Kapitel 6.4) verbessern. Auch im Bereich der RDBMS ist der Markt somit vom Gedanken der Integration geprägt.

---

130 Oracle gehört derzeit zu den RDBMS, die mit den meisten Betriebssystemen (z. B. div. Unix, DOS, OS/2, Macintosh und div. Mainframe) und auch mit einigen anderen Programmen (z. B. Lotus, Clipper) zusammenarbeiten.
131 Vgl. Oracle (Hrsg.) (1990), S. 7.
132 Vgl. Sempert, F. P. (1991), S. 9.

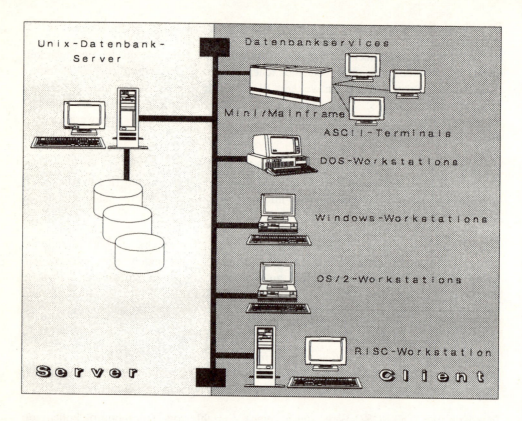

Abbildung 5.16: Client-Server-Datenbanken in heterogener Betriebssystem-Umgebung

Die Kommunikations- und Nutzungsmöglichkeiten der Informationspotentiale im Unternehmen ist letztlich abhängig von den Interdependenzen zwischen den Rechnerbetriebssystemen, den verwendeten Topologien, Segmentkomponenten und Netzwerkbetriebssystemen sowie der eingesetzten Anwendungssoftware. Den relationalen Datenbanken (*Datenbank-Server*) kommt dabei die Aufgabe der Integration der durch Anwendungssoftware (Lotus 1-2-3, Clipper etc.) erstellten *Daten* zu einem Informationssystem zu (vgl. Abbildung 5.16[133]).

Von den derzeit verfügbaren relationalen Datenbanken ist Oracle das System, das neben diversen anderen *Softwarewerkzeugen* (Turbo Pascal, MS-C, Excel, Lotus 1-2-3, Clipper etc.) über *Schnittstellen* oder Add-Ins nahezu alle Rechnerbetriebssysteme und Netzwerke unterstützt.

---

133 Vgl. Schneller, M. (1990), S. 91 (modifizierte und ergänzte Abbildung).

6. Netzwerkmanagement in Rechnernetzen

Datenverarbeitung bedeutet in der Praxis zunehmend *offene Kommunikationssysteme*. Damit steigen auch die Anforderungen bezüglich des Managements dieser Systeme. Die dabei anfallenden Aufgaben lassen sich global in zwei Komplexe teilen:

– Durch das System ausführbare, automatisierbare Aufgaben und
– organisatorische bzw. administrative Aufgaben, die Systemverwaltern oder Mitarbeitern mit entsprechenden Kenntnissen (*Workgroup Manager*) obliegen.

Funktional aufgegliedert läßt sich das *Netzwerk-Management* in die *Netzdienste* für

– Datenschutz,
– Datensicherheit,
– Netzwerk-Administration,
– Lastoptimierung und
– Fehlermanagement,

ergänzt durch Zusatzdienste, die sowohl die Arbeit des Netzwerk-Administrators als auch die der Anwender unterstützen, unterteilen. Dabei sind diese Funktionen sowohl untereinander als auch bezüglich der globalen Klassifizierung voneinander abhängig und nicht überschneidungsfrei.

6.1 Netzwerk-Administration

Zur Umsetzung organisatorischer Aspekte, zur Konfiguration des Netzwerkes sowie zur Verwaltung der Ressourcen und Benutzer sind *Netzdienste* zur *Netzwerk-Administration* (configuration management) nötig. Diese vom System bereitzustellenden Werkzeuge lassen sich wie folgt untergliedern:

– Die Netzdienste zur *Konfigurationsverwaltung* stellen Hilfsmittel und Werkzeuge zur Planung, Änderung, Erweiterung und Pflege der Systemkonfiguration zur Verfügung. Sie stehen in enger Interaktion mit den Werkzeugen zur Fehlererkennung und Lastoptimierung (vgl. Kapitel 6.3).
– Über die *Benutzerverwaltung* steuert der Systemverwalter die *Zugriffsrechte* der Anwender durch System-, Benutzergruppen- und Benutzer-Login-Scripts. Die hier getätigten Festlegungen beeinflussen die Datenschutzaspekte des Systems. Hierzu gehören zudem:
  – Hilfsmittel zur Einrichtung von Benutzern mit Sonderrechten (*Workgroup Manager,* Account Manager etc.), die ein flexibleres und dezentralisiertes Netzmanagement erlauben.
  – Netzdienste, die eine *Kontoführung* (*accounting*) auf Benutzerebene zur kostengerechten Bewertung von Hard- und Software ermöglichen.

- Die Unterstützung von *Name-* und *Domain-Service* zur Systemverwaltung. Dies macht das Netz für Anwender transparenter.
- Werkzeuge zur *Dateiverwaltung* unterstützen die Organisation und Reorganisation der Festplatten und deren Verzeichnisse und Dateien.
- Netzdienste zur *Druckerverwaltung* ermöglichen das Einrichten und Verwalten von Druckern, *Print-Servern* und Drucker-Warteschlangen.
- Eine flexible *Backupverwaltung* stellt Hilfsmittel zur schnellen und einfachen *Datensicherung*, Restaurierung und vor allem Archivierung zur Verfügung.

Netzdienste dieses Komplexes beinhalten Werkzeuge, mit denen auch ein entsprechend geschulter Nicht-Techniker arbeiten kann. Da es sich bei der *Netzwerk-Administration* in einigen Bereichen um die Umsetzung organisatorischer Aufgaben handelt, die sich zudem bei geeigneter Unterstützung durch das System verteilen lassen, bietet sich die Dezentralisation dieser Funktionen an. Teilaufgaben, delegiert an geschulte Mitarbeiter vor Ort, erlauben flexiblere und schnellere Reaktionen entsprechend der Erfordernisse der Unternehmensbereiche und Abteilungen. Der Netzwerk-Manager selbst ist, da er mit der im Netz installierten Hardware, den Betriebssystemen, der Verkabelung und den Anwendungen vertraut sein sollte, ein technischer Manager.[1]

Ein gleichzeitiges Management aller Systeme scheitert, wie aus Kapitel 5.3 hervorgeht, an der noch mangelnden *Kompatibilität* der Systeme untereinander. Die noch nicht realisierbare, konsistente Synchronisation aller Systeme und Systemdaten (*Benutzerkennungen* etc. zu *Name-* und *Domain-Services*) hat daran einen großen Anteil.

Konfigurationsverwaltung

Die am Anfang aller Installationen stehende Konfiguration eines Rechners ist zu systemspezifisch, als daß sie in *heterogenen* Netzen von einem Standardprogramm unterstützt werden könnte. Die einzelnen *Netzwerkbetriebssysteme* stellen hierfür in unterschiedlicher Form Hilfen zur Verfügung, die prinzipiell die gleichen Aufgaben erfüllen. Dabei kann es sich um ein einzelnes, umfangreiches Menü wie die Systemadministrationsshell von *Open Desktop* handeln, oder, wie im Falle von *NetWare*, aus mehreren Teilsystemen wie NETGEN (NetWare Konfiguration), SHGEN (Shell Konfiguration) und BRGEN (Bridge Konfiguration) bestehen. Die Abbildung 6.1[2] dient der Veranschaulichung solcher Konfigurationsmenüs.

---

1   Vgl. Herzoff, I. S. (1990), S. 24 f.
2   Vgl. Heitlinger, P. (1989a), S. 58 und The Santa Cruz Operation, Inc. (1989b), S. 89.

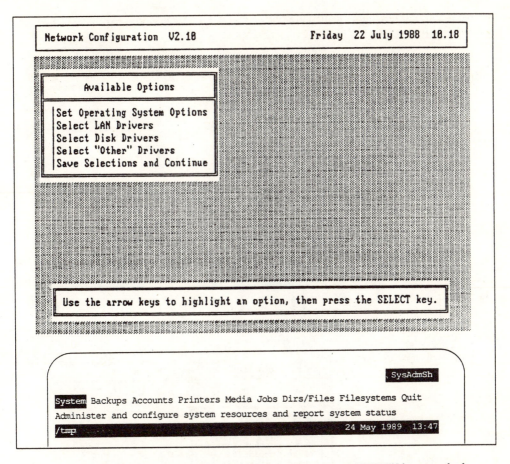

Abbildung 6.1:   Die Konfigurationsmenüs zur Netzwerk Konfiguration mit NETGEN bzw. sysadmsh

Benutzerverwaltung

Art und Umfang von *Zugriffsrechten* sind der systemspezifische Teil einer *Benutzerver-waltung*. Alle drei Systeme (*Open Desktop*, *NetWare* und *3+Open*) unterstützen den *Netzwerk-Administrator* durch entsprechende Menüs. Wenn auch die Module unterschiedlich aussehen, erfüllen sie doch den gleichen Zweck. Einziger Unterschied ist, daß lediglich das Menü des *3+Open LAN-Managers* eine *SAA*-konforme *Benutzeroberfläche* mit Mausbedienung unterstützt. Keines der Werkzeuge unterstützt jedoch Window-Oberflächen wie *Windows*, *Presentation Manager* oder *Motif*.

Workgroup Management

Sowohl *NetWare*, als auch *3+Open* stellen Mechanismen zum *Workgroup Management* (vgl. Kapitel 5.2) zur Verfügung. Lediglich unter *Open Desktop* ist dies, aufgrund der geringen Varietät der Zugriffsattribute (vgl. Kapitel 3.4.1), nur durch explizites Zuweisen gesonderter Privilegien möglich.[3]

Name- und Domain-Service

```
NetWare Name Service  1.00               Wednesday  27 February 1991  22.39
            User SUPERVISOR On Server GAYLORD In Domain DOMAINROSI1
```

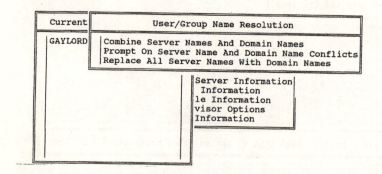

```
 ┌─────────┬──────────────────────────────────────────────────┐
 │ Current │           User/Group Name Resolution              │
 ├─────────┼──────────────────────────────────────────────────┤
 │ GAYLORD │ Combine Server Names And Domain Names              │
 │         │ Prompt On Server Name And Domain Name Conflicts    │
 │         │ Replace All Server Names With Domain Names          │
 │         │ ┌──────────────────┐                               │
 │         │ │ Server Information│                               │
 │         │ │ Information       │                               │
 │         │ │ le Information    │                               │
 │         │ │ visor Options     │                               │
 │         │ │ Information       │                               │
 └─────────┴─┴──────────────────┘───────────────────────────────┘
```

```
NetWare Name Service  1.00               Wednesday  27 February 1991  22.21
            User SUPERVISOR On Server GAYLORD In Domain DOMAINROSI
```

```
 ┌───────────────────────────┐
 │     Available Topics       │
 ├───────────────────────────┤
 │ Accounting                 │
 │ Change Current Domain      │
 │ Change Current Server      │
 │ Domain Administration      │
 │ File Server Information     │
 │ Group Information          │
 │ Profile Information        │
 │ Supervisor Options         │
 │ User Information           │
 └───────────────────────────┘
```

Abbildung 6.2:   *Konfigurationsmenüs zum Einrichten des NetWare-Name-Service mit NETCON*

Auch unterstützen alle drei betrachteten Systeme die Implementation von *Domain*- und *Name-Services*. Diese Netzdienste sind jedoch nur innerhalb der eigenen Netzwelt und nicht in *heterogenen* Netzen vom Typ 2 (*Multivendor*-Netze) vorhanden. Die Konfiguration der *Domains* (vgl. Abbildung 6.2[4]) und das Einrichten der *Name-Server* ist jedoch in den mitgelieferten Handbüchern häufig so mangelhaft dokumentiert, daß deren Instal-

---

3   Vgl. u. a. The Santa Cruz Operation, Inc. (1989a), S. 157 f.
4   Zenk, A. (1991d), S. 35 f.

lation nur unter Schwierigkeiten und mit Rückfragen an den Hersteller gelöst werden kann.

Kontoführung (Accounting)

Die benutzerbezogene *Kontoführung* auf einem *File-Server* (Accounting-Server) zur nutzungsgerechten Kostenverrechnung der *Netzdienste* scheint derzeit nur unter *NetWare* möglich zu sein. Neben diversen Limits sowie dem Erstellen von Statistiken und Kontoauszügen, ist die Bewertung der File-Server-Dienste Lesen von der Festplatte, Schreiben auf die Festplatte, Dauer der Verbindung und Umfang der gespeicherten Daten möglich.[5]

Dateiverwaltung

Der Bereich der *Dateiverwaltung* wird derzeit auch nur innerhalb der eigenen Netzwerk-betriebssystemwelt unterstützt. Findet dies bei *NetWare* noch über ein weiteres, ebenfalls antiquiertes ASCII-Menü namens FILER statt, ist dies unter *Open Desktop* über den *Motif* Window-Manager (*ODT-VIEW*), unter dem *LAN-Manager* über den *Datei Manager* (als Bestandteil des OS/2 *Presentation Managers*) besser möglich. In der Praxis arbeiten allerdings viele Netzwerk-Administratoren in einer DOS-Umgebung[6] mit externen Hilfsprogrammen wie den PC-Tools, XTREE oder dem Norton Commander (vgl. Abbildung 6.3). Die einfache Handhabung und die damit verbundene Verbreitung dieser Werkzeuge haben bereits dazu geführt, daß beispielsweise der Norton Commander bereits für einige Unix-Derivate verfügbar ist. Zunehmend verwenden auch durchschnittliche Netzanwender diese Programme, da sie meist einfacher zu bedienen sind als die vom System zur Verfügung gestellten Werkzeuge.

---

5   Vgl. Heitlinger, P. (1989b), S. 296–320.
6   Hierzu gehört auch OS/2 bis Version 1.1 und NetWare, da diese Systeme ebenfalls mit der FAT arbeiten.

```
      Left    Files    Commands    Options    Right
  ┌──── F:\HOME\WOLF_K ─────┐         ┌──── C:\SB\DATA ────┐
  │  Name   │ Size │ Date   │ Time │ │ Name  │ Size │ Date     │ Time  │
  │ ..      │UP—DIR│ 1.01.80│ 0:00 │ │ ..    │UP—DIR│ 19.04.91 │ 10:54 │
  │DA       │SUB-DIR│4.02.91│ 9:23 │ │OURO   │SUB-DIR│19.04.91 │ 10:54 │
  │D                                                              :54
  │T ┌──────────────────── Copy ───────────────────┐             :12
  │W │                                              │             :54
  │1 │  Copy "clean.exe" to                         │             :54
  │1 │  C:\SB\DATA                                  │             :31
  │p │                                              │             :39
  │w │     [ Copy ]    [ F10-Tree ]    [ Cancel ]   │             :08
  │w └──────────────────────────────────────────────┘            :49
  │dskstat com│  2042│17.08.87│ 2:01 │ │bil_segm dbf│ 3619│10.04.90│15:27
  │grep    com│  6010│ 7.10.89│17:01 │ │bilanz   dbf│ 3433│18.12.89│16:30
  │input   com│   702│24.01.89│19:07 │ │cashflow dbf│ 2888│13.10.89│13:13
  │ned     com│ 32439│ 1.08.88│16:07 │ │ekapital dbf│  920│18.12.89│16:30
  │up_mi   dfv│   512│ 6.08.90│12:37 │ │gemeinko dbf│ 1290│10.04.90│16:22
  │123view exe│ 52464│23.10.89│15:00 │ │guv      dbf│ 3922│13.10.89│13:13
  │clean   exe│ 58835│ 2.06.90│12:33 │ │invest   dbf│  922│10.04.90│16:07
  ├──────────────────────────────────┤ ├─────────────────────────────
  │clean.exe   │ 58835│ 2.06.90│12:33 │ │..          │UP—DIR│19.04.91│10:54
  └──────────────────────────────────┘ └─────────────────────────────
  F:\HOME\WOLF_K>
  1 Help 2 Menu 3 View 4 Edit 5Copy 6 RenMov 7 Mkdir 8 Delete 9 PullDn 10 Quit
```

Abbildung 6.3:   *Dateiverwaltung mit externen Programmen am Beispiel des Norton Commanders*

Druckerverwaltung

Die Verwaltung der Drucker und Warteschlangen erfolgt in allen drei Netzwerk-Syste-
men ebenfalls über entsprechende Menüs. Lediglich der *LAN-Manager* beinhaltet Möglichkeiten der *Druckerverwaltung*, die in dieser Form bei den anderen Systemen nicht zu
finden sind. Neben den im *Login-Script* (vgl. Kapitel 6.2) festgelegten Ressourcen ist es
beim LAN-Manager möglich, optionale Ressourcen, hier Drucker, zur Verfügung zu stellen. Diese müssen dann bei Bedarf vom Benutzer aktiviert werden. Der Vorteil besteht
darin, daß im System nur die Verbindungen aktiv sein müssen, die wirklich nötig sind.
Die Netzbelastung bzw. die Belastung des Arbeitsplatzes (*RAM*) ist dadurch geringer. Ein
möglicher Nachteil ist dabei, daß ein Teil des Verwaltungsaufwandes auf die *Anwender*
verlagert wird. Diese benötigen eine entsprechende Schulung.

Backupverwaltung

Aufgabe einer *Backupverwaltung* ist neben der Bereitstellung entsprechender Treiber für
Backup-Geräte (vgl. Kapitel 6.2) die Archivierung und Dokumentation der Datensiche-
rungsmedien. Idealerweise sollte das System nicht nur eine Menüführung, sondern auch

entsprechende Datenbanken zur Protokollierung bereitstellen. Systeme zur zentralisierten Sicherung aller Netzwerk-Rechner sind noch Mangelware; Produkte von Drittanbietern unterstützen meist nur ein System. Die hier behandelten Netzwerksysteme bieten in diesem Zusammenhang noch unzureichende Dienste, die zudem oft nur über eine Befehlszeile und nicht über ein Menü verfügbar sind. Auch erfolgt die Dokumentation der Sicherungsvorgänge nur rudimentär.

6.2 Datenschutz und Datensicherheit

Die *Netzdienste* bezüglich *Datenschutz* und *Datensicherheit* (accounting, security management) liegen hauptsächlich im Aufgabenfeld der vom System weitgehend automatisiert zu erfüllenden Aufgaben. Die grundsätzlichen Probleme wurden bereits in Kapitel 2.5 dargestellt.

In diesem Komplex sollte ein *Netzwerkbetriebssystem* folgende *Netzdienste* zu Verfügung stellen, deren Verwaltung wiederum der Netzadministration (vgl. Kapitel 6.1) obliegt:

– Differenzierte *Zugriffsrechte* zur Realisation von Datenschutzkonzepten;
– Flexible *Login-Scripts* zur benutzergerechten Gestaltung der Anwenderumgebung (File-Sharing, Print Services etc.);
– Die Einrichtung von *Benutzergruppen* zur Vereinfachung und Homogenisierung der *Benutzerverwaltung*;
– Mechanismen zur *Ablaufprotokollierung*, zur Verbesserung des *Datenschutzes* sowie zur Aufdeckung von Fehlern;
– *Transaktionsfortschreibung* zur Erhaltung der Datenkonsistenz;
– Die Unterstützung von *Backup-Systemen* zur Datensicherung (Streamer, magnetooptische Laufwerke etc.);
– Festplattenspiegelung (*Mirroring*) zur Aufrechterhaltung des Betriebes bei Ausfall der Festplatte;
– Festplattenkanal-Duplizierung (*Duplexing*) zur Beschleunigung des Lesevorgangs und zur Sicherung bei einem Controllerausfall;
– Die Unterstützung einer unterbrechungsfreien Stromversorgung (*UPS* – uninterruptable power supply), die im Falle des Stromausfalls den *Server* solange in Betrieb hält, bis dieser ordnungsgemäß abgeschaltet ist;
– RIPL (Remote Initial Program Loading – auch *remote boot*), um Arbeitsplätze auch ohne Laufwerke über das Netz booten zu können;

Über diese Funktionen stellt das *Netzwerkbetriebssystem Netzdienste* zur Verfügung, die vom Netzwerk-Administrator verwaltet, vom System selbst jedoch laufend durchgeführt und kontrolliert werden.

Datenschutz

In den Themenbereich des *Datenschutzes* fallen dabei die *Netzdienste* bezüglich der Zugriffsrechte, Login-Scripts und Benutzergruppen.

Zugriffs-Rechte

Die Möglichkeiten des Datenschutzes über die *Zugriffsrechte* sind zwischen Unix (vgl. Kapitel 3.4.1), NetWare (vgl. Kapitel 5.2.2) und dem LAN-Manager (vgl. Kapitel 5.2.3) recht unterschiedlich. Von allen drei Systemen bietet *Unix* mit seinen sechs Zugriffsklassen (Eigentümer, Gruppe, alle bzw. read, write, execute) eindeutig das einfachste und zugleich unflexibelste Rechtesystem. Das andere Extrem, *NetWare*, dürfte i. d. R. kaum von jemandem vollständig ausgenutzt werden.

Login-Script

Sowohl bei Unix als auch unter NetWare und dem LAN-Manager ist die Anwenderumgebung über mehrere *Login-Scripts* (System, Gruppe (nicht bei Unix) und Benutzer) einstellbar. Diese Prozeduren sind mit Batch-Dateien vergleichbar, die Zugriffspfade setzen und Ressourcen verfügbar machen. Lediglich der *LAN-Manager* unterscheidet sich hier geringfügig dadurch, daß mehrere *Benutzerprofile* über das „NET"-Menü wählbar sind. Vorteil dieses Verfahrens ist, daß für bestimmte Aufgaben nur die dafür benötigten Ressourcen verfügbar sind und nicht alle erreichbaren Verzeichnisse, Drucker etc. Dabei ist jedoch der Organisationsaufwand durch den *Anwender* höher, da er seine Ressourcen eigenständig kombinieren muß. Dies sollte allerdings durch eine entsprechende Menüführung automatisch[7] erfolgen können. Spätestens beim Einsatz verteilter Anwendungen, ist es für den Anwender unzumutbar, dies selbst durchzuführen.

Benutzergruppen

Die Möglichkeit, *Benutzergruppen* zu bilden und sinnvoll zu nutzen, zeigt sich besonders unter *Unix* als schwierig, da dieses System im Gegensatz zu den beiden anderen die Systemadministration kaum beim gruppenspezifischen Datei- und Verzeichnismanagement unterstützt. Auch ist unter Unix die Mehrfachgruppenzugehörigkeit nur durch expliziten Gruppenwechsel des *Anwenders* erreichbar. Beim *LAN-Manager* und unter *NetWare* addieren sich die Rechte eines Benutzers und seiner Gruppenzugehörigkeiten zumindest teilweise. Dadurch genügt es meist, die Gruppenrechte detaillierter auszuführen und einen Benutzer dann einer oder mehreren Gruppen zuzuweisen. Sinnvolle Gruppen können eine Abteilung oder ein Bereich (z. B. Gruppen analog den Unternehmensbereichen, mit zusätzlichen Rechten für Abteilungs- und Bereichsleiter etc.) sein.

---

7   Z. B. über Batch-Dateien oder spezielle Menüs (vgl. Kapitel 6.4), in denen diese Netzdienste bzw. die dahinterstehenden Befehle eingebaut sind.

Ablaufprotokollierung

Die Unterstützung der *Ablaufprotokollierung,* die bei allen drei Systemen realisierbar ist, erfüllt Aufgaben aus den Bereichen *Datenschutz* und *Datensicherheit.*

Zum einen ermöglicht dieser Mechanismus das Zurückverfolgen von Eindringversuchen und Manipulationen am System. Andererseits bietet es in gewissem Umfang Möglichkeiten, durch Rekonstruktion von Abläufen Systemänderungen rückgängig zu machen.

Transaktionsfortschreibung

Ein weiterer Sicherungsmechanismus ist die *Transaktionsfortschreibung* (Transaction Tracking System; *TTS*) unter *NetWare.* Dieses System schützt Datenbestände während einer Manipulation. Solange die Änderung von *Daten* eines laufenden Prozesses nicht abgeschlossen und vollständig auf die Festplatte geschrieben ist, werden die vorherigen Daten nicht geändert.

In diesem Zusammenhang weist *NetWare* eine weitere Besonderheit auf. Das Löschen von Dateien führt nicht wie bei anderen Systemen dazu, daß der entsprechende Platz auf der Festplatte sofort zum Überschreiben freigegeben wird. Vielmehr bleiben die *Daten* solange erhalten, wie weiterer Speicherplatz auf der Platte verfügbar ist. Erst dann erfolgt die Freigabe des Speicherplatzes der Daten, deren Löschmarkierung am ältesten ist. Versehentlich gelöschte Daten können so nach einem längeren Zeitraum oft vollständig rekonstruiert werden.

Datensicherheit

Den Komplex der *Datensicherheit* sollte das System mit weitestgehend automatisch ablaufenden Diensten unterstützen. Die *Datensicherung,* der Schutz vor Datenverlusten durch Gerätefehler oder menschliches Versagen wird, da sie mit Arbeit verbunden ist, noch viel zu häufig vernachlässigt. Dabei zeigt bereits ein kleines Rechenexempel mit einer 30-MB-Festplatte eines lokalen Rechners die möglichen Folgen eines Ausfalls auf.

Kosten von Datenverlusten

Sofern auf der Festplatte lediglich Programme und keine Daten gespeichert sind, kann die Neuinstallation aller Programme bereits bei nur 10 komplexeren Anwendungsprogrammen zwischen 10 und 60 Stunden dauern.[8]

---

8   Beispielsweise werden Programme wie Clipper 5.0 als komprimierte Dateien geliefert. Die Installation von den Original-Disketten kann somit auf einem AT bis zu 3 Stunden dauern.

Befinden sich jedoch auf der Platte nur Texte und *Daten*, so entsprechen 30 MB ca. 30 Millionen Buchstaben und Ziffern. Passen nun etwa 60 Zeilen mit jeweils 50 Zeichen pro Zeile auf eine Seite, entspricht dies bereits 10 000 Blatt Papier. Muß dieser Datenbestand nun erneut von Hand eingetippt werden, folgt daraus, daß eine Schreibkraft mit ca. 250 Anschlägen pro Minute 120 000 Minuten (50 Arbeitswochen) benötigt. Hieraus resultieren bei einem Stundensatz von 20,– DM Kosten in Höhe von ca. 40 000,– DM alleine für Tipparbeit – von möglichen organisatorischen Problemen ganz zu schweigen.[9]

Den entsprechenden Schutz bieten mittlerweile fast alle Systeme unter anderem durch automatische Funktionen wie Mirroring, Duplexing und UPS sowie durch Backup-Systeme.

Mirroring

Sowohl *NetWare*, als auch der *LAN-Manager* (ab Version 2.0) bieten die Möglichkeit, die Festplatte zu spiegeln (*Mirroring*). Durch den Einsatz einer weiteren Festplatte kann der *Server* bei Plattendefekten oder -ausfall sofort und ohne Datenverluste auf die zweite Platte umschalten. Unter *Unix* läßt sich dies meist nur durch Zusatzsoftware erreichen.

Duplexing

Dieses Prinzip kann noch durch den Einsatz eines zweiten Controllers und Plattenzugriffskanals (*Duplexing*) ergänzt werden. Dies ermöglicht Systemen wie *NetWare* und *3+Open* auch Defekte an diesen Bauteilen abzufangen. Nebeneffekt des Duplexing ist ein schnellerer Zugriff auf die *Daten* über beide Kanäle gleichzeitig, da die Datenbestände auf beiden Platten identisch sind.

UPS

Die Unterstützung einer unterbrechungsfreien Stromversorgung (*UPS*) ist mittlerweile für alle Server-Systeme unerläßlich. Da das Dateisystem eines Rechners (abgesehen unter DOS oder OS/2 bis v1.1) bei Stromausfall zu Schaden kommt, ist die Implementation dieses aus der Großrechnerwelt stammenden Sicherungsprinzips dringend ratsam.

Der weniger automatisierbare Teil der *Datensicherung* bezieht sich auf das Kopieren der Datenbestände auf andere Medien.

---

9   Vgl. Gebauer, R. (1991), S. 44.

Backup-Systeme

Für kleine Datenbestände auf wenigen Einplatzsystemen ist die Sicherung der *Daten* mittels Disketten und den Routinen des Rechnerbetriebssystems zwar umständlich, jedoch durchaus ausreichend und kostengünstig.

Etwas mehr Benutzerkomfort sowie die Integration von Datenkompressionsalgorithmen bieten Zusatzprogramme[10] bereits ab ca. 200,– DM.

Für größere Datenbestände von Einplatzsystemen und für *Netzwerke* sind diese Systeme unzureichend. Für umfangreiche *Datensicherung* kommen prinzipiell drei Medien in Frage:

Zum einen ist die Sicherung der *Daten* mittels Streamer-Kassetten möglich. Die Kosten entsprechender Geräte belaufen sich auf 2 000,– bis 10 000,– DM in Abhängigkeit von deren Kapazität (150 MB bis 2 GB). Die zugehörigen Kassetten kosten zwischen 25,- und 60,– DM.

Desweiteren besteht die Möglichkeit des Einsatzes wiederbeschreibbarer magnetooptischer Laufwerke mit Speicherkapazitäten um 600 MB (Kosten: ca. 10 000,– plus 600,– je Plattenkassette). Diese Form der *Datensicherung* bietet zusätzlich die Möglichkeit, die *Daten* ohne Recovery-Lauf (Rückspulen der Daten) zu nutzen, da die MO-Disks wie eine Diskette vom System bearbeitet werden kann.[11]

Die systemseitigen Voraussetzungen sind vorrangig die Unterstützung entsprechender *Treiber* für diese Geräte. Für alle drei *Netzwerkbetriebssysteme* sind diverse Treiber verfügbar. Bei *NetWare* (LARCHIVE bzw. NBACKUP) und unter *Unix* (tar) sind bereits Sicherungsprogramme enthalten. Der Zukauf von *Backup-Systemen* von Drittanbietern ist allerdings oftmals die sinnvollere Lösung, da diese Systeme teilweise mehrere Rechnertypen, *Betriebssysteme*, Dateisysteme (*FAT*, *HPFS* etc.) und Sicherungsmedien unterstützen.

Großrechnerplatte

Im Zuge der Preissenkungen für Plattenssyteme von Großrechneranlagen existiert noch eine dritte Möglichkeit, die allerdings zu internen (Macht-)Konflikten mit dem Rechenzentrum führen kann.[12] Dies ist die Sicherung der Datenbestände aller Festplatten auf den *Großrechner*.

Insbesondere auf *Multi-Tasking*-Systemen kann dies automatisiert werden. Weder die Anwender noch die Netzwerk-Administration müssen dafür eingreifen. Inwieweit dies in

---

10   Beispiele für den DOS-Bereich sind FAST-Backup oder das Modul PC-Backup der PC-Tools.
11   Vgl. u. a. Szymannski, B. (1991), S. 28–30.
12   Üblicherweise herrscht zwischen dem Personal der Großrechner und dem der für Personal Computer und LANs zuständigen Mitarbeitern ein gewisser (philosophischer) Machtkampf.

den einzelnen Betrieben realisierbar ist, ist unter anderem Aufgabe einer Kostenver-
gleichsrechnung.

Blitz-Installation

Eine weitere Möglichkeit der *Datensicherung* besteht für die *Clients* eines Netzwerkes
mit eigenen Festplatten. Bei ausreichender Kapazität der Serverplatten können die *Daten*
und Programme der angeschlossenen Rechner zumindest teilweise auf den *Server* gesichert werden. Dies erspart den Anwendern die *Datensicherung* des eigenen Rechners mittels Disketten. Dabei ist zusätzlich die Verwendung sogenannter Datenkompressionspro-
gramme möglich. Dies reduziert den benötigten Speicherplatz auf dem Server um ca. 20
bis 50 Prozent. Durch Boot-Disketten mit entsprechenden Batch-Dateien[13] ist so ein
Rechner mit einer 40 MB Festplatte in ca. 30–40 Minuten vollständig neu installierbar.

Die zentrale Sicherung aller dezentralen Datenbestände mit einem einzigen Medium ist
derzeit kaum möglich. Durch organisatorische Maßnahmen läßt sich die *Datensicherung*
allerdings erheblich vereinfachen. Die zentralisierte Verwaltung und Archivierung
gemeinsam benutzter *Daten* auf wenigen *Servern* (Daten-Servern) führt hier bereits zu
Verbesserungen. Da zudem in zunehmendem Maße Netzwerk-Versionen der
Anwendungsprogramme verfügbar werden, ist dieser Bereich auch durch Einrichten von
Application-Servern zentralisierbar.[14] Letztlich muß jedoch ein unternehmensspezifisches
Mittelmaß zwischen Dezentralisation und Zentralisation gefunden werden.

6.3 Fehlersuche und Lastoptimierung

Mit wachsender Anzahl der Stationen pro Netzwerk, mit dem Ansteigen der logischen
Komplexität und Heterogenität des Systems nehmen auch die Fehlerquellen und der
Datenverkehr im Netz zu. Dies macht Werkzeuge zur *Fehlererkennung* und
Lastoptimierung (maintenance and performance management) erforderlich. Die dafür
erforderlichen *Netzdienste* umfassen folgende Funktionen, die sich wiederum teilweise
beeinflussen und überschneiden:

– Der Funktionsbereich *Fehlermanagement* beinhaltet Hilfsmittel zur Fehlerprophylaxe,
  Fehlererkennung und Fehlerbehebung.
  – Durch *Netzwerkstatistiken* können Auslastung und auftretende Fehler erkannt
    werden.
  – Werkzeuge zur *Netzwerkdiagnose* unterstützen das Lokalisieren der Ursachen
    erkannter Fehler.

---

13   Inhalt dieser Disketten sind (für NetWare unter DOS) u. a. die wichtigsten Betriebssystemdateien,
     Netzwerkdateien (z. B. ipx und net3) sowie Batch-Dateien, die die Daten und Programme zurückko-
     pieren und möglicherweise entkomprimieren.
14   Vgl. auch Kauffels, F.-J. (1988), S. 218–219.

– Im Funktionsbereich *Lastoptimierung* bzw. Netztuning sind Hilfsmittel zur Messung und Verbesserung des Leistungsverhaltens nötig.
– Dabei dienen *Monitoring-Tools*[15] der Leistungsmessung und Fehlersuche und
– Netztuning-Tools der Optimierung des Datenverkehrs im System.

Häufigste Ursache für Fehler und Lastengpässe sind neben Hard- und Softwarefehlern Ungenauigkeiten und Fehler bei der Konfiguration des Systems und seiner Komponenten. Dadurch wird bereits deutlich, daß dies ein Bereich für Techniker mit fundierten Software- und vor allem Hardwarekenntnissen ist.

Fehlermanagement

Das *Netzwerk-Management* bezieht sich auf verschiedene Schichten, innerhalb derer die Netzwerkhersteller die jeweiligen Protokolle durch unterschiedliche *APIs* unterstützen.

Netzwerkstatistiken

Die Netzwerk-Server sorgen im Falle des *LAN-Managers* und auch bei *NetWare* für diverse *Netzwerkstatistiken*. Diese geben zwar einen groben Überblick für die Lokalisation der Fehlerquellen, für das *Fehlermanagement* reicht dies jedoch kaum.

Netzwerkdiagnose

Durch Werkzeuge zur *Netzwerkdiagnose* sollen diese Fehlerquellen aufgedeckt werden. Hauptproblem dabei ist, daß jedes Netzwerkprotokoll mit anderen *Netzwerk-Management-APIs* arbeitet – *SNMP* (Simple Network Management Protocol) für *TCP/IP*, CIMP (Common Management Information Protocol) für *OSI*, NetView für IBM, SNM (SunNet Manager) für SUN, SMA (System Management Architecture) für Siemens (BS2000, Sinix) etc.[16] Neben den Protokollen zur Internetzwerk-Kommunikation ist auch die Kenntnis der Netzwerk-Management-*Protokolle* nötig, die die verwendeten *Bridges*, *Router* oder *Brouter* unterstützen.[17] Die Hersteller dieser Systemkomponenten bieten zwar häufig ebenfalls Netzwerk-Management-Produkte an, die Mehrzahl unterstützt jedoch nur eigene Systemkomponenten (*Bridges* etc.). Nur wenige Hersteller dieser Komponenten sind sichtlich bereit, bei Netzmanagement-Werkzeugen auch Konkurrenzprodukte zu unterstützen.

In *heterogenen* Netzen vom Typ 2 (*Multivendor*-Netzen) ist derzeit eigentlich nur der parallele Einsatz mehrerer Netzwerk-Management-Werkzeuge sinnvoll, sofern sich die unterstützen Protokolle der einzelnen Werkzeuge überschneiden. Vor allem die Protokolle *SNMP* und CIMP kristallisieren sich zunehmend als Standard heraus. Der NCRNet

---

15   Vgl. auch Law, G. (1990), S. 70–74.
16   Vgl. Kessler, A. (1991), S. 19 und Sydekum, R. (1990), S. 65–69.
17   Vgl. Hurwicz, M. (1991b), S. 40.

Manager von NCR[18] bietet hier beispielsweise, neben wenigen anderen, Netzwerk-Management-Werkzeuge für *Multivendor*-Netze. Dieses System unterstützt über eine windowsähnliche grafische *Benutzeroberfläche* die *Betriebssysteme DOS, OS/2* und *Unix*, die *Topologien Ethernet, Token-Ring* und *OSI*, die *Protokolle X.25*, SNA, *OSI* und *TCP/IP* sowie die Netzwerk-Management-Protokolle *SNMP*, CIMP und NMVT. Dadurch soll das integrierte Management von Unix und OS/2-Servern und -Clients, DOS-Workstations und Datenbanken möglich sein. Da zudem das NetView von IBM unterstützt wird, müßte auch NetWare 386 integrierbar sein, da dieses Produkt die Unterstützung von IBMs NetView beinhalten soll.[19]

Netztuning

Die *Netzwerkdiagnose* dient nicht nur dem Auffinden von Fehlern, sondern auch der Überwachung und Kontrolle sowie Optimierung eines Netzes. Diese Kontrolle, das sogenannte Monitoring bzw. die entsprechenden Werkzeuge, die LAN-Monitore, sind vergleichbar mit dem Tachometer und den sonstigen Amaturen eines Autos.

Monitoring

Solche umfangreicheren Analyse-Werkzeuge (auch LAN-Sniffer genannt) rentieren sich meist erst ab ca. 50 Benutzern im Netz. Der Leistungsumfang komplexerer Monitore[20] läßt sich in die Bereiche Alarm, Statistiken, Reports und Tests gliedern, wobei gerade die Tests von Kabelfehlern oder Tranceiverproblemen bereits bei der Installation eines Netzes von Bedeutung sein können. Die Reports lassen sich zudem häufig in gängige Tabellenkalkulationen und Datenbankprogramme übertragen und unterstützen somit die weitere Auswertung und Dokumentation.[21]

Wie aus dem Überblick bezüglich der Werkzeuge zur Fehlerdiagnose bereits hervorgeht, sollten auch die LAN-Monitore entsprechende Standards, wie z. B. *SNMP*, unterstützen. Eine Möglichkeit für *Ethernet*-Netze ist „LANtern" von Novell, das auf SNMP basiert und derzeit zumindest IP-Router unterstützt. Eine andere Alternative könnte „Lanscope" von Connect Computer werden, sofern deren Ankündigungen, die Unterstützung von NetWare 286 (*VAP*), *Token-Ring, Ethernet, SNMP*, OS/2-LAN Manager, NetWare 386 (*NLM*), *X.25* und NetView, zutreffen.[22]

---

18   Vgl. NCR (Hrsg.) (1991).
19   Vgl. Kessler, A. (1991), S. 19, Sydekum, R. (1990), S. 65–69 und NCR (Hrsg.) (1991).
20   Beispielsweise Watchdog von Network General für Ethernet-Netze mit ISO, XNS, IPX, TCP/IP oder DECNet.
21   Vgl. Schepp, Th. (1991c), S. 74–77.
22   Vgl. Schepp, Th. (1991d), S. 49–54.

Tuning

Für den Bereich des Netztunings gelten die gleichen Restriktionen wie für die Monitoring-Produkte. Eine nähere Auseinandersetzung mit dieser Problematik bleibt technik-orientierten Arbeiten überlassen.

6.4 Zusatzdienste

Die Bezeichnung *Zusatzdienste* soll jene *Netzdienste* zusammenfassen, die sowohl das *Netzwerk-Management* als auch den einzelnen *Anwender* unterstützen. Hierunter fallen folgende Funktionen und *Netzanwendungen*:

– Über zeichen- oder grafikorientierte *Benutzeroberflächen* sind Anwendungen und *Netzdienste* auch für weniger geschultes Personal schnell zu erreichen.
– Die Verfügbarkeit unterschiedlicher virtueller Terminals bzw. einer *virtuellen Konsole* verbessert das Arbeiten an anderen Rechnern.
– Durch *Electronic-Mail* kann der Fluß von Kurzinformationen, Nachrichten etc. beschleunigt werden.
– Der Fern-Prozeduraufruf (remote procedure call; *rpc*) stellt schließlich die Basis dafür dar, daß sich Programme innerhalb eines Netzwerkes über mehrere Rechner verteilen lassen.[23] Auf dieser Funktion bauen viele *Netzdienste* (*Client-Server-Konzept, NFS* etc.) auf.

Benutzeroberflächen

Die Verwaltung aller drei Systeme ist über *Benutzeroberflächen* in unterschiedlichster Qualität möglich (vgl. auch Kapitel 5.3). Um die täglichen Routinearbeiten zu vereinfachen, unterstützen die *Netzwerkbetriebssysteme* zudem noch andere Arten von *Benutzeroberflächen*. *NetWare* stellt hierzu eine Menü-Programmiersprache, der *LAN-Manager* den MS-DOS Manager bzw. den Presentation Manager unter OS/2 und *Open Desktop* ODT-View (Motif) zur Verfügung. In diese Benutzeroberflächen lassen sich Applikationen auch unter Verwendung von Netzwerkbefehlen und -diensten einbinden.

---

23 Vgl. De Heus, A. (1991), S. 67–74.

Electronic-Mail

Electronic-Mail wird zwar im Rahmen der *Netzdienste* zur Administration (vgl. Abbildung 6.4[24]) unterstützt, jedoch läßt sich damit kaum ein benutzerfreundliches System zum Nachrichtenaustausch in *Multivendor*-Netzen realisieren. Für *heterogene* Netzwerke vom Typ 1 bieten die meisten Hersteller und Drittanbieter Systeme an, die diesbezüglich über mehr Funktionen verfügen. In *heterogenen* Netzen vom Typ 2 (*Multivendor*-Netzen) bestehen derzeit nur zwei Möglichkeiten. Zum einen kann der Nachrichtenaustausch teilweise durch RDBMS-Systeme mit integrierten E-Mail-Funktionen realisiert werden. Zum anderen bleibt die weitere Entwicklung des *X.400*-Standards und dessen Einbindung in die *Netzwerkbetriebssysteme* abzuwarten.

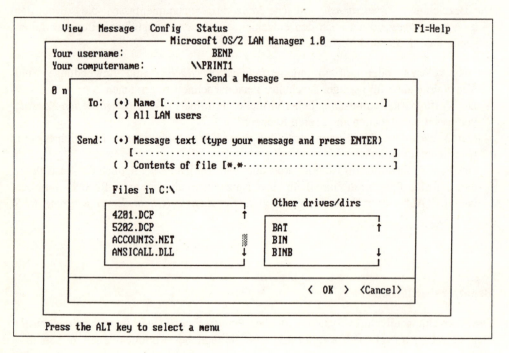

Abbildung 6.4:   Electronic-Mail unter 3+Open

RPC

Die letzte Netzanwendung aus dem Bereich der Zusatzdienste, der *rpc*, wird mittlerweile von allen Netzwerkbetriebssystemen, die das *Client-Server-Konzept* unterstützen, als Netzdienst für Anwendungsentwickler zur Verfügung gestellt. Für Anwender bzw. Netz-Administratoren ist dieser Dienst nur indirekt über *NFS* oder verteilte Datenbanken bzw. Anwendungen nutzbar.

---

24   3COM Corporation (Hrsg.) (1989c), S. 2–40.

Jeder Netzwerkhersteller bietet mittlerweile auch Management-Tools zu den eigenen Netzwerk-Lösungen an. Die Anforderungen an die Netzmanagementdienste sind jedoch abhängig von der Größe des Netzwerkes und den Bedürfnissen des Betreibers. Einflußfaktoren sind meist:[25]

– Umfang und Komplexität des Systems (Heterogenität),
– Leistungsniveau (performance management),
– Kosten von Ausfallzeiten (maintenance),
– Kostenkontrollerfordernisse (accounting) und
– Ausbildungsstand des Personals.

Anfänglich erscheint das Netzmanagement oft auf reine *Netzwerk-Administration* beschränkt. Der Ausbau und das Wachstum der Netzwerkes geschieht unmerklich bis zum „perfekten Chaos". Komplexere Netzwerk-Management-Dienste sind in kleinen Netzen noch nicht erforderlich. Um jedoch langfristig den Überblick zu behalten, ist eine gute Dokumentation aller Komponenten (*Topologien*, Kabel, Segmentkomponenten etc.), Hardwaresysteme, der Konfiguration der Systeme und eingesetzten Software sowie Auslastungsgrades des Systems erforderlich. Nur so können frühzeitig strukturelle Änderungen (*Repeater*, *Bridges*) und der Einsatz erst kleinerer, später komplexerer Management-Tools geplant und rechtzeitig umgesetzt werden.

---

25   Vgl. Chylla, P./Hegering, H.-G. (1988), S. 249 f.

7. Zusammenfassung und Entwicklungstendenzen

Die Standardisierungsbestrebungen und deren Umsetzung schreiten voran. Der Weg zu einer sowohl für das *Netzwerk-Management* als auch für den *Anwender* transparenten Lösung ist jedoch noch weit.

Die derzeit noch „sicherste" Lösung bleibt der Versuch, nur *heterogene* Netze des Typs 1 (unterschiedliche Rechnerbetriebssysteme; ein einheitliches Netzwerkbetriebssystem) zu implementieren.

7.1 Resümee aus Anwendersicht

Eine der Hauptfragen ist nach wie vor offen. Welche Hardware und welche *Betriebssysteme* und *Benutzeroberflächen* sind für den betriebswirtschaftlichen Bereich eines Unternehmens am geeignetsten?

Diese Frage kann mit Sicherheit weder pauschal noch endgültig beantwortet werden. Es lassen sich allerdings zumindest Tendenzen erkennen.

DOS

Nach den Berechnungen des renommierten Marktforschungsunternehmens IDC liefen 1990 noch rund 85 Prozent aller *Personal Computer* in Deutschland unter dem *Betriebssystem MS-DOS*. Auch für die nahe Zukunft zeigen die Prognosen, daß keines der alternativen Systeme (OS/2, Macintosh-OS und Unix) *DOS* ablösen kann. Nach Angaben von IDC soll DOS 1995 noch immer mit 60 Prozent vertreten sein.[1]

Eine noch mangelnde Verfügbarkeit von Standardsoftware für OS/2 und Unix, die Möglichkeiten von *Windows* 3.0 und die deutlich bessere Bedienung sowie das bessere Speichermanagement von DOS 5.0 (bis zu 610 KB RAM) geben nicht unbedingt Anlaß dazu, auf andere Betriebssysteme umzusteigen.[2] Hinzu kommt noch, daß viele ältere *Personal Computer* mit *8086/8088 (XT)* bzw. *80286 Prozessoren* eingesetzt werden.

Für eine Textverarbeitung oder auch einfache Tabellenkalkulationsanwendung sind Rechner mit *80286*-Prozessoren mittlerweile fast unumgänglich. Die Software ist zwar häufig auch noch auf einem *XT* lauffähig, die Antwortzeiten sind jedoch zu langsam. Da diese Rechner zunehmend ihre maximale Lebensdauer erreicht haben bzw. die Reparaturkosten der alten Systeme teilweise im Bereich der mittlerweile im Preis gefallenen *80386*

---

1   Vgl. o. V. (1991c), S. 11.
2   Vgl. Schieb, J. (1991), S. 316–326.

Rechner liegen, löst sich dieses Problem sukzessive von selbst. Mit einem *80386 SX*[3] und 2 bis 4 MB *XMS*-Hauptspeicher lassen sich bereits unter *DOS* auch ohne *Windows* beachtliche Leistungen erzielen. Programme wie Lotus 1-2-3 (mit *EMS*-Unterstützung) oder Autocad (mit *XMS*-Unterstützung über DOS-Extender) nutzen diesen Speicher im Gegensatz zu DOS sogar aus.

Benutzeroberflächen

Allerdings wird eine vernünftige *Benutzeroberfläche*, die der Anwender intuitiv bedienen kann, gebraucht. Ob, und inwieweit Systeme wie *Windows*, *Presentation Manager*, *Motif* etc. dem genügen, ist fraglich, insbesondere solange die sogenannte Intuition, mit der diese Benutzeroberflächen angeblich bedienbar sind, stark gewöhnungsbedürftig ist. Hinzu kommt noch, daß bei Lösungen wie *Windows* Hauptspeichergrößen von 4 MB und mehr[4] mittlerweile unumgänglich sind. Doch dies ist ein eher technisches Problem, welches bei Adaption der neuen TV-Techniken bald gelöst sein wird. Der Grad der Standardisierung bzw. Vereinheitlichung dieser *Benutzeroberflächen* hängt in hohem Maße auch vom Ausgang der juristischen Streitigkeiten über Copyrights zwischen Apple und den anderen Herstellern von Benutzeroberflächen ab. Neben Windows von Microsoft bestehen auch noch Alternativen wie NewWave von HP oder Desqview von Quaterdeck, deren Eigenschaften allerdings prinzipiell gleich sind. Langfristig ist der Trend zu *Client-Server*-Oberflächen wie *X-Window* die wohl geeignetste Lösung, da so vorrangig die einzelnen *Server* und nicht alle Arbeitsplätze mit einem Hauptspeicher größer 4 MB aufgerüstet werden müssen.

OS/2

Beim Vergleich der „hochtrabenden" Ankündigungen zur *OS/2*-Entwicklung mit dem derzeitigen Verhalten von Microsoft und den Softwareherstellern hat sich seit der Forcierung von Windows einiges geändert. Obwohl *OS/2* die Fähigkeiten zumindest der *80286 Prozessoren* voll ausnutzt und auch auf *80386* Systemen ein brauchbares *Multi-Tasking* möglich ist, besteht spätestens nach Einführung von *Windows* 3.0 kaum noch ein dringender Bedarf für dieses System. Nur in wenigen Einsatzbereichen existiert Software (z. B. SPSS für OS/2), die neben der Unterstützung des *Presentation Managers* deutlich mehr Leistung gegenüber den entsprechenden DOS-Varianten zeigt.

---

3   Die 80386 SX-Systeme sind die „kleine" Ausgabe der 80386 DX-Systeme. 80386 SX-Rechner arbeiten intern wie ein DX mit einem 32 Bit-Bus; extern jedoch wie ein 80286 über 16 Bit-Datenleitungen (jedoch bei i. d. R. höherer Taktfrequenz (16–33 MHz)).

4   Bei Verwendung komplexer Programme sind Hauptspeichergrößen von 8 MB (z. B. Art & Letters, Corel Draw, Designer etc.) angebracht.

Unix

Unix als der Klassiker unter den *Betriebssystemen* für Arbeitsplatzrechner erfährt momentan eine Renaissance. Durch die Einführung von anwenderfreundlichen *Benutzeroberflächen* (*X-Window*, *Motif* etc.) entwickelt sich dieses System zu einem Betriebssystem mit dem auch der einfache Anwender arbeiten kann.

Zudem lassen sich durch die *Multi-User-/Multi-Tasking-Fähigkeit* von *Unix* in Verbindung mit *NFS* und *X-Window* recht einfach verteilte Systeme nach dem *Client-Server-Konzept* realisieren.

Bei der Betrachtung des derzeitigen Entwicklungsstandes der Rechner- und Netzwerkbetriebssysteme existieren abgesehen von *Unix* prinzipiell nur nicht-kommunikationsfähige *Betriebssysteme*, die mittels Ergänzungssoftware (*NetWare*, *LAN-Manager* etc.), unter Schwierigkeiten auf allen Ebenen, verbunden werden.

Der stark verbreitete Klassiker der unteren Schichten, *Ethernet*, wird durch eine Verbilligung der entsprechenden Komponenten in ca. 3–5 Jahren durch das schnellere *FDDI* mit seiner höheren Bandbreite abgelöst werden. Dies erfordert auch neue, angepaßte *Protokolle*, die jene noch aus der WAN-Telephonleitungswelt stammenden Protokolle (*TCP/IP*, OSI TP4, *IPX/SPX* und *NetBios*) ablösen. Kurz- bis mittelfristig sind jedoch akzeptable Lösungen, z. B. auf Ethernet- oder Token Ring-Basis, zu finden.

TCP/IP

Die Fähigkeiten der *TCP/IP-Netzdienste* lassen aus *Anwendersicht* viele Wünsche offen. Sowohl die *FTP-*, als auch die *Telnet*-Dienste entsprechen derzeit nicht mehr den Anforderungen bezüglich *Benutzerfreundlichkeit* und Flexibilität. Erst durch das auf *UDP* basierende *NFS* in Verbindung mit den auf *rpc*-basierenden Client-Server-Datenbanken lassen sich akzeptable Lösungen realisieren. Durch die zunehmende Unterstützung von *NFS* auch für andere *Betriebssysteme* ist eine Integration der Datenverarbeitung auch in *heterogenen* Netzen (Typ 1) möglich. Klare Schwachstelle bleibt dabei das veraltete und für „Workgroup Computing" unzureichende Schutzsystem von *Unix*, welches möglicherweise in Verbindung mit Portable NetWare verbessert werden kann.

NetWare

Kaum jemand stellt in Frage, daß *NetWare* ein brauchbares und schnelles *Netzwerkbetriebssystem* ist. Doch die Kritik der NetWare-Benutzer nimmt zu. Dabei wiederholen sich die sechs folgenden Kritikpunkte recht häufig:[5]

---

5   Vgl. u. a. o. V. (1991a), S. 12–13.

- Support:

  Trotz der großzügigen Preise von *NetWare*, überläßt Novell die Kundenbetreuung den deutschen Distributoren, die dafür beträchtliche Gebühren erheben. Erste Verbesserungen zeichnen sich allerdings durch die Mailbox NetWire auf Compuserve ab. Die Kosten betragen ca. 27 US$/Stunde mit einer Antwort meist innerhalb von 24 Stunden.

- Dokumentation:

  Die englische, in NetWare-„Chinesisch" („Inherited Rights Mask", „Trustee Right", „SPX-Connection" etc.) gehaltene Dokumentation ist recht unübersichtlich. Trotz einem hohem Marktanteil in Deutschland (bzw. mittlerweile 40 % Gesamtanteil) ist keine deutsche Fassung erhältlich.

- *Benutzeroberfläche*:

  Die Benutzeroberfläche hat sich optisch seit NetWare 86 nicht geändert. Es sind lediglich viele Funktionen hinzugekommen, die unübersichtlich in Menü-Zweigen versteckt sind. Viele Befehle sind nach wie vor nur über eine Befehlszeile mit vielen Parametern (analog der Unix-Benutzeroberfläche Burne-Shell) einzugeben. Dieser Punkt erscheint um so gravierender, als die Novell-Tochter „Management Software" LANTern im neusten Windows-Look anbietet. Auch statten Firmen wie beispielsweise Microsoft ihre Produkte (*LAN-Manager*) mit deutscher Benutzeroberfläche aus.

- *Netzdienste*:

  Erst ab NetWare 386 existiert die Möglichkeit der Installation dezentraler *Print-Server*, die vormals nur durch diverse Zusatzprogramme realisierbar waren. Andere Werkzeuge wie *Electronic-Mail* wurden von Novell in Zusatzprodukte (gegen Aufpreis) ausgelagert. Der Netzdienst *Accounting* wird derzeit noch kaum genutzt.

- Produktankündigungen:

  Die bereits für NetWare v3.1 angekündigte Unterstützung von *TCP/IP* und Macintosh wurde wieder einmal verschoben. Bereits bei der Ankündigung von SFT III stellte NetWare seine Kunden in ähnlicher Weise auf die Geduldsprobe.

- Veränderungen:

  Mit NetWare 386 ändert sich unter anderem die Struktur für die *Zugriffsrechte*, die bei der Umstellung von NetWare 286 auf 386 neu anzulegen sind.

Weitere Probleme überläßt Novell den Herstellern der Applikationen. So wird beispielsweise bei Textverarbeitungen wie WORD im Netz sowohl die Textdatei, als auch die Druckformatvorlagen etc. vollständig gesperrt (File-Locking). Der Anwender bemerkt dies allerdings erst beim Versuch des Abspeicherns. Die Änderungen am Dokument müssen erneut getätigt werden.

Trotz aller Kritik scheint *NetWare* derzeit die flexibelste Lösung zur Vernetzung verschiedener *Betriebssysteme* zu sein.

Treffen die Ankündigungen für NetWare 386 3.11 zu, lassen sich unter diesem *Netzwerkbetriebssystem* nahezu alle *Personal Computer* und *Workstations* vernetzen. Zudem ist durch NetWare for MVS[6] die transparente Vernetzung mit IBM-Hostsystemen über SNA-*Gateways* möglich. Dabei kann der *Großrechner* als NetWare-*File-Server* und für den *File-Transfer* (EBCDIC/ASCII) von bzw. nach dem *Host* eingesetzt werden.[7]

LAN-Manager

Der *LAN-Manager* 2.0 liegt bezüglich seiner Eigenschaften derzeit zwischen NetWare 286 und NetWare 386. Durch den stärkeren Wettbewerb der verschiedenen Hersteller und deren Ergänzungen (z. B. *3+Open*) ist er durchaus mit *NetWare* 386 3.x vergleichbar. Neben der im Vergleich zu NetWare anwenderfreundlicheren (*SAA-*)*Benutzeroberfläche* und der deutschen Version läßt sich der Hauptvorteil des LAN-Managers, die bessere Unterstützung von Client-Server-Anwendungen, erst in Netzwerken mit *verteilter Verarbeitung* ausnutzen. Hinzu kommt noch, daß durch den LM/X von HP und 3COM zumindest eine LAN-Manager-Client-Umgebung für *Unix*-Systeme existiert.[8]

PC-NFS

In Bereichen, in denen vorwiegend *DOS* und *Unix*-Systeme im Einsatz sind, bietet *NFS* in Verbindung mit PC-NFS eine akzeptable Lösung mit folgenden Netzdiensten an:[9]

– Nutzung der Remote-Festplatten über File-Sharing (*File-Server*, *Application-Server* etc.);
– *File-Transfer* mit *rcp* und *FTP*;
– Nutzung der Remote-Drucker (*Print-Server*);
– Arbeiten am Host mit rsh, rcmd und Telnet (zunehmend auch über *X-Window*);
– *Electronic-Mail* über *SMTP*;
– Backup der lokalen Platten über das Netz;
– *Yellow Pages* (YP; *Name-Service*) zur netzweiten Verteilung der Datenbestände bezüglich IP-Adressen und Ethernet-Adressen.

Durch entsprechende Zusatzprodukte[10] lassen sich so auch *OS/2*-Rechner einbinden.

DOS – Unix – NetWare

Sofern von einer optimalen Lösung überhaupt die Rede sein kann, dürfte diese derzeit in einer Kombination von *DOS* mit *Windows* 3.0 und *Unix*-Rechnern mit *Motif*, vernetzt mit *NetWare* 386, *TCP/IP* und *NFS* auf *Ethernet*- bzw. *FDDI-Backbone*-Basis liegen.[11]

---

6   Ein Produkt der Firma Phaser, die NetWare-OEM und Business Partner von IBM ist.
7   Vgl. Bamberg, K. P. (1991), S. 55–57.
8   Vgl. u. a. Kauffels, F.-J. (1991), S. 82–87.
9   Vgl. u. a. Langwald, M. J. (1991), S. 60–62.
10 TCP/IP und NFS für OS/2.
11 Vgl. u. a. Schmidbauer, U. (1991), S. 100–104 sowie Baumgarten, Ch. (1991), S. 124–128.

Dabei können, sofern das NetWare NFS hält, was es verspricht, sowohl NetWare als auch über das NFS eingebundene Unix *File-Servern* die *Netzdienste* und Ressourcen zur Verfügung stellen. In Verbindung mit Portable NetWare können dann möglicherweise auch die Schutzmechanismen von NetWare transparent (*Name-Server* und *Domain-Server*) im gesamten Netz realisiert werden. Die Einbindung von *OS/2-* und Macintosh-Systemen bleibt dann den Zusatzprodukten von Novell überlassen (NFS oder NetWare for OS/2 bzw. Macintosh). Ob und inwieweit dies letztlich möglich wird, muß die Zukunft zeigen. Stehen Client-Server-Anwendungen im Vordergrund, hat *Unix* derzeit „klar die Nase vorn".[12]

Client-Server und Database-Server

Wenn auch die Netze noch etwas umständlich integriert werden müssen, bleibt nach wie vor zur Integration der Datenbestände ein anderer, teilweise paralleler Weg, der im Auge zu behalten ist – die Integration der *Daten* durch relationale Client-Server-Datenbanken (RDBMS), wie beispielsweise Oracle oder Ingres.

Beide Systeme haben dabei ihre eigenen Stärken, auf die hier im Detail nicht näher eingegangen wird. Beim derzeitigen Stand der Entwicklung unterstützt Oracle die meisten *Betriebssysteme* (u. a. DOS, OS/2, Unix, MVS etc.) sowie Großrechner-Datenbanken (u. a. DB/2 und SQL/DS).[13] Ingres hingegen setzt den Schwerpunkt auf die Unterstützung von *Benutzeroberflächen* (z. B. Motif, Presentation Manager, Windows/386, Macintosh), was wiederum für die Anwenderseite einige Vorteile mit sich bringt.[14] Beim Vergleich der verbreitetsten RDBMS, Informix, Oracle und Ingres, sind bezogen auf das gesamte Leistungsspektrum keine gravierenden Unterschiede festzustellen. Lediglich Informix ist (unter Unix) noch nicht für so viele Betriebssysteme verfügbar wie Oracle oder Ingres. Somit kann auch hier kein absolutes Votum abgegeben werden. Als Basisbetriebssystem für *Datenbank-Server* ist jedoch auch hier neben den Großrechner-Betriebssystemen *Unix* am besten geeignet.

7.2 Entwicklungstendenzen für die Zukunft

Bei der Betrachtung der aktuellen Entwicklungen des EDV-Marktes liegen *Benutzerfreundlichkeit* sowie Client-Server-Anwendungen voll im Trend. Der Schwerpunkt der Produkte liegt neben Anwendungen für grafische *Benutzeroberflächen*, wie Windows 3.0 für DOS-Rechner und OSF/Motif für Unix-Systeme, bei verteilten Anwendungen für PC-Netze. Anwendungsprogramme für OS/2 bzw. den Presentation Manager sind selten anzutreffen.[15]

---

12   Vgl. hierzu Smerda, J. (1991), S. 11–16.
13   Vgl. o. V. (1990a), S. 54–55.
14   Vgl. Burgarz, D. (1990), S. 90–92.
15   Vgl. auch u. a. Drack, G. (1991), S. 1–2.

Die Zukunft der Rechnernetze ist nicht nur für Hersteller relevant. Die Investitionsentscheidungen der Anwender für die Kommunikationssysteme der nächsten 5 bis 10 Jahre hängen davon ab. Dabei teilt sich die Fachwelt derzeit in zwei Lager auf:

- Die Befürworter der lokalen Netze (*LAN*) und
- die Anhänger des vom *CCITT* verabschiedeten *ISDN*[16]-Konzepts.

Hauptargument der *LAN*-Befürworter ist, daß sich die unternehmensinternen Netze unabhängig von den öffentlichen Netzen entwickeln können. Bei der Betrachtung der nationalen sowie internationalen Verflechtung der Unternehmen stellt sich jedoch die Frage, inwieweit beispielsweise Warenwirtschaftssysteme, Bestellwesen etc. zwischen den Firmen automatisiert werden können. Einzige Realisierungsmöglichkeit, außer über einzelne Standleitungen zu den Partnern, ist die Nutzung öffentlicher Netze (*IDN/ISDN*). Dabei sind generell zwei Teilziele zu unterscheiden:

- Die Optimierung der *Inhouse-Kommunikation* und
- die Offenheit des Kommunikationssystems bezüglich der Standards der öffentlichen Netze.

Beide Teilziele sind dabei durchaus als komplementär anzusehen.[17]

Damit stellt sich für die interne *Kommunikation* die Frage, inwieweit vorhandene *Topologien* und *Betriebssystem*-Konzepte dies unterstützen. Das Lösungswort ist wieder einmal *verteilte Verarbeitung* und damit möglicherweise *Unix*. Neben neuen Topologien muß das gesuchte *Betriebssystem* „lediglich" alle Prozessoren und Rechnerarchitekturen unterstützen. Weitere Anforderungen sind ein globales *Netzwerk-Management* und verbesserte Mechanismen zum *Datenschutz* und zur *Datensicherheit*. Hier hat *Unix* noch starken Nachholbedarf.[18]

OSI

Der beliebige Austausch von *Daten* zwischen zwei Rechnern in *heterogenen* Netzen bzw. *Multivendor*-Umgebung ist eines der größten Probleme bei der parallelen Nutzung unterschiedlicher Computersysteme. Ein Versuch zur Standardisierung der Kommunikation in solchen Systemen stellen die X-Empfehlungen des *CCITT* für öffentliche Datennetze (PDN[19]), wie X.200 (*OSI-Modell*), X.400 (*MHS*) und X.500 (Directory Services) dar.[20] Dabei versuchen die europäischen Regierungen vor allem die Forschungs- und Wissen-

---

16   ISDN = Integrated Services Digital Network.
17   Vgl. Dieterle, G. (1985), S. 83–85.
18   Vgl. u. a. Kauffels, F.-J. (1990), S. 38–39.
19   PDN = Public Data Network.
20   Vgl. Cordes, R. (1990), S. 60–62.

schaftsnetze als Trendsetter für die Industrie auf OSI-Protokolle umzustellen.[21] Hauptproblem dabei ist das Vorhandensein des funktionierenden Quasi-Standardes *TCP/IP* sowie einiger anderer Protokolle (UUCP[22], X.25, SNA), die die Forscher weiterhin nutzen
wollen.

Damit stellt sich die Frage, ob und inwieweit Standards überhaupt verordnet werden können – sei es von Herstellern oder von staatlicher Seite. Hinzu kommt noch, daß für die
Netzübergänge derzeit noch *Gateway*-Probleme bestehen, die ihre Ursachen in den noch
zum Teil unterschiedlichen *X.400*-Systemem sowie in den fehlenden *X.500* Directory
Services haben. Selbst im Bereich des *X.25*-Standards bestehen innerhalb Europa noch
Unterschiede zwischen der *Datex-P*-Implementierung der Telecom und den anderen
europäischen Äquivalenten, die mittels *Gateways* beseitigt werden müssen.[23]

Die Hersteller von *Netzwerkbetriebssystemen* (Novell, Banyan, IBM, 3COM etc.) planen
mehr oder minder die Unterstützung der *OSI-Protokolle*. Teilweise existieren bereits
Netze (z. B. in Großbritannien), in denen beispielsweise 3+Open und OSI parallel eingesetzt werden. Trotz allem führt dies aller Wahrscheinlichkeit nach zu einer Koexistenz
vieler Protokolle.[24]

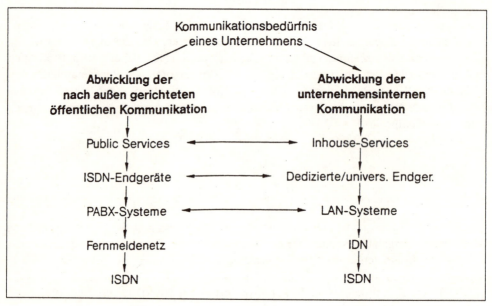

Abbildung 7.1:   Kommunikationsbedürfnis eines Unternehmens und dessen Lösungsmöglichkeiten

---

21   Ein Beispiel hierzu ist das Wissenschaftsnetz WIN, vormals EARN (European Academic Research
     Network als Teil des Bitnet), das seit einiger Zeit zumindest teilweise über OSI-Protokolle arbeitet.
22   UUCP = Unix to Unix copy.
23   Vgl. o. V. (1986) und Goos, A. (1990), S. 90–94.
24   Vgl. Hurwicz, M. (1991a), S. 16–22.

WAN

Mit dem Zusammenwachsen der *LANs* zu nationalen oder gar globalen Internetzwerken verlieren die Begriffe *LAN*, *MAN*, *WAN* und *GAN* zunehmend an Bedeutung. Bereits über *X.25-Gateway* verbundene LANs können schon als WAN oder GAN bezeichnet werden. Damit reduziert sich der Kommunikationsbereich (vgl. Abbildung 7.1[25]) auf:

– Die Abwicklung der nach außen gerichteten, öffentlichen *Kommunikation* und
– die Abwicklung der unternehmensinternen Kommunikation.

ISDN

ISDN, das auf dem digitalen Fernsprechnetz basierende, diensteintegrierende Netz der Telecom, ist für die *Netzdienste* Sprach-, Text-, Bild-, Grafik- und Datenaustausch geplant. Innerhalb dieses Netzes sind folgende ISDN-Dienste bereits realisiert bzw. in Vorbereitung:[26]

– Telefondienst;
– Telefaxdienst, Gruppe 4;
– Bildschirmtext (Btx);
– Telexdienst;
– Datenübermittlungsdienste;
– Festverbindung, Gruppe 2 und 3;
– Zugang zu Datex-P;
– Bildtelefondienst;
– Datenübermittlungsdienste (paketorientiert) ab Mitte 1991;
– Grafiktelefondienst ab Anfang 1992;
– Datenkommunikationsdienst ab Anfang 1992 und
– TEMEX-Dienst (Fernwirken) ab Anfang 1995.

Dabei stellt die Deutsche Bundespost Telecom lediglich die benötigte Infrastruktur, basierend auf OSI-Protokollen der Schichten 1 bis 3 zur Verfügung und überläßt es der Initiative der Endgerätehersteller, den Nutzen transparent zu machen. Inwieweit sich *ISDN* auch für die *Inhouse-Kommunikation* nutzen läßt bzw. eine echte Alternative zu *LAN*-Produkten wie NetWare oder 3+Open wird, muß sich noch herausstellen. Erste Testinstallationen, die derzeit jedoch vorrangig nur die *Inhouse-Kommunikation* unterstützen, sind bereits vorhanden. Zukünftige Einsatzbereiche dieser Telekommunikationsmittel (vgl. Abbildung 7.2[27]) sind jedoch schon absehbar.

---

25   Vgl. Dieterle, G. (1985), S. 83.
26   Vgl. Grabowski, R. (1990), S. 340–344.
27   Huwe, A. (1987), S. 89.

Einsatz-Potential	Komfort-telefon	Telex	Fernkopierer (intern)	Teletex	Telefax (extern)	Electronic Mail	Voice Mail
Hoch	Management Vertrieb	Vertrieb Management	Vertrieb Kfm. Bereich Management	Kfm. Bereich Management Vertrieb	Kfm. Bereich Management Vertrieb	Management Vertrieb Kundendienst	Management Vertrieb Kundendienst
Mittelmäßig	Kfm. Bereich Kundendienst	Kfm. Bereich	Entwicklung			Entwicklung Kfm. Bereich	
Gering	Entwicklung Produktion	Entwicklung		Entwicklung		Produktion	Entwicklung Kfm. Bereich

Abbildung 7.2:   *Zukünftige Einsatzbereiche von Telekommunikationsmitteln (ISDN)*

Der Bedarf solcher *ISDN*-Endgeräte, ein akzeptables Preis-/Leistungsverhältnis und einheitliche Standards bzw. klar definierte Netzübergänge (*Gateways*) sind Voraussetzungen für die Akzeptanz der Endgeräte beim Anwender.

Nach endgültiger Realisation von *ISDN* wären die Kosten-/Nutzenvorteile für die *Anwender* und Betreiber beträchtlich:[28]

– Ein Netz für alle Dienste,
– eine Rufnummer für alle Dienste,
– einheitliche Bedienprozeduren,
– einheitliche Geräteschnittstellen,
– Mehrfachkommunikation von einem Anschluß,
– Mischkommunikation von einem Anschluß.

Das Ergebnis – der multifunktionale Arbeitsplatz (vgl. Abbildung 7.3[29]) – mit *Schnittstellen* und Funktionen zur internen und externen Kommunikation sowie Unterstützung der sonstigen Fach- und Spezialaufgaben durch ein einziges Gerät wäre realisiert.

Doch dies dürfte nach dem derzeitigen Stand der Technik noch ca. 8 bis 10 Jahre dauern. Ob *ISDN*- und *OSI*-Konzepte dann in der Lage sind, die innerbetrieblichen *LAN*-Systeme zu ersetzen, bleibt fraglich. Bereits vorhandene und bis dahin angeschaffte Kommunikationsinfrastrukturen in den Unternehmen und deren Protokollvielfalt sprechen dagegen.

---

28 Vgl. Kalscheuer, H. D. (1987), S. 62–69.
29 Kalscheuer, H. D. (1987), S. 64.

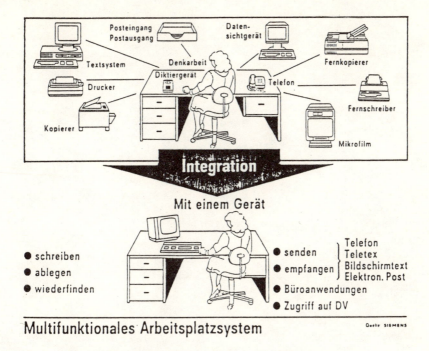

Abbildung 7.3:   Bürokommunikation über ein multifunktionales Arbeitsplatzsystem

Die Entscheidung für die eine oder andere Systemkombination muß allerdings, wie immer, ein Kompromiß zwischen dem technisch Wünschenswertem und dem kaufmännisch Tragbaren sein.

Begriffsdefinitionen

8-bit-Rechner

    Computer, der mit einer CPU arbeitet, die über einen 8-bit breiten Datenbus (z. B. Intel 8088) verfügt.

16-bit-Rechner

    Computer, der mit einer CPU arbeitet, die über einen 16-bit breiten Datenbus (z. B. Intel 8086 und 80286) verfügt.

32-bit-Rechner

    Computer, der mit einer CPU arbeitet, die über einen 32-bit breiten Datenbus (z. B. Intel 80386 und 80486) verfügt.

286er

    Ein auf einem Intel 80286–Prozessor basierender PC; vgl. 80286.

386er

    Ein auf einem Intel 80386–Prozessor basierender PC; vgl. 80386.

68xxx

    Ein auf der Motorola 68000-Familie basierender 32-bit-Rechner, auch MC68xxx genannt.

8086/8088

    16/8-Bit-Prozessor der Firma Intel; Taktfrequenz: 4,77 – 10 MHz; 0,5 MIPS; 20 Bit Adreßbus.
    Adressierungsmodus des Hauptspeichers: Real Mode; vgl. 80286.

80286

    16-Bit-Prozessor der Firma Intel; Taktfrequenz: 6 – 16 MHz; 2 MIPS; 20 Bit (real) bzw. 24 Bit (protected) Adreßbus.

    Modus 1: Real Adressing Mode
    Abwärtskompatibler Modus zur 8086/8088-Prozessorgeneration für den Betrieb von MS-DOS oder Windows beliebiger Versionen (bei Windows 3.0 mit win /r). Die Kompatibilitätsbox von OS/2 1.x schaltet in diesen Modus, um DOS-Programme ablaufen zu lassen.

    Modus 2: Protected Mode
    Eigentlicher Arbeitsmodus des 80286. Wird von OS/2 1.x und Windows 3.0 sowie Unix genutzt und erlaubt eine geschützte Verwaltung des Arbeitsspeichers. Dadurch können mehrere Programme getrennt voneinander arbeiten. Dies bildet die Basis für einen echten Multi-Taskingbetrieb. MS-DOS–Programme können in diesem Modus (i. d. R.) nicht laufen.

    Merkmale: Maximal 16 MByte physikalischer Arbeitsspeicher, virtuell adressiert über Adreßumsetzungstabellen zu maximal 64 KByte.

80386 und 80486
> 32-Bit-Prozessor der Firma Intel; Taktfrequenz: 16-33 MHz; 4 MIPS; 32 Bit Adreßbus.
> (Der Intel 80486 besitzt die gleichen Arbeitsmodi, erreicht jedoch durch höhere Integration eine größere Arbeitsgeschwindigkeit.)
>
> Modus 1: Real Adressing Mode
> Abwärtskompatibler Modus zu 8086/8088 und 80286; vgl. 80286.
>
> Modus 2: Protected Mode 80286
> Abwärtskompatibler Modus zum 80286. OS/2 1.x benutzt diesen Modus auch in 80386 und 80486 Rechnern; vgl. 80286.
>
> Modus 3: Virtual 8086 Mode (Enhanced Mode)
> Dieser Modus erlaubt 80386- und 80486-Prozessoren mehrere 8086-Prozessoren „quasi-gleichzeitig" zu simulieren. Windows 3.0 (win /3) und OS/2 2.0 sowie Unix (VP/ix, DOS-Merge etc.) nutzen diesen Modus für Multi-Tasking.
>
> Modus 4: Protected Mode 80386 (Native 386 Mode)
> Eigentlicher Arbeitsmodus des 80386. Wird von OS/2 2.0 und Unix genutzt. Hier können, ähnlich dem Protected Mode 286, Speicherbereiche unabhängig voneinander genutzt werden, allerdings mit deutlich größerer Kapazität und unter Verwendung eines virtuellen Speichers.
>
> Merkmale: Maximal 4 GByte physikalischer Arbeitsspeicher, virtuell adressiert über Adreßumsetzungstabellen.

80386-Modus
> Siehe Modus 3 und 4 bei 80386.

80486
> Siehe 80386.

80x86
> Sammelbezeichnung für Intel-Prozessoren, die den Protected Mode unterstützen (80286, 80386, 80486).

3+Open
> OEM-Variante des MS-LAN-Managers von 3COM.

A

Ablaufprotokollierung
> Netzdienst (von NetWare) zur Datensicherheit und zum Datenschutz. Dabei werden in gewissem Umfang alle an den Benutzerstationen durchgeführten Aktionen mitprotokolliert.

Accounting
> Siehe Kontoführung.

Adapterkarte
Über die Adapterkarte wird der physikalische Anschluß des Microrechners an ein Netzwerk realisiert. Der Typ der Karte ist abhängig vom Prozessor des Rechners und dem Protokoll bzw. den Protokollen, die zur Kommunikation im Netz verwendet werden sollen. Zur Herstellung der Verbindung zwischen Adapterkarte, Rechnerbetriebssystem und Netzwerkbetriebssystem wird zudem noch eine spezielle Software – die Treiber-Software – benötigt.

ANSI
(American National Standards Institute)
Amerikanischer Normungsausschuß und Mitglied der ISO.

Anwender
Unter Anwender versteht man üblicherweise Institutionen und Personen, die mittels DV-Anlagen Probleme lösen. Aus der Interessenlage der Anwender ergeben sich generell Differenzen zu denen von staatlichen Institutionen und Herstellern.

Anwendersicht
Eine schnelle problemlösungsadäquate Unterstützung steht im Gegensatz zu technischen Spielereien im Vordergrund. Anforderungen an anwenderorientierte Software-Werkzeuge sind beispielsweise: Eine einfache Bedienbarkeit, Flexibilität bezüglich der Unterstützung der Problembewältigung sowie Robustheit gegenüber möglichen Fehlbedienungen.

Anwendungsschicht
(Application Layer; OSI-Schicht: 7)
Die eigentlichen anwendungsspezifischen Funktionen einer Kommunikation werden in dieser obersten Schicht vereinbart, d. h. hier wird der inhaltsbezogene Aspekt berücksichtigt.

API
(Application Programming Interface)
Standardisierte Software-Schnittstelle der neuen PC-Betriebssysteme OS/2 oder Windows für Anwendungsprogramme. Dabei werden vom System Standard-Routinen zur Verfügung gestellt, die Anwendungsprogrammierer verwenden können. Anwenderprogramme sollen ihre Eingaben in Zukunft nur noch über das API abwickeln und dadurch hardwareunabhängig sein.

Application Layer
Siehe Anwendungsschicht.

Application-Server
Server, der zentral Anwendungsprogramme zur Verfügung stellt. Voraussetzung hierfür sind meistens Programme, für die Netzwerk-Versionen erhältlich sind. Beispiele aus dem DOS-Bereich sind die Netzwerk-Versionen von MS-WORD, MS-Windows etc. Die Programme müssen in diesem Fall nicht lokal auf jedem Rechner installiert werden, sondern sind nach dem LOGIN verfügbar.

Applikation
(Anwendung; Anwendungsprogramm)
Die programmtechnische Umsetzung unternehmensspezifischer Aufgabenabläufe auf Computer und Kommunikationssysteme.

Arbeitsplatz-Rechner
Allgemeine Bezeichnung für einen PC bzw. eine Workstation. Gegensatz zu Server. Arbeitsplatz-Rechner verfügen im Gegensatz zu einfachen Terminals über eine eigene Rechnerkapazität (Prozessor) sowie meistens auch über lokale Festplatten und/oder Diskettenlaufwerke.

Arcnet
(Attached Resource Computer Network)
Token-Bus-Netz des US-Netzwerkherstellers Datapoint. Geschlossenes, herstellerspezifisches Netz in der Baum-Topologie.

ARP
(Adress Resolution Protocol)
Zusammenfassende Bezeichnung der Telnet- und FTP-Dienste unter TCP/IP.

Arpanet
Heterogenes Rechnernetz der DoD-Abteilung Defense Advanced Research Projects Agency (DARPA), für die TCP/IP entwickelt wurde.

ASCII
(American Standard Code for Information Interchange)
Amerikanischer Standard für die Anordnung der Zeichen innerhalb eines Zeichensatzes auf freiwilliger Basis (7-Bit-Code). Eine andere Codierung stellt z. B. EBCDIC dar (vgl. EBCDIC).

Assembler
Maschinenorientierte Programmiersprache, deren Befehlscode in direktem Zusammenhang mit dem Maschinencode einer speziellen EDV-Anlage steht.

asynchron
Übertragungsverfahren, bei dem der Gleichlauf zwischen Sender und Empfänger für eine Folge von Bits durch die Endeinrichtung hergestellt wird. Häufigste Anwendung: PC-PC-Kommunikation (z. B. File-Transfer), Datenbankabfrage über Datex-P und Mailboxabfrage.

asynchrone Übertragung
Byteweise Datenübertragung, bei dem Start- und Stop-Bits den Anfang und das Ende eines Zeichens kennzeichnen. Die Zeitabstände zwischen den übertragenen Zeichen können unterschiedlich lang sein.

AT
Kurzbezeichnung für AT-Rechner; vgl. AT-Rechner.

AT-Rechner
Computer mit Intel 80x86-Prozessoren.

B

Back-End-Prozeß
Teilprozeß des Client-Server-Konzeptes. Bei einer Datenbank-Anwendung ist der Back-End-Prozeß der Prozeß, der auf dem Rechner abläuft, auf dem die Daten liegen (vgl. Front-End-Prozeß).

Backbone
Trasse, z. B. auf einer Etage, die Subnetze verbindet; vgl. auch Backbone-Konzept.

Backbone-Konzept
Bei diesem Vernetzungskonzept sind an eine Trasse (z. B. auf einer Etage) verschiedene, in sich geschlossene Subnetze (LAN, z. B. Ethernet, Token Ring, Arcnet) angeschlossen. Der Hauptdatenverkehr läuft dabei innerhalb der Subnetze. Das oft leistungsfähigere, z. B. auf Glasfaser basierende Backbone dient als bereichsverbindende „Autobahn" zwischen den Subnetzen.

Backup-Systeme
Backup-Systeme sind Medien wie Disketten, Streamer-Kassetten oder magnetooptische Disketten bzw. die dazugehörigen Laufwerke, auf die die physikalische Datensicherung (Sicherheitskopie) der Datenbestände von Arbeitsplatz-Rechnern oder Servern erfolgt.

Backup-Verwaltung
Die Backup-Verwaltung ist ein Netzdienst, den das Netzwerkbetriebssystem oder ein Zusatzprodukt zur Verfügung stellt. Es beinhaltet Routinen zum Sichern, Zurückschreiben von Datenbeständen und Verwalten (Dokumentieren) der Sicherungsmedien sowie Treiber zum Ansteuern der Backup-Systeme.

Base Memory
Bereich des RAM zwischen 0 und 640 KB. Nur in diesem Speicherbereich können unter DOS ohne weitere Hilfsmittel (z. B. Windows) Programme ablaufen (vgl. EMS, XMS, HMA, 80286, 80386).

Basisbandtechnik
Technische Umsetzung und Unterstützung des Basisbandverfahrens; Einhaltung von Kabellängen, Biegeradien etc.

Basisbandübertragung
Bei der Basisbandübertragung werden die Signale unmoduliert mit den ursprünglichen Frequenzen übertragen. Basisbandnetzwerke dienen der Übertragung von digitalen Signalen.

Basisbandverfahren
Bei den Basisbandverfahren wird das zu sendende Signal auf der gesamten Bandbreite der Übertragungsstrecke gesendet. Dabei findet keine Unterteilung der verfügbaren Frequenzbreite statt. Die Signale werden rein digital oder als Tastung von Frequenzen nacheinander (Zeitmultiplex) übertragen.

Basisdienste
Grundlegende Arten von Netzanwendungen wie Terminal-Emulation, File-Transfer und Dateizugriff.

Batch-Processing
Siehe Stapelbetrieb.

Baum-Topologie

Bei der Baum-Topologie (erweiterte Bus-Topologie) erfolgt die Kommunikation zwischen zwei Knoten immer über die in der Hierarchie höher liegenden Knoten bis zu dem beiden Unterbäumen gemeinsamen Knoten.

Benutzerfreundlichkeit

Programme, die entsprechenden Anforderungen hinsichtlich Aufgabenangemessenheit, Transparenz, Selbsterklärungsfähigkeit, Konsistenz, Steuerbarkeit, Verläßlichkeit, Fehlertoleranz und Antwortzeitverhalten genügen, kann man als benutzerfreundlich bezeichnen. Dabei steigen die Anforderungen zunehmend.

Benutzergruppen

Benutzergruppen sind homogene Organisationseinheiten, die in einem Netzwerk über Gruppenprofile gleiche Benutzerrechte erhalten. Bei den meisten Netzwerkbetriebssystemen ergänzen sich die Berechtigungen aus Gruppen- und Benutzerrechten, wobei teilweise eine Mehrfachgruppenzugehörigkeit möglich ist. Organisatorisch ist es wesentlich einfacher, wenige homogene Gruppen zu bilden, als für jeden einzelnen Benutzer ein spezielles Benutzerprofil auszuarbeiten.

Benutzerkennung

Über die Benutzerkennung (Eigentums- und Berechtigungsnachweis) erhält ein Benutzer den Zugang zu einem Rechner bzw. Rechnerverbund. Rechte und Nutzungsmöglichkeiten des Systems hängen von den vom Systemadministrator zugeordneten Rechten ab (vgl. Passwort).

Benutzeroberfläche

Bezeichnung für die Gesamtheit aller Eigenschaften eines DV-Systems, die für den Benutzer unmittelbar sichtbar sind und ihm die Benutzung erleichtern oder erschweren. Hierzu gehören die physiologische Gestaltung von Tastatur und Bildschirm (Ergonomie), die Benutzerführung und das Betriebssystem. Die Palette der Benutzeroberflächen reicht von einfachen, text-orientierten Programmen (Norton Commander, Menu von Novell, DOS-Shell 4.x, Opalix etc.) bis hin zu grafischen, „pseudo-dreidimensionalen" Betriebssystemergänzungen (Windows 3.0, Motif, NewWave etc.).

Benutzerprofil

Das Benutzerprofil ist eine Stapeldatei, die nach dem Login eines Benutzers ausgeführt wird. Sie enthält i. d. R. Befehle, die Ressourcen (Laufwerke, Verzeichnisse, Drucker etc.) für den Benutzer verfügbar machen. Hier sind auch die einzelnen Rechte der Benutzer bezüglich der für ihn verfügbaren Ressourcen festgelegt.

Benutzerverwaltung

Die Benutzerverwaltung ist ein vom Netzwerkbetriebssystem zur Verfügung gestellter Netzdienst, der den Systemverwalter bzw. Netzwerk-Administrator beim Einrichten, Ändern und Löschen der benutzerbezogenen Systemeinstellungen unterstützt.

Betriebssystem

Auch Bedienungssystem oder operating system genannt. Es bezeichnet die Systemprogramme, die für den Betrieb einer DV-Anlage unbedingt erforderlich sind.

BIOS

(Basic Input Output System)
Grundlegendes, meist in das ROM eingebranntes Ein-/Ausgabe-System eines Betriebssystems.

bit

(binary digit)
Binäre Ziffer, Binärstelle. Kleinste Speichereinheit einer DV-Anlage, die nur die Werte 0 und 1 enthalten kann.

bit/s

(bit pro Sekunde, auch bps)
Maßangabe für die Übertragungsgeschwindigkeit.

Bitübertragungsschicht
(Physical Layer; OSI-Schicht: 1)
In dieser Schicht werden alle physikalisch-technischen Eigenschaften der Übertragungsmedien zwischen den verschiedenen End- bzw. Transitsystemen festgelegt.

Breitbandkommunikation
Form der Kommunikation, bei der eine große Bandbreite benötigt wird (i. d. R. im Megahertz-Bereich).

Breitbandtechnik
Technische Umsetzung der Breitbandübertragung.

Breitbandübertragung
Bei der Breitbandübertragung wird die Bandbreite des Übertragungsmediums in beliebig viele Frequenzbänder unterteilt. Den einzelnen Frequenzbändern können bestimmte Aufgaben (Senden oder Empfangen) oder Kommunikationsarten zugeordnet werden. Diese können im Gegensatz zur Basisbandübertragung sowohl analog als auch digital sein.

Breitbandverfahren
Die Breitbandverfahren modulieren das zu übertragende Signal auf unterschiedliche Trägerfrequenzen (analog Radio und Rundfunk) auf. Hierdurch können mehrere Signale gleichzeitig (Frequenzmultiplex) und unabhängig voneinander gesendet werden.

Bridge
Bindeglied zwischen zwei oder mehreren gleichartigen lokalen Netzwerken bis zur OSI-Schicht 2 (bzw. 2a – MAC-Layer). Aufgrund der Ähnlichkeiten der Frame-Formate der Netzwerktypen Ethernet, Token Ring und Token Bus ist eine Netzkopplung (Integration) auf der Sicherungsebene möglich, zumal eine einheitliche MAC/LLC-Schnittstelle für alle Verfahren in IEEE 802.x definiert ist. Neben der Adreß- und Frame-Umsetzung weisen Bridges eine Filterfunktion auf, die entscheidet, welches Frame in das jeweils andere Netz übertragen wird (Entkopplung der Subnetze). Somit erlauben Bridges Verkehrsseparierungen, Vergrößerung der Netzausdehnung, Verwendung verschiedener Medien und die Kopplung heterogener LANs, wobei Frame-Adressen zur Wegewahl genommen werden (heterogen bezüglich Schicht 1 und 2).

Broadcasting
Senden einer Nachricht (E-Mail) an alle angeschlossenen Stationen in einem Netz.

Brouter
Brouter sind Kombinationen von Bridges und Routers. Sie untersuchen zunächst die Datenpakete auf ein ihnen verständliches Internet-Protokoll. Im positiven Fall interpretieren sie dies, ansonsten analysieren sie Frames der Schicht 2 und agieren als Bridge.

BS/2
Betriebssystem/2 – IBM-Marktbezeichnung für das neue PC-Betriebssystem von Microsoft – MS-OS/2.

Bürokommunikation
Oberbegriff für Hardware, Software, Dienstleistungen und Technologien, die der Kommunikation dienen. Darunter fallen die entsprechenden Komponenten für: Teletex, Btx, intelligente Kopierer, Telefax, Telefon mit Zusatzdiensten, E-Mail, interne und externe Kommunikationsnetze, Datex-Dienste, dezentrale EDV, Informationssysteme und Datenbank-Services.

Bus-Topologie
Bei einem Busnetz sind alle Stationen an ein durchgehendes, gemeinsames Übertragungsmedium in Linienform (=Bus) angeschlossen, das eine passive Nachrichtenübertragung in beide Richtungen vornimmt. Dadurch kann jede Nachricht all ihre Adressaten erreichen ohne jegliche Aktionen der nicht betroffenen Netzstationen und ohne Verzögerungszeit pro angeschlossener Station. Beispiele: Ethernet, IEEE 802.3: MAU, Cheapernet.

Byte
Ein Byte (auch Zeichen), besteht i. d. R. aus 8 Bit (8 binäre Elemente).

Byteorientiertes Datenübertragungsprotokoll
Ein IBM-Verbindungsprotokoll der 60er und 70er Jahre, das eine definierte Folge von Steuerzeichen für die synchronisierte Übertragung von binär kodierten Daten zwischen Stationen eines Kommunikationssystems benutzt. Die Daten werden dabei blockweise zusammengefaßt, mit Steuer- und Prüfzeichen versehen und im Halbduplex-Betrieb übertragen.

C

CCITT
(Comité Consultatif International Télégraphique et Téléphonique)
Ein speziell für das Fernmeldewesen zuständige Gremium, das verschiedene Empfehlungen und Schnittstellen zur Datenübertragung über öffentliche Netze verabschiedet hat. Beispiele: T.-, X.- und V.-Empfehlungen.

Cheapernet
(10Base2)
Preiswerteres Ethernet-Derivat, das sich durch kürzere Ausdehnung der Koaxialkabelsegmente unter Verwendung eines kostengünstigeren Kabeltyps unterscheidet.

Chip

Baustein moderner DV-Systeme. Chips werden als Grundelemente von DV-Systemen zu größeren Einheiten verbunden. Die Kapazität moderner Chips liegt zur Zeit bei 1 Megabit/Chip, bei einer Gesamtfläche von etwa einem cm^2.

Client

Der Rechner, der in einem Netzwerk Dienste von einem anderen Rechner (Server) zur Verfügung gestellt bekommt, wird als Client bezeichnet.

Client-Server-Konzept

Das Client-Server-Konzept ist ein serviceorientiertes Konzept für Server in einem Netzwerk mit verteilten Datenbanken und Anwendungen. Durch Datenbanken und in Verbindung mit rpc-basierenden Anwendungen, ermöglicht es die für den Anwender transparente Verteilung der Daten und Anwendungen im Netz. Dabei können Teile eines Anwendungsprogramms teils auf dem lokalen Rechner (Client), teils auf dem Host (Server), parallel ablaufen.

Communication-Server

Unter einem Communication-Server versteht man i. d. R. einen dedizierten Server, der durch zusätzliche Adapterkarten aufgerüstet ist und als Bridge, Gateway und/oder Terminal-Server dient. In moderneren Netzwerkbetriebssystemen (z. B. NetWare 386 3.11) kann dieser Server auch als nicht-dediziert installiert und somit gleichzeitig als File-Server o. ä. genutzt werden.

CP/M

(Control Program for Microcomputers)
Bezeichnung für ein 8-Bit-Betriebssystem. Es wurde von Digital Research für den Intel 8088-Prozessor entwickelt. Dieses Betriebssystem hat heute keine Bedeutung mehr.

CPU

(Central Processing Unit)
Zentraleinheit jeder Datenverarbeitungsanlage. Prozessor zur Bearbeitung der Programme in einem Computersystem.

CSMA/CD

(Carrier Sense Multiple Access/Collision Detect)
In einem lokalen Netz, das mit CSMA/CD arbeitet, gilt folgende Vorschrift: Jene Station, die senden will, muß sich davon überzeugen, daß der Kanal frei ist. Sobald sie sendet, muß sie den Kanal weiter überwachen. Sollte eine andere Station gleichzeitig zu senden begonnen haben, registrieren beide Stationen das fremde Signal. Daraufhin müssen beide den Vorgang abbrechen und dürfen erst nach einer gewissen Zeitspanne erneut versuchen, zu senden.

D

Database-Server

Der Database-Server bzw. Datenbank-Server ist ein oft dedizierter Server, der in Verbindung mit einen RDBMS (z. B. Oracle oder Ingres) Datenbanken mit entsprechenden Datenbank-Management-Werkzeugen zur Verfügung stellt.

Datagramm

Ein Datagramm ist eine von TCP/IP-Protokollen verwendete Dateneinheit. Ein Datenpaket ist dagegen eine physikalische Dateneinheit (z. B. Ethernet-Paket). In den meisten Fällen enthält ein Paket genau ein Datagramm. Zur Übertragung z. B. in X.25-Netzen müssen die Datagramme in 128 Byte-Pakete aufgeteilt werden. Diese Aufteilung erfolgt für IP unsichtbar im Gateway. In diesem Fall wird ein IP-Datagramm folglich in mehreren Paketen übertragen.

Datei

Nach DIN-Norm ist eine Datei eine Zusammenfassung digitaler Daten zu einer sachbezogenen Einheit von einem oder mehreren Datensätzen. Sie wird bei der Speicherung auf ein physikalisches Medium (Festplatte, Diskette oder Bandlaufwerk) als eine Einheit betrachtet und kann mittels eines Dateinamens angesprochen werden.

Datei Manager

Siehe File Manager.

Dateiverwaltung

Eine Dateiverwaltung ist ein Dienstprogramm, das Funktionen zum Kopieren, Ändern, Löschen und Kopieren von Dateien und Verzeichnissen anbietet. In geringem Umfang stellen die meisten Netzwerkbetriebssysteme solche Dienste zur Verfügung. Häufig werden jedoch Produkte von Drittanbietern wie PC-Tools oder der Norton Commander eingesetzt, die auch in Netzwerkumgebungen (bei gleichen Dateisystemen) zufriedenstellend arbeiten.

Dateizugriff

Beim Dateizugriff wird im Gegensatz zum Datei-Transfer die Datei nicht kopiert, sondern der Zugriff auf die Speichermedien anderer Rechner realisiert. Die Dateien verbleiben physikalisch im anderen (Remote-) System, erscheinen dem Anwender jedoch als lokal (vgl. NFS).

Daten

Daten sind an einen Datenträger gebundene Informationen in Form von Zeichen und Zeichenkombinationen. Die Art der Zeichen hat für die in den Daten enthaltenen Informationen keinerlei Bedeutung. Betriebliche Daten lassen sich organisatorisch nach Stammdaten, Bewegungsdaten, Bestandsdaten und Änderungsdaten einteilen.

Datenbank Manager

Der Datenbank Manager ist integrierter Bestandteil der IBM-OS/2 Extended Edition und bietet dem Anwender ein relationales Datenbanksystem.

Datenbank-Server

Siehe Database-Server.

Datendarstellungsschicht
(Presentation Layer; OSI-Schicht: 6)

Diese Schicht bietet Anwendungsinstanzen die Möglichkeit, Vereinbarungen bezüglich der Datenstrukturen für den Datentransfer „auszuhandeln".

Datennetz

Die Gesamtheit der Einrichtungen, mit denen ausschließlich Datenverbindungen zwischen Datenendeinrichtungen hergestellt werden. Sie stützen sich meist auch auf öffentliche Dienste (Daten-Dienste der Post: Datex-L, Datex-P und Direktrufnetz).

Datenschutz
Schutz vor dem Mißbrauch (personenbezogener) Daten, die gespeichert oder verarbeitet werden (z. B. im Bereich Personalwesen).

Datensicherheit
Alle Maßnahmen, die der Gewährleistung der Vollständigkeit, Korrektheit und Konsistenz der Daten eines EDV-Systems dienen.

Datentransfer
Allgemeine Bezeichnung für den Transfer der Daten von einem Rechner auf einen anderen. Häufigste Formen sind der Datentransfer über Backup-Medien (Diskette o. ä.) sowie der File-Transfer und das einfache Kopieren in NFS-Umgebung.

Datensicherung
Bezeichnung für alle Maßnahmen, maschinelle Einrichtungen und Methoden, die dem Schutz von Daten und Datenträgern vor Verlust oder Beschädigung dienen.

Datenübertragung
Zweckgerichtete Übertragung von Zeichen oder Daten zwischen zwei Kommunikationseinheiten.

Datenverbund
Zugriffsmöglichkeit auf Daten, die auf mehrere Rechner verteilt sind (z. B. über File-Transfer oder Datenbankabfrage an Host-Rechnern).

Datex-L
(Data exchange – Leitungsvermittlung; DXL)
Im Gegensatz zu Datex-P werden die Daten direkt mit 300 (X.20) bis 9600 (X.21) Bit/s übertragen; vgl. auch IDN und ISDN.

Datex-P
(Data exchange – Paketvermittlung; DXP)
Datenvolumenabhängiger Dienst der Deutschen Bundespost (Telecom) mit Übertragungsgeschwindigkeiten zwischen 300 und 48000 bit/s auf X.25-Basis; vgl. auch IDN und ISDN.

DB2
Auf mehreren Großrechnertypen verbreitetes Datenbanksystem, das unter anderem mittels SQL abgefragt werden kann.

DDE
(Dynamic Data Exchange)
Von IBM und Microsoft eingeführte, im Presentation Manager unter OS/2 verwendete Schnittstelle zur Datenübernahme aus anderen Programmen.
Mit Hilfe dieser nachrichtenorientierten Form der Interprozeßkommunikation (IPC) für Anwendungsprogramme ist es bei hierfür ausgelegten Programmen möglich, Informationen zwischen verschiedenen Prozessen im System auszutauschen. Konkret heißt das, daß durch Markieren von Daten in einem Datenbank- oder Tabellenkalkulationsprogramm diese in eine Textverarbeitung oder ein Grafikprogramm übernommen werden können. Konvertierungsprobleme vermindern sich dadurch erheblich; vgl. auch IPC.

dediziert

Ein für eine bestimmte Aufgabe ausschließlich reserviertes (= dediziertes) Teilsystem. Beispielsweise ein Server, der nicht gleichzeitig auch als Workstation fungiert kann.

dediziertes System
(dedicated system)

Ein fest zugeordnetes System. Im LAN ist dies ein Rechner, der ausschließlich für bestimmte Aufgaben reserviert (= dediziert) ist. Wichtigstes Beispiel ist der dedizierte Server in Rechner-Netzen.

Desktop Manager

Teilmodul des Presentation Managers zur Dateiverwaltung.

Dialogbetrieb

Wechselseitiger Austausch von Daten und/oder Befehlen zwischen einem Bediener und einem Computer(programm). Auch als Echtzeitbetrieb bezeichnet. Gegensatz: Stapelbetrieb.

directory caching

Bei diesem Verfahren zur Beschleunigung des Plattenzugriffs wird die FAT (Liste auf der Festplatte, in der steht, wo die Dateien auf der Festplatte liegen) in den Hauptspeicher des Rechners kopiert. Dadurch sind die einzelnen Dateien schneller auffindbar.

disk duplexing

Datensicherheitsverfahren. Über einen separaten Kanal werden alle Daten einer Festplatte auf eine zweite Festplatte dupliziert. Schreibzugriffe auf Platte 1 finden ebenso auf Platte 2 statt. Bei Ausfall der Platte 1 übernimmt Platte 2 die Serverfunktionen.

disk mirroring

Siehe mirroring.

Disk-Server

Ein LAN-Netzknoten, der seine Ressourcen (in diesem Falle Festplatten) allen berechtigten LAN-Anwendern zur Verfügung stellt. Die beim Disk-Server feste Partition-Einteilung (getrennte Partitionen für jeden Benutzer) wurde durch das File-Server-Konzept mit logischen Laufwerken abgelöst.

Disk-Server-Konzept

Ältestes Konzept für Server, wobei der Server lediglich einzelne Partitionen zur Verfügung stellt, die an die Benutzerkennung gebunden sind. Die Nutzung gemeinsamer Daten ist kaum möglich. Zudem bietet der Disk-Server Print-Server-Funktionen. (Vgl. Disk-Server)

Diskless Workstation

Ein vollwertiger PC im Netzwerk, der keinerlei eigene Laufwerke (Diskette/Platte) besitzt. Das Betriebssystem sitzt in einem speziellen Bauteil (Boot-Prom) und ist sofort nach dem Einschalten präsent. Im Gegensatz zu einem Terminal verfügt die Diskless Workstation über einen eigenen Hauptspeicher, in dem Programme ablaufen können.

distributed processing
Siehe Client-Server-Konzept bzw. verteilte Verarbeitung.

DoD
(Department of Defense)
US-amerikanisches Verteidigungsministerium (vgl. TCP/IP).

DoD-Protokoll
Siehe TCP/IP.

Domain
(Domäne)
Bezeichnung für mehrere zusammengeschlossene bzw. synchronisierte Server, auf die der Anwender mit einer einzigen Benutzerkennung zugreifen kann. Eine Domain erscheint dem Anwender als ein einziger Server.

Domain-Server
(auch Domain-Service)
Die Möglichkeit eines Netzwerkbetriebssystems, mehrere Server so zu synchronisieren, daß der Anwender mit einer konsistenten Benutzerkennung einen Zugriff auf alle Server der Domäne hat.

Domain-Service
Siehe Domain-Server.

DOS
Disc Operating System – Weitverbreitetes 16-Bit PC-Betriebssystem von IBM bzw. Microsoft.

DOS-Box
Siehe Kompatibilitätsbox.

DOS-Extender
Zusatzprogramm (Linker) zur Nutzung des Hauptspeichers oberhalb von 640 KB. Es wird beim Linken (Teilvorgang der Übersetzung des Quellcodes in den Maschinencode) mit eingebunden und erlaubt die Erstellung von Programmen, die mehr als 640 KB RAM benötigen, ohne Verwendung von Overlay-Konstrukten.

DOS-Merge
Produkt für Unix-Systeme, das die Nutzung von DOS als Unixprozeß ermöglicht. Diese Form der Kompatibilitätsbox ist beispielsweise unter SCO-Unix (Open Desktop) so ausgereift, daß darin sogar NetWare lauffähig ist.

Druckerspooler
Ein Druckerspooler stellt eine Warteschlange zur Verfügung, welche die eingehenden Druckaufträge der Reihe nach abarbeitet. Dies geschieht im Hintergrund, der Benutzer kann nach Einreihen des Dokuments in die Warteschlange normal weiterarbeiten.

Druckerverwaltung
Netzdienste zur Druckerverwaltung ermöglichen das Einrichten und Verwalten von Druckern, Print-Servern und Drucker-Warteschlangen.

Dualboot
Möglichkeit, auf einem Computer zwei verschiedene Betriebssysteme wahlweise zu verwenden. Mittels eines Zusatzprogrammes (oder des DOS fdisk-Befehls) kann nach dem Einschalten das gewünschte System ausgewählt werden. Mit DOS 3.3, OS/2 1.1 und ODT konnte sogar ein Tripelboot (ohne fdisk) realisiert werden.

Duplex
Eine der drei Arten der Nutzung von Übertragungsstrecken. Bei Duplex (auch Vollduplex) findet eine gleichzeitige Übertragung in beide Richtungen statt (z. B. Telefonnetz); vgl. auch Simplex und Halbduplex.

Duplexing
Das Duplizieren von Festplattenkanal und Controller führt zur Beschleunigung des Lesevorgangs und zur Sicherung bei einem Ausfall des Controllers (bei NetWare angebotener Netzdienst).

DV

(Datenverarbeitung)
Zur Datenverarbeitung zählt grundsätzlich jeder Vorgang, der sich auf die Erfassung, Speicherung, Übertragung oder Transformation bzw. Weiterverarbeitung von Daten bezieht.

DVA

(Datenverarbeitungsanlage)
Als Datenverarbeitungsanlage bzw. Datenverarbeitungssystem wird nach DIN 44 300 eine Funktionseinheit zur Verarbeitung von Daten, zur Durchführung mathematischer, umformender, übertragender und speichernder Operationen bezeichnet. Im allgemeinen kann dies auch im Gegensatz zur EDV-Anlage ein rein mechanisches System sein.

E

EBCDIC

(Extended Binary Code Decimal Interchange Code)
Der EBCDI-Code benutzt zur Informationsdarstellung eine feste Länge von acht Bits, die in zwei sogenannte Tetraden zu je vier Bits unterteilt ist (Zonen- und Zifferntteil). Alphanumerische Daten werden zeichenweise den vereinbarten Bitkombinationen zugeordnet, d. h. für jedes alphanumerische Zeichen wird ein Byte vorgesehen. Der Großrechner IBM 3270 arbeitet z. B. mit dem EBCDI-Code. Dieser Code ist nicht kompatibel zum ASCII-Code. Die File-Transfer-Programme enthalten allerdings hierfür i. d. R. Konvertierungsprogramme.

ECMA

(European Computer Manufacturing Association)
Dieser in Genf ansässige Ausschuß repräsentiert die Interessen von Computerherstellern in Europa und arbeitet eng mit der ISO und dem CCITT zusammen.

EDV

(Elektronische Datenverarbeitung)
Siehe DVA.

Electronic-Mail

Unter Electronic-Mail versteht man das Erstellen, Versenden und Empfangen von Briefen mittels einer EDV-Anlage, die über Datenleitungen von und zu anderen Rechnern übertragen werden können. Wollen zwei unterschiedliche E-Mail-Systeme Nachrichten austauschen, setzt dies gleiche Protokolle auf beiden Seiten voraus. Standards hierfür sind z. B. MHS von Novell und X.400 (MHS) vom CCITT. Vgl. MHS.

EMS

(Expanded Memory System)

Siehe Expanded Memory.

Emulation

Siehe Emulator.

Emulator

Von emulate, gleichtun. Ein Programm, mit dem sich ein Terminal, Programm oder Computer wie ein anderes System verhalten kann. Unter anderem wird es zum Aufbau der für die Kommunikation notwendigen Kompatibilität zweier Systeme verwendet (vgl. Terminal-Emulation).

EMV

(Elektromagnetische Verträglichkeit)

Starke magnetische Wellen, wie sie beispielsweise von Transformatoren ausgehen, wirken sich durch Induktion störend auf die Datenübertragung in schlecht abgeschirmten Medien (z. B. Koaxialkabel) aus. Glasfaserkabel sind gegen solche Einflüsse unempfindlich und erfüllen somit die höchsten EMV-Anforderungen.

ESPRIT

(European Strategic Program of Research in Development in Information Technology)

Europäisches Gemeinschaftsprojekt für öffentliche Netze.

Ethernet

Der „Urvater" der lokalen Netze. Dieses Netz wurde von den Firmen DEC (Digital Equipment Corporation), Intel und Xerox entwickelt und stellte die Basis für verschiedene, zum Teil kompatible Entwicklungen bei allgemeinen und PC-spezifischen LANs dar. Es basiert auf einem Bussystem mit CSMA/CD-Zugriff, einer Basisbandübertragung sowie einem Koaxialkabel (10 Mbit/s) und ist vom IEEE als 802.3-Standard übernommen worden. Das gängigste Protokoll auf dem Ethernet ist TCP/IP (DoD), jedoch gewinnen OSI-Protokolle und IPX (Novell) im PC-Bereich immer mehr an Bedeutung.

Expanded Memory
(Erweiterter Speicher – EMS)
Damit bezeichnet man den Speicherbereich oberhalb von 1 MB des Hauptspeichers. Für das EMS ist eine spezielle Speicherkarte oder ein Treiber (Programm) zur Umsetzung von XMS nach EMS (XMS2MS.SYS) erforderlich. Er kann mit einem Einheitentreiber nach den LIM-Spezifikationen (Lotus – Intel – Microsoft; LIM-EMS) angesprochen werden. Dabei wird jeweils eine Speicherseite (Page) mit 64 KB in ein Fenster innerhalb des im Real-Mode adressierbaren, aber ungenutzten Bereiches des Hauptspeichers (640 KB bis 1 MB = 384 KB) angesprochen und dort verändert. Über diese Speicherseite hat man dann Zugriff auf das Expanded Memory („künstliche Adressen" bis zu 128 x 16 KB = 2 MB bei LIM-EMS 4.0). Hier lassen sich jedoch keine Programme, sondern nur Daten abspeichern.

Extended Memory
(Zusätzlicher Speicher – XMS)
Darunter versteht man den Speicherbereich von 1 MB bis 16 MB des Hauptspeichers, den die 80x86-CPUs im sogenannten „protected mode" adressieren können. MS-DOS verfügt jedoch über keinerlei Einrichtungen, um diesen Bereich anzusprechen. So bleibt eine Programmausführung für diesen Bereich anderen Betriebssystemen (z. B. OS/2, Unix oder Xenix) vorbehalten. MS-DOS kann lediglich über eine Laufwerk-Emulation (RAM-Laufwerk) in den Bereich oberhalb von 1 MB Daten ablegen.

F

FAT
(File Allocation Table)
Bezeichnung für das Inhaltsverzeichnis von Platten/Disketten auf DOS-Rechnern, über das der Zugriff auf die einzelnen Dateien verwaltet wird.

FDDI
(Fiber Distributed Data Interface)
Ein Token-Passing-Glasfasernetz mit Ring Topologie und einer Geschwindigkeit von 100 MBit/s, das vom ANSI-Gremium unterstützt wird.

Fehlererkennung
System, welches Fehler im Ablauf erkennen soll. Die Fehlererkennung als Teilfunktion des Fehlermanagements kann innerhalb von Netzwerken durch Statistiken und Monitoring-Werkzeuge unterstützt werden.

Fehlermanagement
Technikorientierte Netzwerk-Managementfunktion in Rechnernetzen zur Fehlersuche, -behebung und -prophylaxe.

File Manager
Teilmodul des Presentation Managers bzw. von MS-Windows. Mit dem File Manager sind grundlegende Operationen wie Kopieren, Suchen und Löschen einfach durchzuführen. Vergleichbar mit Teilen von PC-Tools oder dem XTREE-Utility.

File-Server

Innerhalb eines lokalen Netzwerkes ist dies derjenige Rechner, der seine Massespeicher (hauptsächlich Magnetplatten) und Peripheriegeräte (Drucker, Modems, Scanner etc.) den Benutzern innerhalb des Netzwerkes zur Verfügung stellt.

File-Server-Konzept

Im Server ersetzt ein spezielles Netzwerkbetriebssystem das PC-Betriebssystem. Dieses Betriebssystem beinhaltet Dienstprogramme zur Sicherung und Verwaltung der Daten, Ressourcen und Benutzerkennungen. Der File-Server stellt diese gemeinsamen Ressourcen den Anwendern zur Verfügung.

File-Sharing

Dies ist ein wichtiges Charakteristikum von Netzwerken. Es bietet die Möglichkeit, daß zur gleichen Zeit mehr als ein Anwender auf die gleiche Datei zugreifen können.

File-Transfer
(Dateiübertragung)

Unter File-Transfer versteht man üblicherweise die physikalische Übertragung einer bzw. mehrerer Dateien von einem Rechner auf einen anderen. Dabei kommt es durch Vervielfältigung der Dateien zu Redundanzen im System. Beispiele: FTP (TCP/IP) und FTAM (ISO); vgl. FTP, TCP/IP und FTAM.

Frame
(Datenübertragungsrahmen)

In lokalen Netzen ist ein Frame die Festlegung, nach welchem Schema die Daten übertragen werden. Dies kann, je nach Netz, unterschiedlich definiert sein. Ein Frame beinhaltet i. d. R. Absender- und Adressatenfelder. Die ISO-Schicht 2 bzw. deren Äquivalente regeln die Übertragung.

Frequenzmultiplex

Bezeichnung für die Aufteilung eines Datenübertragungsweges mit großer Bandbreite in mehrere Wege mit jeweils unterschiedlichen Frequenzen.

Front-End-Prozeß

Teilprozeß des Client-Server-Konzeptes. Bei einer Datenbank-Anwendung ist der Front-End-Prozeß der Prozeß, der auf dem Rechner des Anwenders abläuft (Datenbank-Abfrage). Vgl. Back-End-Prozeß.

Funktionsverbund

Netzzugriffsmöglichkeit auf einen Spezialrechner, z. B. einen Vektor- oder Datenbankrechner.

FTP
(File Transfer Protocol)

TCP/IP Datei-Transfer-Protokoll, mit dem Dateien sowohl vom Rechner (empfangen) als auch zum Rechner übertragen (senden) werden können (nur zu Transferzwecken).

FTAM

(File Transfer, Access and Management)
Bezeichnung für eine Reihe von Diensten, die der OSI-Schicht 7 angehören. Dazu gehören Dateitransfer-, Dateizugriffs- und Dateiverwaltungsdienste. Um mit möglichst vielen unterschiedlichen Dateisystemen arbeiten zu können, wurde in FTAM ein allgemeines, virtuelles Dateisystem definiert.

G

GAN

(Global Area Network – Globale Netzwerke)
Weltumspannendes Netzwerk, das Rechner verschiedener Kontinente miteinander verbindet. Diese Verbindung kann dabei i. d. R. nur über Satellit erfolgen.

Gateway
Intelligente Schnittstelle, die zwei unterschiedliche Netzwerke (z. B. Novell und X.25-Netz) miteinander verbindet. Sie übernimmt die Übersetzung bzw. Konvertierung der verschiedenen Protokolle zwischen den Netzwerken über alle sieben ISO-Ebenen hinweg. Meist sind über ein Gateway nur die Netzanwendungen Terminal-Emulation, File-Transfer und E-Mail realisiert. Beispiele sind SNA-, TCP/IP- und X.25-Gateways.

GEM
Windows-ähnliche, grafikorientierte Benutzeroberfläche von Digital Research.

Glasfaserkabel
In einem Glasfaserkabel erfolgt die Informationsübertragung durch dünne Glasfasern mittels extrem kurzer Laserlichtimpulse (im Nanosekundenbereich) in hoher Impulsrate (Bandbreite bis zu mehreren GHz). Deshalb heißen sie auch Lichtwellenleiter oder Lichtleiter.

Großrechner
Auch Universalrechner, Mainframe. Eine Klasse der DVA mit etwa ab 2 Millionen Adressen im Arbeitsspeicher, komplexer Steuerung und Anschließbarkeit praktisch aller denkbaren peripheren Geräte.

H

HDLC

(High Level Data Link Control)
Siehe HDLC-Prozedur.

HDLC-Prozedur

(High Level Data Link Control-Procedure)
Codeunabhängige Prozedur zur Steuerung und Sicherung von Datenübertragungen (ISO-Schicht: 2) mit einem Informationsfluß in beide Richtungen. HDLC ist Bestandteil der X.25-Empfehlungen.

heterogen
ungleichartig – Heterogenität der Systeme bedeutet, daß diese Inkompatibilitäten bezüglich Hardware-Architekturen, Schnittstellen, Peripherie, Betriebssystemen, Kommandosprachen, Nachrichtenaustausch bzw. Auftragsbearbeitung aufweisen, welche systemübergreifende Integrationskomponenten erfordern.

HMA
(High Memory Area)
Die ersten 64 KByte des Extended Memory (XMS).

Host
Zentraler Verarbeitungsrechner, auch Wirtsrechner. Als Hostrechner kann jeder Computer mit Multi-User-Zugang verwendet werden. Er ist meist gleichzusetzen mit einem Großrechner oder einer Mehrplatzanlage (MDT), auf die auch andere Benutzer über einen PC oder eine Workstation und eine Host-Emulation Zugriff haben (vgl. Hostrechner).

Host-Emulation
Siehe Terminal-Emulation.

Hostrechner
Der Begriff Hostrechner (auch Host, Master oder Server) hat sich etabliert für einen (größeren) Rechner, auf den ein anderer (kleinerer) Rechner (auch Slave oder Client) zugreift, wie z. B. bei der PC-Host-Kommunikation. Hier arbeiten Personal Computer Hand in Hand mit EDV-Großanlagen und dienen quasi als intelligentes Terminal.

HP
(Hewlett Pakard)
Hardwarehersteller; der Name wird auch als Bezeichnung für IBM-kompatible Rechner dieser Firma gebraucht.

HP-OS/2
HP-Variante von OS/2.

HPFS
(High Performance File System)
Neues Dateisystem, welches das FAT-Dateisystem von DOS für den Bereich der OS/2-Rechner ab OS/2 1.2 ablöst. Ein Vorteil ist neben der höheren Zugriffsgeschwindigkeit die Möglichkeit, längere Dateinamen zu vergeben.

Hybrid-Netzwerke
Mischkonzeptionen der Vernetzungsvarianten; Netzwerke, in denen die Host-Terminal-, LAN- und/oder Backbone-Vernetzung realisiert ist.

Hypertext
Ein Begriff, der ursprünglich aus der „Macintosh-Welt" kam; mittlerweile u. a. auch für DOS-Rechner verfügbare Software-Umgebung, die zahlreiche Möglichkeiten zur Verfügung stellt, Informationen in Bild und Text abzulegen, objektorientiert zu verbinden und abzurufen.

I

IBM

(International Business Machines Coporation)
Hard- und Softwarehersteller mit breiter Produktpalette (Marktführer in vielen Bereichen).

IBM-BS/2

IBM-Marktbezeichnung für ihre OS/2-Variante.

IBM-DOS

IBM-Marktbezeichnung für ihre DOS-Variante.

IBM-OS/2

IBM-Variante von OS/2; eigentlich BS/2.

IBM 3270

Gruppe von Geräten, die von einem IBM-Host unterstützt werden. Dazu zählen die IBM-Steuereinheiten, -Terminals etc.

Icons

Icons sind Bilder (Pictogramme) auf dem Bildschirm, die bestimmte Funktionen sinnbildlich repräsentieren, beispielsweise ein Papierkorb die Lösch-Funktion.

IDN

(Integriertes Text- und Datennetz)
Von der Deutschen Bundespost (Telecom) entwickeltes, öffentliches Netz zur Text- und Datenübertragung. Sammelbegriff für das leitungsvermittelte Datexnetz, das Telexnetz, das Datexnetz mit Paketvermittlung und das Direktrufnetz. Nicht zu verwechseln mit ISDN.

IDV

(Individuelle Datenverarbeitung)
Die individuelle Datenverarbeitung ist dadurch gekennzeichnet, daß Endbenutzer Aufgaben ihres Arbeitsbereiches durch den Einsatz von Softwarewerkzeugen selbstständig und eigenverantwortlich lösen. (Vgl. Softwarewerkzeuge und Planungssprachen.)

IEEE

(Institute of Electrical and Electronics' Engineers)
Amerikanisches Standardisierungsgremium, unter anderem für lokale Netzwerke.

Information

Zweckorientiertes Wissen als Voraussetzung für unternehmerisches Handeln.

Informationsbedarf

Die im Rahmen einer Systemanalyse zu ermittelnden, für das Unternehmen bzw. den Funktionsbereich relevanten Fakten für die Implementation eines Informationssystems.

Informationsmanagement

Informationsmanagement wird als Koordinationsinstrument für einen organisations- bzw. aufgabenadäquaten Einsatz der zunehmend umfänglicher werdenden Informations- und Kommunikationstechnologie-(IKT-)-weg-Ausstattung einer Organisation verstanden (Informationsmanagement = Informationstechnologiemanagement).

Inhouse-Kommunikation

Zusammenfassende Bezeichnung der unternehmensinternen Kommunikation über PABX, LAN, Terminal-Netze etc.

Inhouse-Netz

Infrastruktur der Inhouse-Kommunikation.

Insellösung

Abteilungs- bzw. bereichsspezifische Hard- und Softwarekonstellation, die den Arbeitsablauf in diesem Bereich gut unterstützt. Bei der Planung und Realisation wurden dabei keine oder nur wenige Schnittstellen zu anderen Unternehmensbereichen und deren Informationssysteme berücksichtigt. Dadurch entstehen Inkompatibilitäten bezüglich der Hard- und/oder Software beim Informationsaustausch über Bereichsgrenzen hinweg.

Interface

(Schnittstelle)

Übergangsstelle zwischen zwei Bereichen (Hardware und/oder Software). Die Normierung ist hier noch nicht weit fortgeschritten. Zur Zeit gibt es nur wenige standardisierte Schnittstellen (z. B. serielle PC-Schnittstelle RS 232).

Internet

Bezeichnung für einen Verbund von mehreren Subnetzen, die lokal oder remote miteinander verbunden sind. Voraussetzung sind physikalisch verschiedene LANs mit unterschiedlichen Netzwerk-Adressen, die via Router oder Gateway (nicht Bridge) gekoppelt sind.

Internetprotokoll

(IP)

Das Internetprotokoll ermöglicht eine Übertragung der Datenblöcke (Datagramme) mittels verbindungsloser Kommunikation. Dabei handelt es sich um das Protokoll der DoD-Protokollfamilie, das der Netzwerk- bzw. Vermittlungsschicht (Schicht 3) des OSI-Modells entspricht. Aufgaben des Protokolls liegen in der Adressierung beim Datentransfer innerhalb eines Netzes, im Routing sowie in der Fragmentierung und Reassemblierung großer Pakete.

Internetz

(Internet)

Allgemeine Bezeichnung für einen Verbund von mehreren homogenen lokalen Netzen. Die einzelnen LANs können dabei sowohl lokal als auch remote miteinander verbunden sein. Diese physikalisch getrennten Netze sind meist über Router verbunden. LANs, die durch Bridges gekoppelt sind, werden nicht als Internetz bezeichnet. Vgl. Internet.

IP

Siehe Internetprotokoll.

IPC

(Interprozeß-Kommunikation)
Softwarekonzept, welches die Kommunikation von Programmen unterschiedlicher Hersteller ermöglichen soll; vgl. auch DDE.

IPX

(Internetwork Packet Exchange Protocol)
Dieses Novell-NetWare-Protokoll, das weitestgehend der ISO-Schicht 3 entspricht, dient dem Versenden und Empfangen von Datagrammen.

ISDN

(Integrated Services Digital Network)
International geplantes, von der Deutschen Bundespost (Telecom) forciertes, öffentliches Netz zur Übertragung von Sprache, Daten, Text und Festbildern.

ISO

(International Standards Organisation)
Internationaler Zusammenschluß aller Normierungsgremien.

ISO-Referenzmodell
Sieben-Ebenen-Modell für die strukturierte Konstruktion von offenen (Verbund-) Systemen.

K

Knoten

(node)
Ein im Netzwerk angeschlossenes Gerät (auch Station). Ein Knoten ist eine Quelle und Senke für Daten und kann ein Terminal, Drucker, Laufwerk, Rechner, Gateway usw. sein.

Koaxialkabel
In einem Koaxialkabel von meist fünf bis zehn Millimetern Durchmesser sind zwei Kupferleiter ineinanderliegend (koaxial) angeordnet. In der Achse eines hohlen Außenleiters (Grund) befindet sich der isolierte Innenleiter (Signal). Die Informationsübertragung erfolgt mittels elektromagnetischer Wellen.

Kommunikation
Unter Kommunikation wird der Austausch von Information zwischen Entscheidungseinheiten verstanden. Sie ist in arbeitsteiligen Systemen notwendig, wenn der Ort des Informationsanfalls bzw. der Informationsspeicherung und der Ort des Informationsbedarfs auseinanderfallen.

Kommunikations Manager
Der Kommunikations Manager ist integrierter Bestandteil der IBM-OS/2 Extended Edition und enthält die notwendige Softwareunterstützung zur Host-Kommunikation und für lokale Netzwerke.

Kommunikations-Server
Siehe Communication-Server.

Kommunikationsnetz
Allgemeine Bezeichnung für digitale und analoge Netze, die der Kommunikation dienen.

Kommunikationsprotokoll
Siehe Protokoll.

Kommunikationssteuerungsschicht
(Session Layer; OSI-Schicht: 5)
In dieser Schicht werden Sprachmittel zur Verfügung gestellt, mit deren Hilfe eine Kommunikationsbeziehung (Session) gesteuert, d. h. aufgebaut, nach einer durch das Transportsystem verursachten Unterbrechung wieder aufgenommen und schließlich geordnet abgebaut werden kann.

Kommunikationssystem
Häufig eine andere Bezeichnung für Netzwerk bzw. Kommunikationsnetz.

Kompatibilität
(Verträglichkeit)
Allgemeine Bezeichnung für die Verträglichkeit von Geräten und Programmen, die, unter möglichst geringen Anpassungen, miteinander verbunden bzw. ausgetauscht werden können. Als hardwarekompatibel wird folglich die Austauschfähigkeit von Geräten und als softwarekompatibel die Austauschbarkeit von Programmen bezeichnet. Nach einer Grundsatzentscheidung des Bundesgerichtshofes (BGH) ist ein technisches System mit einem anderen dann und nur dann kompatibel, wenn es dieses bei bestimmungsgemäßem Gebrauch stets und vollständig zu ersetzen vermag.
Wenn in einem EDV-System alle Hard- und Softwarekomponenten miteinander arbeiten und untereinander ausgetauscht werden können, nennt man dies kompatibel.

Kompatibilitätsbox
Eine in OS/2 installierte Funktion, um MS-DOS-Programme teilweise unter OS/2 zu nutzen. Die DOS-Beschränkungen bleiben dabei jedoch erhalten.
Eine Kompatibilität im Sinne des BGH ist nicht vollständig gegeben. Vgl. Kompatibilität.

Konfigurationsverwaltung
Die Netzdienste zur Konfigurationsverwaltung stellen Hilfsmittel und Werkzeuge zur Planung, Änderung, Erweiterung und Pflege der Systemkonfiguration zur Verfügung. Sie stehen in enger Interaktion mit den Werkzeugen zur Fehlererkennung und Lastoptimierung.

Kontoführung
Netzdienst von NetWare, der es ermöglicht, die Kosten der Netzwerknutzung besser zu erfassen, zu bewerten und zuzuordnen.

L

LAN

(Local Area Network – lokales Netz)
Netzwerk für eine bitserielle Übertragung und zur Verbindung von Computern und Peripherie auf räumlich begrenztem Gebiet (Gebäude, Firmengelände). Sinngemäß ausformuliert ist ein Local Area Network ein eigenständiges technisches System zur Verknüpfung voneinander unabhängiger Computer, Terminals, Arbeitsplatzsystemen usw. mit dem Ziel, zwischen diesen wahlfreie, bedarfsorientierte Verbindungen zum Zwecke der Kommunikation zu schaffen. Die Ausdehnung eines solchen Netzes ist auf den privaten Bereich des Anwenders beschränkt (z. B. im Unternehmen).

LAN-Manager

Netzwerkbetriebssystem auf OS/2-Basis. Es wurde ursprünglich von Microsoft und 3COM entwickelt. Der LAN-Manager unterstützt das File-Server- und Client-Server-Konzept sowie die Mainframe-Anbindung.

Lastoptimierung

Unter Lastoptimierung versteht man z. B. die Minimierung von Fehlerraten, die Maximierung von Durchsatzraten, die Optimierung der Wegewahl (Routing) usw. Die Lastoptimierung innerhalb eines Netzes ist zum einen Teil Aufgabe der Netzwerkbetriebssysteme, zum anderen der technikorientierten Netzwerk-Manager.

Lastverbund

Im PC-Bereich kaum realisierbare Möglichkeit, nicht genutzte Rechner(kapazität) anderen Rechnern zur Verfügung zu stellen.

Leistungsverbund

Verteilung von Teilaufgaben auf mehrere Rechner. Ein Problem stellen die häufig schlechten Aufteilungsmöglichkeiten für die Problemlösungsalgorithmen dar.

LIM

(Lotus – Intel – Microsoft)
Siehe Expanded Memory.

Link Layer

Siehe Sicherungsschicht.

Link-Segment

Segmentkomponente zur Verbindung zweier Ethernet-Stränge, die mehr als 100 Meter voneinander entfernt sind. So können mittels Glasfaserkabel bis zu 1 000 Metern überbrückt werden.

LLC

(Logical Link Control)
Obere Teilschicht der zweiten OSI-Schicht (Verbindungsschicht). Dient der Adressierung und Fehlererkennung. Vgl. Verbindungsschicht und MAC.

Login

Bezeichnung für die Eingabe von Benutzerkennung und Passwort für den Zugang zu Mehrplatzsystemen und/oder Netzwerken.

Login-Script

Benutzer- oder benutzergruppenabhängige Sammlung von Befehlen und Voreinstellungen, die Rechte und Möglichkeiten festlegen, die nach dem Login für die entsprechenden Benutzer im Netzwerk gelten. Diese Dateien werden vom Systemadministrator angelegt und erfüllen in erster Linie Datenschutzanforderungen.

Logische Verbindung

Ab einer gewissen Ebene erscheint diese Verbindung fest etabliert und exklusiv, obwohl die Nachrichten, z. B. physikalisch, mit anderen zusammen durch Multiplex übertragen werden.

M

MAC

(Media Access Control)

Untere Teilschicht der zweiten OSI-Schicht (Verbindungsschicht). Dient der Kollisionsvermeidung beim Medienzugang und der Auflösung von Konflikten (Kollisionen). Vgl. Verbindungsschicht und LLC.

Macintosh

Produktname einer Rechner-/Betriebssystem-Kombination der Firma Apple.

mail-Befehl

Beispiel für den Aufruf von E-Mail in Unix-Systemen. Innerhalb des Internetzes sind damit alle Benutzer erreichbar. Vgl. Internet.

Mainframe

Englische Bezeichnung für Haupt- oder Großrechner bzw. Host (vgl. Host).

MAN

(Metropolitan Area Network – Stadt-Netze)

Geplante Hochgeschwindigkeitsnetze innerhalb von Stadtgebieten, die derzeit noch über WAN realisiert werden. Es existieren erste Standardisierungsvorschläge über FDDI II und IEEE 802.6. Ziel ist die Übertragung von Daten und Sprache.

Master

Alternativer Begriff zu Server oder Host (vgl. Host).

MC68xxx

Siehe 68xxx.

MDT

(Mittlere Datentechnik)

Veraltete Bezeichnung für Bürocomputer bzw. kleinere Mehrplatzsysteme wie z. B. AS 400 von IBM.

Mehrplatzfähigkeit

Siehe Multi-User.

MHS
(Message Handling System – CCITT X. 400.2 bzw.
Message Handling Service – Novell NetWare)
MHS nach dem CCITT bezieht sich auf den elektronischen Nachrichtenaustausch
nach X.400 (OSI).
Bei Novell leitet das MHS Nachrichten innerhalb und zwischen verschiedenen LANs
weiter.

Microcomputer
Oberbegriff für verschiedene Leistungsklassen von Computern. Gemeint sind haupt-
sächlich Personal Computer mit dem Betriebssystem MS-DOS. Zusammenfassende
Bezeichnung für Desk-Top-Computer, Lap-Top-Computer, Hand-Held-Computer,
Kleincomputer, Bürocomputer und Arbeitsplatzrechner.

Mirroring
Netzdienst von NetWare. Beim Mirroring legt NetWare ein vollständiges Duplikat
einer physikalischen Festplatte auf einer zweiten ab. Der File-Server spiegelt
Schreibvorgänge auf die Originalplatte sofort auch auf das Duplikat. Beim Ausfall
der Originalplatte arbeitet der Server automatisch mit dem Duplikat weiter (vgl.
Duplexing).

Modem
(Modulator-Demodulator)
Datenübertragungseinrichtung, die Gleichstromsignale in Wechselstromsignale und
umgekehrt umsetzt. Dadurch wird die Datenübertragung den gleichstromdurchlässi-
gen öffentlichen Netzen (IDN, Telefon) angepaßt.

Monitoring
Unter Monitoring versteht man die Suche nach Fehlern und Lastengpässen in einem
Netzwerk mittels sogenannter Monitoring-Tools.

Monitoring-Tools
Siehe Monitoring.

Motif
Siehe OSF/Motif.

MS
(Microsoft)
Softwarehersteller.

MS-DOS
Microsoft-Marktbezeichnung für ihre DOS-Variante; vgl. DOS.

MS-OS/2
(Microsoft-Operating System/2)
Neues Betriebssystem von Microsoft (vgl. OS/2).

MS-Windows
Benutzerfreundliche, grafikorientierte Benutzeroberfläche und Betriebssystemergänzung der Firma Microsoft für DOS-Rechner nach SAA-Richtlinien.

Multi-Processing

Hier können mehrere Prozessoren eines Rechners einem oder mehreren Programmen gleichzeitig zur Verfügung stehen.

Multi-Tasking

Die Möglichkeit, auf einem Rechner mehrere Programme gleichzeitig ablaufen zu lassen (Timesharing, Zeitscheibenverfahren).

Multi-User

Die betriebssystemabhängige Möglichkeit, mehrere Benutzer an einem Rechner gleichzeitig arbeiten zu lassen (vgl. auch Terminal und Host).

Multicasting

Senden einer Nachricht (E-Mail) an bestimmte angeschlossene Stationen (Benutzer, Gruppen) in einem Netz (vgl. Broadcasting).

Multiplexer

Steuereinheit, die die zeitliche Zuteilung (Zeitmultiplex) oder die Frequenzlagenverwaltung (Frequenzmultiplex) auf Übertragungskanälen vornimmt.

Multiscreen

Multiscreen ist eine Eigenschaft von Rechnern oder Programmen, bei der mehrere, voneinander unabhängige Sitzungen (Sessions) mit unterschiedlichen anderen Systemen gleichzeitig ablaufen können. Der Anwender kann durch Tastendruck zwischen diesen Sessions umschalten. Prozesse, die an den anderen Terminals angestartet wurden, laufen weiter.

Multivendor Umgebung
(Mehrfach-Anbieterumgebung)

Netzwerksysteme mit Teilkomponenten unterschiedlichster Hersteller, z. B. Komponenten von NetWare, LAN-Manager und TCP/IP in einem Netz.

N

Name-Server
(auch Name-Service)

Netzdienst für die Verwaltung von Internetzwerken. Der Name-Server entspricht vereinfacht einer Datenbank, die synchronisiert über alle Server einer Domäne (Domain), symbolische Namen für Internet-Adressen, Ethernet-Adressen etc. zur Verfügung stellt. (Vgl. Internetz und Domain-Server.) Nach Eingabe eines Befehls wie beispielsweise: „SEND "Hallo Otto" TO O_MEIER" sucht der Rechner (Routing) über die Datenbank die entsprechende Adresse des Servers und darüber des Arbeitsplatzrechners, auf die die Benutzerkennung „O_MEIER" gerade angemeldet ist. Die Nachricht erscheint dort auf dem Schirm.

Name-Service

Siehe Name-Server.

NetBIOS

(Network Basic Input/Output System)

Netzwerkbetriebssystem bzw. Protokollgruppe der Firmen Sytek und IBM für PC-Netze. Es ist ein weiterer „De-Facto-Standard" neben TCP/IP. Es stellt eine Schnittstelle zur Verfügung, die den Schichten 3 bis 5 des OSI-Modells entspricht und verwendet für die Schichten 1 und 2 beispielsweise IBM Token Ring, für die Schicht 6 DOS 3.1 oder größer.

NetWare

Netzwerkbetriebssystem der Firma Novell Inc. für PC-Netzwerke (fast) aller Hardware-Hersteller. Netware kann derzeit als „Quasi-Standard" für Netzwerkbetriebssysteme bezeichnet werden.

Network Layer

Siehe Vermittlungsschicht.

Netzadministration

Siehe Netzwerk-Administration.

Netzanwendungen

Zusammenfassende Bezeichnung für alle Dienste und Anwendungen, die innerhalb eines Netzwerkes zur Verfügung stehen. Darunter fallen sowohl die Kommunikationsdienste (Basisdienste, Serverdienste etc.) als auch die Netzmanagementdienste (Netzadministration, Fehlermanagement etc.).

Netz-Betriebssystem

Ein Netz-Betriebssystem ist kein einheitliches Software-Paket, sondern eine Gruppe von Programmen, die zusammen arbeiten und miteinander kommunizieren müssen. Vgl. Protokoll und Netzwerkbetriebssystem.

Netzdienste

Allgemeine Bezeichnung für die Teilnehmerdienste (IDN) der Deutschen Bundespost (Telecom).

Netzwerk

Eine Gruppe von Rechnersystemen und Terminals, die über Kommunikationsleitungen miteinander verbunden sind und Informationen und Ressourcen gemeinsam nutzen können.

Netzwerk-Adapterkarte

Siehe Adapterkarte.

Netzwerk-Administration

Die Netzwerk-Administration dient der Konfiguration und Verwaltung aller Netzwerkressourcen, von Benutzerkennungen über File-, Applications-, und Datenbank-Server bis hin zu Print-Servern und deren Warteschlangen.

Netzwerkbetriebssystem

Betriebssystem, durch das eine Multi-Tasking- und Multi-User-Umgebung geschaffen wird und das die Kommunikation einzelner Arbeitsplatzrechner mit einem Server sowie untereinander ermöglicht. Beispiele sind NetWare und der LAN-Manager bzw. 3+Open. Teilweise werden Netzwerkbetriebssysteme auch als Netz-Betriebssystem oder LAN-Betriebssystem bezeichnet.

Netzwerkdiagnose

Netzdienste zur Netzwerkdiagnose unterstützen das technische Netzmanagement beim Lokalisieren der Ursachen aufgetretener Fehler.

Netzwerk-Management

Zusammenfassende Bezeichnung für Netzdienste organisatorischer (Netzwerk-Administration), technischer (Monitoring) und automatisierbarer (Datensicherung und Datenschutz) Art.

Netzwerkstatistiken

Durch Netzwerkstatistiken können Auslastung und auftretende Fehler festgestellt werden.

Netzwerktypen

Zusammenfassende Bezeichnung für die Umsetzung von Topologien. Beispiele sind Ethernet, IBM-Token-Ring und Arcnet.

NFS

(Net File System – Netzwerk Datei System)

NFS von SUN stellt eine Möglichkeit dar, den Zugriff in einem vernetzten System transparenter zu machen. Es ermöglicht den Zugriff auf andere Dateisysteme (Dateizugriff), ohne daß der Benutzer merkt, ob die Dateien lokal oder remote vorliegen (vgl. verteilte Verarbeitung).

NLM

(NetWare Loadable Module)

Software-Module (Schnittstellen) für NetWare 386 v3.x, über die dem Server zusätzliche Funktionen zugefügt werden können. Diese Module lösen teilweise die VAPs von NetWare 286 ab. Beispiele sind Print-Server- und E-Mail-Funktionen.

Novell

Der Name eines Herstellers von Netzwerksoftware (z. B. NetWare).

O

ODT

(Open Desktop)

Siehe Open Desktop.

ODT-View

OSF/Motif-Implementation von SCO unter Open Desktop. (Grafikorientierte Benutzeroberfläche mit Mausbedienung in der Unixumgebung).

OEM

(Original Equipment Manufacturer)

OEMs sind Lizenzhersteller und dürfen das Originalprodukt nicht ohne Veränderungen weiterverkaufen. Oft erhalten diese Produkte dann neue Namen (z. B. 3+Open). Derzeit unterstützen ca. 40 OEMs den LAN-Manager, so u. a. 3COM, AT&T, DCA, DEC, HP, IBM, NCR, NEC, Olivetti, Ungermann-Bass etc.

offene Kommunikation
Die Fähigkeit von Systemen verschiedener Hersteller und Architekturen, Informationen nach vereinbarten (standardisierten) Prozeduren miteinander auszutauschen und diese interpretieren zu können (vgl. Multivendor Umgebung).

offline
Indirektes bzw. unabhängiges Arbeiten mit EDV-Anlagen; Gegensatz zu online. Ergebnisse und Ausdrucke werden z. B. postalisch zugestellt (vgl. Stapelbetrieb und online).

online
Direkte elektronische, interaktive Verbindung zwischen dem Anwender und seinem Rechner. Die Ergebnisse werden meist direkt am Bildschirm ausgegeben.

Open Desktop
Hinter der Bezeichnung Open Desktop verbirgt sich ein komplettes Anwendungs- und Entwicklungssystem, bestehend aus folgenden Produkten:
– Das Basisbetriebssystem ODT OS ist (abgesehen von der Server-Version) eine erweiterbare Zweiplatzversion des SCO Unix/386 Release 3.2.
– Die Benutzeroberfläche ODT VIEW besteht aus dem X11R3 des MIT, der Benutzerschnittstelle Motif und dem darauf aufbauenden Desktop Manager.
– Hinter ODT NET verbirgt sich eine Adaption von TCP/IP, NFS und dem MS LAN Manager Client.
– Als Schnittstelle zu DOS fungiert das auf dem DOS-Merge von Locus Computing basierende ODT DOS.
– Das Paket wird mit ODT DATA, dem relationalen Datenbanksystem Ingres/386 Version 6.1, das Client-Server-Anwendungen unterstützt, abgerundet.

OS/2
(Operating System/2)
Neueres, von Microsoft und IBM entwickeltes Single-User/Multi-Tasking-Betriebssystem für Intel 80x86-Prozessoren.

OSF
(Open Software Foundation)
Vereinigung von Hard- und Softwareherstellern, z. B. DEC, HP, IBM, Intel, Nixdorf, Siemens, Toshiba, Wang, um nur einige der bekanntesten der ca. 57 Mitglieder zu nennen. Innerhalb der OSF wird versucht, Hard- und Softwarekomponenten zu standardisieren.

OSF/Motif
Fensterorientierte Benutzeroberfläche für Unix-Rechner, die auf der Grafik-Schnittstelle X-Window basiert, welche wiederum Client-Server-Applikationen unterstützt.

OSI
(Open System Interconnection)
Siehe ISO-Referenzmodell.

OSI-Modell
Siehe ISO-Referenzmodell.

OSI-Referenzmodell
Siehe ISO-Referenzmodell.

Overlays
(Überlagerung)
Programmiertechnik zur wirtschaftlichen Ausnutzung knapper Kapazitäten im Arbeitsspeicher (RAM). Hierdurch kann der gesamte Programmcode die 640KB-Grenze überschreiten.

P

PABX
(Private Automatic Branch Exchange System)
PABX-Systeme (auch Nebenstellenanlagen (NStAnl.)) sind Vermittlungseinrichtungen auf privatem Gelände, an die mehrere Teilnehmer-Endeinrichtungen (sog. Nebenstellen) über Nebenstellenanschlußleitungen angeschlossen werden. Diese sind dann durch eine oder mehrere Hauptanschlußleitungen (Amtsleitungen) mit dem öffentlichen Fernmeldenetz verbunden.

PAD
(Packet Assembly Disassembly)
PADs sind Anpaß-Einheiten zwischen Terminal-Protokollen (V24/Start-Stop-DDE, 3270-BSC-Terminal) und X.25-Netzen zum Zwecke eines Dialog-Zugriffs auf am X.25-Netz angeschlossene Verarbeitungssysteme. Vergleichbare Protokoll-Umsetzungen finden auch in sogenannten Terminal-Servern statt, die Terminals an lokale Netze anschließen (vgl. Terminal-Server).

Paket
Siehe Datagramm.

Partition
Eine große physikalische Festplatte kann durch Partitionierung in mehrere kleinere logische Laufwerke eingeteilt werden, die zudem mit unterschiedlichen Dateisystemen arbeiten können. So ist es möglich, auf einer physikalischen Festplatte sowohl ein DOS- als auch ein Unix-Dateisystem einzurichten (vgl. Dualboot).

Passwort
Vom Benutzer einzugebender Code, welches in Verbindung mit der Benutzerkennung (auch Benutzername o. ä.) den Zugriff zu einem System gewährt. Die Eingabe kann am Bildschirm nicht abgelesen werden.

PC
(Personal Computer)
Siehe Microcomputer.

PC-DOS
Andere Bezeichnung für IBM-DOS (vgl. DOS).

Peripherie
Bezeichnung für alle Zusatzgeräte außerhalb des Rechners wie z. B. Drucker, Plotter, Scanner usw.

Personal Computer
Andere Bezeichnung für Microcomputer (vgl. Microcomputer).

Physical Layer
Siehe Bitübertragungsschicht.

Physikalische Ebene
Andere Bezeichnung für Bitübertragungsschicht (vgl. Bitübertragungsschicht).

Physikalische Schicht
Andere Bezeichnung für Bitübertragungsschicht (vgl. Bitübertragungsschicht).

Planungssprache
Höhere Programmiersprache zur benutzernahen Modellgenerierung. Bietet meist
Funktionen zur praxis- und problemorientierten Datenanalyse, Simulation, Berichts-
generierung und Grafikerstellung (z. B. APC, IBM-AS, Lotus 1-2-3, Javelin, Open
Access, Micro-FCS u. v. m.). Somit sind Planungssprachen Softwarewerkzeuge für
die flexible Modellerstellung durch Benutzer ohne spezielle EDV-Kenntnisse. Die
entsprechende Software muß daher einen umfangreichen Funktionsvorrat zur
schnellen Lösung häufig vorkommender Probleme auch in nicht-prozeduraler For-
mulierung bearbeiten können. Zudem sollten umfangreiche Ausgabemöglichkeiten,
z. B. Grafikausgabe und Berichtsgeneratoren, implementiert sein.

Presentation Layer
Siehe Datendarstellungsschicht.

Presentation Manager
Von Microsoft und IBM nach der SAA-Konvention entwickelte Benutzeroberfläche
für OS/2-Rechner.

Print-Server
Server in einem Netzwerk, der (unter anderem) den gemeinsamen Zugang zu einem
oder mehreren Druckern in Verbindung mit Festplattenkapazität zur Pufferung zur
Verfügung stellt (Druckerstation).

Protected Mode
Betriebsart der Intel 80x86-Prozessoren, in der bei jedem Speicherzugriff geprüft
wird, ob der Prozeß auch zugriffsberechtigt ist. Damit lassen sich bei 286er-Prozes-
soren bis zu 16 MB und bei 386ern bis zu vier Gigabyte adressieren (vgl. 80286).

Protokoll
Gesamtheit aller semantischen (bedeutungsmäßigen) und syntaktischen (form-
gerechten) Festlegungen, die das Kommunikationsverhalten miteinander kooperierender Einrichtungen definiert. Es dient der Erfüllung von Schichtenfunktionen, welche letztlich Kommunikationsdienste für die Schichtbenutzer ergeben. Beispiele sind
IPX unter NetWare und X.25 für paketvermittelte Dienste.

Protokoll-Overhead
Bezeichnung für alle weiteren Informationen, die zu den eigentlichen Nutzdaten in
einem Frame von jedem weiteren Protokoll hinzugefügt werden.

Prozessor
Andere Bezeichnung für Zentraleinheit (CPU).

PS/2

(Personal System/2)
IBM-Marktbezeichnung für ihre neueren PC-Modelle auf Intel-Prozessorbasis.

Q

QBE

(Query by Example)
Datenbankabfragesprache, mit der SQL-Daten einfach abgefragt werden können.

Query Manager

Teilmodul des IBM-Datenbank-Managers zur Abfrage von SQL-Datenbanken mittels QBE (Query by Example).

R

RAM

(Random Access Memory)
Direktzugriffsspeicher im Rechner, auch Hauptspeicher genannt. Hier werden i. d. R. Programme, Programmteile und Daten eingelesen und für die Verarbeitung zwischengespeichert.

rcmd-Befehl

(remote command)
Beispiel für einen (Unix-)Befehl, durch den Programme auf einem anderen (Remote-)Rechner angestartet werden können. Dies führt zu einer Entlastung des lokalen Rechners.

rcp-Befehl

(remote copy)
Beispiel für „einen" Copy-Befehl in Unix-Internetzen. Ein analoger Befehl unter NetWare ist beispielsweise NCOPY.

Real Mode

Betriebsart der Intel-Prozessoren unter MS-DOS. Multi-Tasking ist in diesem Modus nicht möglich, wenn man von der Möglichkeit, im Hintergrund zu drucken, absieht (print-Befehl). Es können nur 1 MB adressiert werden, wovon wiederum zirka 384 KByte durch Bildschirmspeicher, EMS-Erweiterung sowie BIOS-Routinen belegt sind (vgl. 80286).

Redirector

(Requester – IBM)
Der Redirector (Microsoft) bietet die Möglichkeit, auf einem Computer mehrere Betriebssysteme zu integrieren, und übernimmt hierfür das Routing. Der Redirector und das lokale Betriebssystem sind auf der OSI-Schicht 6 angesiedelt.

Redundanzfreiheit

Redundanz ergibt sich durch die mehrfache Speicherung derselben Datenwerte. Das passiert, wenn man diese nicht einheitlich verwaltet werden. Eine mögliche Folge der Redundanz ist die Dateninkonsistenz. Dateninkonsistenz heißt, daß für dieselben Daten (z. B. Kundenstamm) unterschiedliche Werte existieren. Redundanzfreiheit und Datenkonsistenz sind zwei Hauptaufgaben des Datenbank- und Netzmanagements.

remote

Fernbetrieb; Arbeiten mit anderen, entfernten Systemen und Systemkomponenten.

Remote boot

(auch RIPL – Remote Initial Program Load)

Netzdienst zur verbesserten Datensicherheit. Dieser Dienst erlaubt Arbeitsplatzsystemen nach entsprechender Umrüstung das Laden des Betriebssystems vom Server. Der Rechner kann somit ohne eigene Laufwerke betrieben werden. Der Diebstahl von Daten wird somit unterbunden.

Repeater

Digital arbeitender Signalverstärker innerhalb eines homogenen LANs zur Verbindung einzelner, homogener Segmente.

Ring-Topologie

In einem Ringnetz ist jede Station mit genau einem Vorgänger und einem Nachfolger direkt verbunden. Die Übertragung erfolgt in der vorgegebenen Senderichtung von einer Station zur nächsten, wobei die Stationen eine aktive Funktion haben: Sie entscheiden, ob eine Nachricht unverändert (d. h. nur verstärkt) oder verändert weiterzuleiten bzw. ob sie vom Ring zu nehmen ist.

rlogin-Befehl

(remote login)

Einfache Form der Terminal-Emulation in Unix-Internetzen. Dies ermöglicht ein Login und damit das Arbeiten an anderen Rechnern.

ROM

(Read Only Memory)

Im Gegensatz zum RAM ist der ROM ein nicht veränderbarer Festwertspeicher. Er wird deshalb auch Lesespeicher genannt. Eine einmal eingebrannte Information kann nicht mehr verändert werden. Er beinhaltet u. a. Teile des Betriebssystems (vgl. BIOS).

Router

Router sind Netzkopplungseinheiten der OSI-Schicht 3. Wegewahl und Vermittlung geschehen aufgrund eines Internet-Protokolls und der zugehörigen Netzadressen. Im Gegensatz zu Bridges sind Router nicht transparent bezüglich des Protokolls der Vermittlungsschicht (OSI-Schicht 3). Allerdings sind Router am Markt verfügbar, die mehrere Internet-Protokolle interpretieren können. Router stellen beispielsweise Verbindungen zwischen einem Ethernet- und einem Token Ring-LAN oder Arcnet her.

Routing

Beim Routing (Leitweglenkung) geht es darum, auf welcher Route und mit welchen Zwischenstationen der Datentransfer zwischen den Stationen abläuft.

RPC

(Remote Procedure Calls – Fernprozeduraufrufe)

RPCs erlauben es Programmierern, komplexe Kommunikationsprotokolle zu benutzen, ohne über die Protokolle selbst etwas zu wissen.

S

SAA

(System Application Architecture)

Von IBM propagierte Zusammenstellung ausgesuchter Software-Interfaces, Konventionen und Protokolle als Rahmen für eine systemübergreifende, konsistente Anwendungsentwicklung bestehend aus einheitlicher Benutzer-, Anwendungs- und Kommunikationsunterstützung (vgl. Presentation Manager).

Schichtenbildung

Architekturprinzip für die Konzeption von Prozessoren, Rechnern und Rechnerverbundsystemen.

Schnittstelle

Siehe Interface.

SCO

(Santa Cruz Operation)

Ein Hersteller von Unix-Rechnern (SCO Unix 386 System/V und Xenix).

Segment

Innerhalb eines LANs wird ein zusammenhängendes Kabelstück als Segment bezeichnet. Diese Segmente werden durch Repeater oder Bridges miteinander verbunden.

Server

Im LAN dasjenige System, das den anderen Systemen Leistung zur Verfügung stellt, in PC-Netzen i. d. R. Peripherie, Speicherplatz und Verbindungen zu anderen Systemen (Gateways).

Server sind folglich in Rechnernetze eingebundene Spezialrechner für bestimmte Dienste, die von den an das Netz angeschlossenen Arbeitsstationen genutzt werden können.

Server sind meist als dediziertes System implementiert. Teilweise existieren sie auch als nichtdedizierte Server, die zusätzlich als Workstation nutzbar sind (dies ist u. a. abhängig vom Netzwerkbetriebssystem).

Session Layer

Siehe Kommunikationssteuerungsschicht.

Shell

(Muschel; Schale)

Ein Programm, das wie z. B. bei NetWare (net3.com; net4.com) unter DOS den Zugang zum Netzwerkbetriebssystem ermöglicht.

Sicherungsschicht
(Data Link Layer, OSI-Schicht: 2)
Diese Schicht hat die Aufgabe, die Bitübertragungsschicht gegen auf den Übertragungsstrecken (Medien) auftretende Übertragungsfehler abzusichern, d. h. aus einem potentiell fehlerbehafteten Kommunikationskanal (z. B. wegen nicht vermeidbarer elektromagnetischer Einflüsse) einen für die Anwendungsinstanz fehlerfreien Übertragungsweg zu erzeugen.

Simplex
Eine Schaltung, bei der Daten nur in eine Richtung übertragen werden können.

Single-User
An dem Rechner kann nur ein Benutzer arbeiten; z. B. DOS-Rechner (vgl. Multi-User).

Single-Tasking
Auf dem Rechner können nicht mehrere Programme gleichzeitig laufen; z. B. DOS-Rechner (ohne Windows) (vgl. Multi-Tasking).

Slave
Gegenstück zum Master; Benutzerstation im LAN.

SMTP
(Simple Mail Transfer Protocol)
Eine TCP/IP-Anwendung für den einfachen Nachrichtenaustausch.

SNA
(System Network Architecture)
Die von IBM definierte Architektur für den Aufbau eines klassischen Host-Terminal-Netzwerkes. Sie ist ähnlich dem OSI-Modell in Schichten aufgebaut, die jedoch mit diesen nicht gleichzusetzen sind.

SNMP
(Simple Network Management Protocol)
Weit verbreitetes Protokoll für Netzwerk-Management-Werkzeuge wie Monitoring-und Netztuning-Tools.

Softwarewerkzeuge
Kein fest definierbarer Begriff, sonder vielmehr eine Bezeichnung für die Eigenschaften einer Software, ein Werkzeug zur Lösung von Problemen zu sein.

Spooler
Siehe Druckerspooler.

SPX
(Sequenced Packet Exchange)
Novell NetWare-Protokoll entsprechend der ISO-Ebene 4, das logische Verbindungen aufbaut, abbaut und überprüft.

SQL

(Structured Query Language)

Eine strukturierte Abfragesprache für relationale Datenbanken, die unter anderem im Großrechnerbereich (DB2), aber auch auf vielen anderen Rechnern verbreitet ist. Neben der Standardisierung (ANSI 1986) bietet es vor allem Möglichkeiten der nicht-prozeduralen Abfrage.

Stapelbetrieb

Im Stapelbetrieb werden zum Teil Programme abgearbeitet, die keine Eingaben vom Anwender benötigen. Typische Anwendungen im kommerziellen Bereich liegen im Sortieren großer Datenbestände sowie dem Drucken von Korrespondenzschreiben. Das Gegenstück hierzu stellt der Dialogbetrieb dar (vgl. offline).

Stern-Topologie

Bei einem Sternnetz gibt es einen zentralen Vermittlungsknoten, an den jeder andere Knoten direkt durch eine physikalische Leitung angeschlossen ist.

Subnetz

Eigenständiges, homogenes LAN. Als Subnetz können auch mittels Bridge entkoppelte Teilnetze eines Kommunikationsnetzes bezeichnet werden.

SX

Kurzbezeichnung für die Version des 80386 Prozessors, der intern mit einem 32-Bit- (wie der 80386 DX), extern jedoch nur mit einem 16-Bit-Datenbus (wie ein 80286) arbeitet.

synchrone Übertragung

Datenbits werden in exakten Zeitintervallen vom Sender zum Empfänger übertragen. Sie ist schneller als die asynchrone Übertragung.

Systemadministrator

Allgemeine Bezeichnung für den Benutzer bzw. die Benutzerkennung, der (die) innerhalb eines Netzes alle Rechte besitzt.

Systemäquivalenz

SCO-Unix-Bezeichnung für den Zustand von unterschiedlichen, nichtsynchronisierten Systemen, auf denen die den Benutzerkennungen zugeordneten internen Benutzernummern identisch sind. Dies bedeutet, daß ein Benutzer auf jedem Rechner die gleiche Benutzerkennung und das gleich Passwort haben muß. Dadurch muß für die Remote-Befehle (rcp, rcmd, rprt etc.) kein weiteres Login eingegeben werden. Die benutzerfreundlichere Lösung ist die Synchronisation der Systeme und die Implementation von Name- und Domain-Services.

T

TCP

(Transport Control Protocol)

TCP ist ein verbindungsorientiertes End-to-End-Protokoll der DoD-Protokollfamilie und entspricht etwa der OSI-Schicht 4. Es zerlegt die zu übertragenden Daten in eine Anzahl von Datenblöcken (vgl. TCP/IP).

TCP/IP
(Transport Control Protocol/Internetwork Protocol)
TCP/IP stellt die vergleichbaren Ebenen 3 und 4 des OSI-Referenzmodells dar und baut auf Ethernet (Ebenen 1 und 2) auf. Es ist gleichzeitig eine Bezeichnung für eine Protokoll-Familie und wird auch als DoD-Protokolle bzw. Arpanet-Protokolle bezeichnet. Es ist integraler Bestandteil des Berkley UNIX BSD v4.3-Betriebssystems und auch für die meisten anderen Betriebssysteme verfügbar.

TELNET
(Terminal-Emulation)
Sammelbegriff für die TCP/IP Terminal-Emulationen. Durch dieses Programm kann ist es möglich, an einem anderen (Remote-)Rechner, der normalerweise ein anderes Terminal (Bildschirm und Tastatur) benötigt, zu arbeiten (vgl. Terminal-Emulation).

Terminal
Datensichtstation; Tastatur und Bildschirm ohne eigene „Intelligenz" bzw. Prozessor und Hauptspeicher, in dem Programme ablaufen können. Das Terminal dient zur Kommunikation mit einem Mehrplatzrechner, in dessen Arbeitsspeicher die Programme ablaufen.

Terminal-Emulation
Programm, das über entsprechende Protokolle das Arbeiten an anderen Rechnern (Mehrplatzsystemen) wie mit einem Terminal ermöglicht.

Terminal-Server
Ein Terminal-Server verwaltet und kontrolliert die Kommunikation zwischen Terminals, Computern und bestimmten anderen Geräten (z. B. RS 232 C-Geräten) auf dem Ethernet. Er stellt dafür verschiedene Terminal-Emulationen zur Verfügung; vgl. auch PAD.

Thin-Wire
Siehe Cheapernet.

Timesharing
(Zeitscheibenverfahren)
Die Gesamtrechenzeit wird in Zeitscheiben eingeteilt und nach ihnen wird zyklisch oder nach Prioritäten die Rechenkapazität (CPU-Leistung) an die Anwender bzw. die Anwendungen verteilt.

Token
In lokalen Netzen, die nach dem Tokenverfahren arbeiten, existiert ein besonderes Bitmuster, das sogenannte Token. Da nur derjenige Teilnehmer senden darf, der im Besitz des Tokens ist, wird sichergestellt, daß immer nur eine Nachricht über das Netz gesendet wird. Erst nach dem Ende der Übertragung wird das Token und damit die Sendeberechtigung weitergegeben.

Token Access
Kollisionsfreies Zugangsverfahren in lokalen Ring- oder Bus-Netzwerken, bei dem der Token von Knoten zu Knoten wandert. Will ein Knoten übertragen, nimmt er den Token und gibt ihm ein Informationspaket mit.

Token-Bus
Tokenverfahren auf Bus-Basis (vgl. Token).

Token-Ring
> Tokenverfahren auf Ring-Basis (vgl. Token).

Topologie
> Design, Architektur bzw. genaue Kabelführung eines Netzwerkes. Verbreitete Topologien sind Stern, Baum, Ring und Bus.

Tranceiver
> Physikalischer Busanschluß der jeweiligen Station eines Ethernet an das Übertragungsmedium.

Transaktionsfortschreibung
> **(TTS – Transaction Tracking System)**
> Netzdienst von NetWare zur Verbesserung der Datensicherheit. TTS behandelt Datenbankänderungen als Arbeitseinheiten (Transaktionen), die entweder vollständig durchgeführt oder vollständig abgebrochen werden. Damit bleibt die Datenkonsistenz auf dem File-Server erhalten.
> Es ist folglich ein Sicherheitssystem, das bei Hardwareausfall vor Fehlern schützt, die durch nicht abgeschlossene Transaktionen verursacht wurden (z. B. Reindizierung einer Datenbank). Durch TTS wird die Änderung erst nach vollständiger Ausführung auf die Festplatte geschrieben.

Transport Layer
> Siehe Transportschicht.

Transportschicht
> **(Transport Layer; OSI-Schicht: 4)**
> Diese Schicht stellt die mit Hilfe der unteren drei Schichten hergestellten Endsystemverbindungen den Anwendungsinstanzen zur Verfügung.

Treiber
> Bezeichnung für einen Signalverstärker. Sie werden benutzt, um bei Programmunterbrechungen notwendige Prozesse anzustoßen. Im Zusammenhang mit der Netzwerkkommunikation ist ein Treiber ein Programm, das die Verbindung zwischen der Hardware und der Software herstellt. Eine Adapterkarte ohne einen speziellen Treiber für das verwendete Netzwerkbetriebssystem arbeitet nicht. Weitere Beispiele für Treiber aus der DOS-Welt sind der Tastaturtreiber KEYBGR.COM bzw. der Bildschirmtreiber ANSI.SYS.

TTS
> **(Transaction Tracking System)**
> Siehe Transaktionsfortschreibung.

U

Übertragungsmedien
> Übertragungsmedien sind die in Rechnernetzen verwendeten physikalischen Verbindungen, wie Kupfer-, Koaxial- und Glasfaserkabel.

Übertragungstechniken
> Zusammenfassende Bezeichnung für die Basis- und Breitbandtechniken.

UDP

(User Datagramm Protocol)

Ermöglicht den Austausch von Datagrammen (ISO-Schicht: 4) zwischen zwei Stationen im Ethernet, ohne daß eine Verbindung aufgebaut sein muß. UDP ist Bestandteil von TCP/IP, NFS und NetBIOS.

Unix

Von AT&T entwickeltes und mittlerweile in vielen Versionen und Variationen vorhandenes Multi-User/Multi-Tasking-Betriebssystem für viele verschiedene Prozessortypen. Die derzeit verbreitetsten Variationen sind IBM AIX, AT&T Unix, Eurix, 386/ix und SCO Unix bzw. XENIX.

UPS

(Uninterruptable Power Supply)

Systeme zur unterbrechungsfreien Stromversorgung, die insbesondere Server bei Stromausfall in Millisekunden auf Batterie-Betrieb umschalten. Dies dient der Datensicherheit.

V

VAP

(Value Added process)

Software ähnlich NLM, die unter NetWare dem Netzwerk-Betriebssystem zusätzliche Dienste bereitstellt. Beispiele sind Print-Server-Dienste und das bekannte Btrieve.

verbindungslos

Die verbindungslosen bzw. datagrammorientierten Protokolle beinhalten im Gegensatz zu den verbindungsorientierten Protokollen keinen Protokoll-Overhead (vgl. verbindungsorientiert).

verbindungsorientiert

Protokolle, die vor und nach dem eigentlichen Datentransfer eine Verbindung zur Zielstation aufbauen und diese durch spezielle Telegramme prüfen. Zusätzliche Quittungstelegramme in der Übertragungsphase ermöglichen eine Datenflußüberwachung. Die Folge ist ein entsprechender, das Netz belastender Protokoll-Overhead, der die Datenübertragung allerdings sicherer macht. Der Arbeitsbereich dieser Protokolle entspricht der Link-Ebene des OSI-Modells.

Verbundeffekte

Siehe Daten-, Funktions-, Last-, Leistungs- und Verfügbarkeitsverbund.

verdrillte Leitung

Im Vergleich zu Koaxialkabel einfacheres, langsameres und billigeres Übertragungsmedium für lokale Netzwerke.

verdrillte Zweidrahtleitung

Siehe verdrillte Leitung.

Verfügbarkeitsverbund

Redundante Geräte (Server, Drucker usw.) im Netz, die beim Ausfall einer Einheit automatisch zugeschaltet werden können.

Vermittlungsschicht
(Network Layer; OSI-Schicht: 3)
Diese Schicht verbindet gesicherte Teilverbindungen zu Netzverbindungen zwischen Endsystemen, d. h., diese Schicht hat einen sicheren (fehlerfreien) und die Reihenfolge der Teilpakete bewahrenden Übertragungskanal bereitzustellen. Hier werden Verbindungen zwischen benachbarten End- bzw. Transitsystemen aufgebaut, abgebaut und Fehlerbehandlungsroutinen durchgeführt. Sie übernimmt damit die Wegebestimmungs- und Durchschaltfunktion (Routing) für die Transportschicht.

verteilte Verarbeitung
Wenn die logisch zusammengehörenden Teile eines Programms physisch auf mehrere, in einem Netz verbundene Rechner verteilt sind und unabhängig voneinander von diesen Rechnern verarbeitet werden, spricht man von einer verteilten Verarbeitung bzw. verteilten Anwendung. Ein Beispiel hierfür ist die Realisation des Client-Server-Konzeptes.

Virtual Mode
Siehe 80386.

virtuell
Scheinbar.

virtuelle Konsole
Eine Konsole im originären Sinne ist der Bildschirm und die Tastatur, über die ein Mehrplatzsystem (z. B. Server) verwaltet wird. Bei einem Server sind dies die entsprechenden, direkt an diesem Rechner angeschlossenen Bauteile. Über eine virtuelle Konsole kann ein Systemverwalter von einem beliebigen Rechner des Systems den Hostrechner verwalten.

virtuelle Verbindung
Nur bei Bedarf vorhandene logische Verbindung zwischen zwei Einheiten.

virtueller Speicher
Scheinbarer, über die tatsächliche Speichergröße hinausgehender Hauptspeicher, der mittels Hilfsprogrammen auf der Festplatte installiert wird. Dadurch arbeitet er, abhängig von der Schnelligkeit der Festplatte, doch wesentlich langsamer als ein echter RAM.

virtuelles Pageing
Siehe 80386 – Virtual 80386 Mode (Enhanced Mode).

virtuelles Terminal
OSI-Applikation der Schicht 7, die eine remote Terminal-Emulation ermöglicht.

W

WAN
(Wide Area Network – Weitverkehrs Netze)
Im Gegensatz zum LAN nicht auf Büros oder Gebäude beschränkt, sondern per Telephonleitung bzw. X.25 auch über mehrere Firmen verteiltes Netz. Ein WAN kann aus mehreren LANs bestehen.

Windows

Betriebssystemergänzung und Benutzeroberfläche der Firma Microsoft für DOS-Rechner (vgl. MS-Windows).

Workgroup

Zusammenschluß von LAN-Teilnehmern zu Arbeitsgruppen, die im Netz spezielle, gruppenspezifische Rechte haben. Bei einigen Netzwerksystemen kann ein sogenannter Workgroup-Manager eingerichtet werden (z. B. NetWare 386 oder LAN-Manager 2.0), der über supervisorähnliche Rechte bezüglich der Gruppe verfügt.

Workgroup Manager

Hilfsperson eines Netzwerk-Administrators (Systemverwalters), der bezüglich einer Workgroup (z. B. unter NetWare oder 3+Open) zusätzliche Rechte (Supervisorrechte) besitzt.

Workstation

Alle angeschlossenen Rechner (auch Server) eines LANs. Teilweise wird der Begriff auch für größere Einplatzsysteme mit Muti-User-/Multitasking-Betriebssystem (z. B. SUN) verwendet.

X

X.21

Schnittstelle zwischen Datenendeinrichtung und Datenübertragungseinrichtung für Synchronverfahren in öffentlichen Datennetzen. Die synchrone Datenübertragung im IDN X.21 umfaßt Funktionen der OSI-Ebenen 1 und 3.

X.25

Die Empfehlung X.25 regelt den Datenaustausch über die Schnittstelle zwischen Datenendeinrichtung und Datenübertragungseinrichtung in Datenvermittlungsnetzen. Die für den Anschluß notwendigen Funktionen werden in drei Ebenen festgelegt. X.25 beinhaltet eine Normung für die der Schicht 1 und 2 des OSI-Modells entsprechenden Protokolle (X.21 und HDLC) und ein Protokoll für den Datentransport und für den Aufbau von virtuellen Verbindungen.

X.400

(OSI Messaging Standard – MHS)

Gibt einen Überblick über die Protokolle X.401 bis X.430 (mit einigen Sprüngen; derzeit ca. 14 Empfehlungen). Das X.400 MHS bildet die „gelben Seiten" der Post für den Bereich der Electronic-Mail nach. Für dieses OSI-Protokoll bieten einige Netzwerkhersteller bereits Unterstützung an. Solange jedoch X.500 nicht in akzeptabler Weise (weniger speicherintensiv als die derzeitigen Testversionen) realisiert ist, wird sich X.400 kaum durchsetzen (vgl. MHS).

X.500

(OSI Directory Services Standard)

Gibt einen Überblick über die Protokolle X.501 bis X.521 (mit einigen Sprüngen; derzeit ca. 8 Empfehlungen). X.500 kann als Ergänzung von X.400 angesehen werden, da dadurch die Namen, Adressen und Eigenschaften der Kommunikationspartner (Rechner) verwaltet werden (ähnlich dem Name-Service, ohne den der Domain-Service kaum vollständig genutzt werden kann).

XMS (Expanded Memory System)
Siehe Expanded Memory.

XNS
(Xerox Network System)
Transport-Protokolle für die ISO-Ebenen drei und vier der Firma Xerox, die in Verbindung mit Ethernet, meist alternativ zu TCP/IP, eingesetzt werden.

XT
Andere Bezeichnung für Rechner mit 8088/8086-Prozessor.

X-Window
Grafische Schnittstelle, die sich zunehmend zu einem Rechner- und betriebssystemunabhängigen Window-System (zur Zeit insbesondere für Unix) entwickelt. Dieses zweigeteilte System besteht aus einem Client-Prozeß (X-Programm), der am Arbeitsplatz läuft und mit einem Server kommuniziert. Vorraussetzung ist ein Arbeitsplatzrechner, der mindestens den Standard 80386 SX erfüllt. Der Prozeß auf dem Server ist dabei für das Zeichnen und somit Berechnen der Darstellung zuständig. Die Kommunikation kann beispielsweise über TCP/IP laufen, ist allerdings nicht daran gebunden. Der lokale Rechner wird damit entlastet. X-Window ist die Basis für Benutzeroberflächen wie OSF/Motif und ODT-View.

Y

Yellow Cabel
Das (gelbe) 10 Ohm Koaxial-Kabel, das beim Ethernet (10Base5) verlegt wird.

Yellow Pages
Zentrale Speicherung von Passwörtern und Adreß-Informationen in Zusammenhang mit SUN-NFS. Dieses auf der Schicht 7 des OSI-Modells angesiedelte Werkzeug erleichtert die Verwaltung großer Netze erheblich; vgl. auch Name-Server und Domain-Server.

Z

Zeitmultiplex
Kanalzugriffsmethode zum zeitgeteilten Mehrfachzugriff, vor allem bei Ring-Netzen.

Zentralrechner
Siehe Mainframe.

Zugriffsrechte
Oberbegriff der Attribute wie Lesen, Schreiben, Ausführen, Ändern etc., die ein Netzwerkbetriebssystem bereitstellt. Von der Kombination dieser Zugriffsrechte hängen die effektiven Rechte eines Anwenders in einer Multi-User-Umgebung ab.

Zugriffsschutz
Sammelbegriff für alle Netzdienste, die dem Datenschutz dienen.

Zugriffstechnik

(auch Zugriffsverfahren)

Die Verfahren, nach denen die sendewilligen Teilnehmerstationen das physikalische Kommunikationsmedium belegen. Beispiele sind CSMA/CD und FDDI-Token-Ring.

Zugriffsverfahren

Siehe Zugriffstechnik.

Zusatzdienste

Mit der Bezeichnung Zusatzdienste kann man jene Netzdienste zusammenfassen, die sowohl das Netzwerkmanagement als auch den einzelnen Anwender unterstützen. Funktionen aus diesem Bereich sind die Unterstützung von Benutzeroberflächen, virtuellen Terminals und Konsolen, Electronic-Mail und Remote Procedure Call.

Zur Definition bzw. näheren Erläuterung der Begriffe und Fachtermini wurden nachfolgend angeführte Autoren und Lexika herangezogen:

- adcomp (Hrsg.) (1990),
- Awad, E. M. (1988),
- Blümel, B., (1988), S. 20,
- Bodenstedt, B. (1989), S. 246,
- Dickschus, A. (1989), S. 297–322,
- Dieterle, G. (1985), S. 87 ff,
- Ertl, A. W. (1990), S. 80–89,
- Frese, E. (1987),
- Hansen, H. R. (1986),
- Hegering, H.-G. (1991), S. 5–15,
- Hurwicz, M. (1991a) und (1991b),
- IBM (Hrsg.) (1990), S. 10–21,
- Kauffels, F.-J. (1987),
- Kauffels, F.-J. (1989b),
- Kurreck, H. (1988),
- Löffler, H. (1988),
- Marquardt, R. et al. (1987),
- Novell (Hrsg.) (1990a),
- o. V. (1990c), S. 88,
- Schmitt, R. (1989) S. 61–65,
- Schneller, M. (1990),
- Scholz, Ch. (1989),
- Schulze, H. H. (1986),
- Treplin, D. (1990), S. 170,
- Verlag Moderne Industrie (Hrsg.) (1982),
- Vogt, E. (1991), S. 58–62,
- Wöhe, G. (1986),
- WRS Verlag (Hrsg.) (1990).

Literaturverzeichnis

3COM Corporation (Hrsg.) (1989a),
  3+Open MS DOS LAN Manager, User's Guide, Santa Clara, USA 1989.

3COM Corporation (Hrsg.) (1989b),
  3+Open MS DOS Manager User's Guide, Santa Clara, USA 1989.

3COM Corporation (Hrsg.) (1989c),
  3+Open MS OS/2 LAN Manager, User Reference, Santa Clara, USA 1989.

3COM Corporation (Hrsg.) (1990a),
  3+Open Connection for NetWare, in: 410012-001 9/90, München 1990.

3COM Corporation (Hrsg.) (1990b),
  3+Open Version 1.1F Maintenance Update Release Guide, Santa Clara, USA 1990.

3COM Corporation (Hrsg.) (1990c),
  Product Catalog December 1990, in: 610001-004 12/90, München 1990.

3COM Corporation (Hrsg.) (1991),
  Die optimale Verbindung für Ihre Netzwerke - Vernetzungs- und
  Erweiterungsmöglichkeiten im Überblick, in: LD-400143-001 12/90, München 1991.

adcomp GmbH, München (Hrsg.) (1990),
  LAN line Lexikon, München 1990.

adcomp GmbH, München (Hrsg.) (1991),
  LAN line Nr. 1/2/91, München 1991.

Ambrosch, Wolf Dietrich/Maher, Anthony/Sasscer, Barry (1989),
  The Intelligent Network - A Joint Study by Bell Atlantic, IBM and Siemens, Berlin
  1989.

Awad, Elias M. (1988),
  Management Information Systems - Concepts, Structure and Application, Menlo
  Park, California, USA 1988.

Bachmann, Bernhard (1989),
  Kleines Lexikon der Computer Fachbegriffe, o. O. 1989.

Bamberg, Klaus Peter (1991),
  Phaser: NetWare für den IBM Großrechner, in: LAN line Nr. 4/91, S. 55-57,
  München 1991.

Baumgarten, Christiane (1990),
  Offene Systeme, sichere Systeme?, in: Unix-Welt PC-Welt SH 1/90 S. 10-13, o. O.
  1990.

Baumgarten, Christine (1991),
  Büro im Wandel - Kommunikation als Schlüssel zum Erfolg, in: UNIX Magazin
  3/91, S. 124-128, Haar bei München 1991.

Beam, J. Emmett (1989),
OS/2 Einführung und Referenz, München 1989.

Bischof, Hans-Peter (1990),
X-Window von der Quelle, in: Unix-Welt PC-Welt SH 1/90 S. 14-17, o. O. 1990.

Blümel, Bernd (1988),
Erster Anlauf zum offenen Netz, in: Chip Plus 6/88, S. 20-22, Würzburg 1988.

Bodenstedt, Bernward (1989),
Kleines OS/2-Lexikon, in: Chip 10/90, S. 246, o. O. 1989.

Boell, Hans-Peter (1986),
Standards für lokale Netze, in: Lokale Netze - State of the Art 2/86 S. 24-29,
München 1986.

Borchers, Detlef (1989a),
Angeklemmt und eingeklemmt - 3+Open-LAN-Manager, Version 1.0, Entry Level,
in: iX Nr. 3/89, S. 28-32, Hannover 1989.

Borchers, Detlef (1989b),
Gefräßiger Geselle - IBMs Presentation Manager und OS/2 Extended Edition 1.1, in:
iX Nr. 2/89, S. 25-27, o. O. 1989.

Bueroße, Jörg (1990a),
FDDI - Mit Licht in die Zukunft, in: LAN line Nr. 7/90, S. 40-44, München 1990.

Bueroße, Jörg (1990b),
Wie funktionieren FDDI-Netze?, in: LAN line Nr. 7/90, S. 45-51, München 1990.

Bueroße, Jörg (1990c),
Was tun, wenn FDDI kommt?, in: LAN line Nr. 7/90, S. 52-53, München 1990.

Bueroße, Jörg (1991a),
Windows Workstation für Netware, in: LAN line Nr. 1/2/91, S. 35-37, München
1991.

Bueroße, Jörg (1991b),
LAN Manager 2.0: NET ADMIN, das Menü des Systemverwalters (Teil II), in: LAN
line Nr. 3/91, S. 36-39, München 1991.

Bueroße, Jörg (1991c),
LAN Manager 2.0: NET ADMIN, das Menü des Systemverwalters (Teil III), in:
LAN line Nr. 4/91, S. 43-45, München 1991.

Bundesregierung (Hrsg.) (1983),
Regierungsbericht Informationstechnik, Bonn 1983.

Burgarz, Dieter (1990),
Kein Sieg für niemand - Datenbanksysteme im Vergleich: Informix, Ingres und
Oracle, in: UNIX Magazin 9/90, S. 90-92, Haar bei München 1990.

Chylla, Peter/Hegering, Heinz-Gerd (1988),
    Ethernet-LANs - Planung, Realisierung und Netz-Management 2. Überarbeitete und
    erweiterte Auflage, Pulheim 1988.

Cooper, Ed (1991),
    Das große Palaver, in: Hurwicz, M., CHIP Professional Programmieren - Aspekte der
    Computerwissenschaft Ausgabe 12 - Netze, S. 16, Würzburg 1991.

Cordes, Ralf (1990),
    Form und Inhalt - Datenaustausch: X.400, X.500 und EDIFACT, in: iX Nr. 3/90,
    S. 60-62, Hannover 1990.

Davidson, John (1988),
    An Introduction to TCP/IP, New York 1988.

De Heus, Anjo (1991),
    Prozeduren aus dem Baukasten, in: Chip Professional Programmieren - Aspekte der
    Computerwissenschaft Ausgabe 12 - Netze, S. 67-71, Würzburg 1991.

De Vries, Thomas (1990),
    Unix - der Stand der Dinge, in: MC 4/90, S. 52, o. O. 1990.

Deutsche Netware Benutzergruppe e.V. (Hrsg.) (1991),
    Spektrum Ausgabe I März 91 - Zeitschrift der deutschen NetWare Benutzergruppe e.
    V., o. O. 1991.

Dickschus, Arthur (1989),
    PC-Wissen - leichtverständlich, München 1989.

Dieterle, Gerhard (1985),
    Local Area Networks (LAN) - Inhousnetze - Manager-Info, Oberhausen 1985.

DIN (Hrsg.) (1978),
    DIN 66029, o. O. 1978.

DIN (Hrsg.) (1983),
    Kommunikation offener Systeme - Basis-Referenzmodell ISO IS 7489, o. O. 1983.

Drack, G. (1991),
    Software & Services Markt, in: Computerwoche 1/91, S. 1-2, München 1991.

Durr, M./Gibbs, M. (1990),
    Praxis der PC-Vernetzung, o. O. 1990.

ECMA (Hrsg.) (o. J.),
    Anhang A, o. O. o. J.

Ertl, Armin W. (1988),
    OS/2 - wird alls neu und anders?, in: Chip Plus 2/88, S. 18, o. O. 1988.

Ertl, Armin W. (1990),
    Virtuelle DOS-Maschinen, in: PC Magazin 42/90, S. 80-89, Haar bei München 1990.

Eversheim, W. (1988),
    CIM - Ein Einführungskonzept für die Praxis, in: AH, 35. Erg.-Lfg. XI/88 S. 2265-1
    - 2265-47, o. O. 1988.

Fachverband Informations- und Kommunikationstechnik (FV I+K) (Hrsg.) (1987),
    Lokale Netze - Kommunikation im industriellen Bereich, Frankfurt am Main 1987.

Frese, Erich (1987),
    Grundlagen der Organisation 3. Auflage, Wiesbaden 1987.

Freund, Mark (1990),
    OS/2 und LAN Manager: aufeinander angewiesen?, in: LAN Magazin 2/90, S. 4 f,
    Haar bei München 1990.

Frey, Manfred (1990),
    Open Desktop, OS/2 Extended Edition und Co., in: Unix-Welt PC-Welt SH 1/90
    S. 28-31, o. O. 1990.

Geary, Michael (1991),
    Windows 3.0 aus der Sicht eines Entwicklers, in: Microsoft System Journal 1/91,
    S. 6-37, Unterschleißheim 1991.

Gebauer, Rainer (1991),
    Versichern durch Sichern, in: Personal Computer 5/91, S. 44, München 1991.

Glas, Johann (1988),
    Wozu Multitasking?, in: Window 5/6/88, S. 46-47, o. O. 1988.

Gleißner, Winfried/Grimm, Rüdiger/Herda, Siegfried/
    Isselhorst, Hartmut (1990),
    Manipulation in Rechnern und Netzen - Risiken, Bedrohungen, Gegenmaßnahmen,
    o. O. 1990.

Glienke, Peter (o. J.),
    Rank Xerox - Die internationale Vernetzung eines Multi, o. O. o. J.

Goos, Anke (1990),
    Weg zu OSI oder IP - Forschungsnetze als Trendsetter für die Industrie, in: iX Nr.
    3/90, S. 90-94, Hannover 1990.

Gorys, Lukas T. (1989),
    Ethernet LAN - SK-NET - TCP/IP Arbeitsbuch - Kommunikationsprotokolle zur
    Datenübertragung in heterogenen Systemen, Hüthig 1989.

Gößlinghoff, Karin (1990),
    3+Open geht an Microsoft - LAN Manager ade!, in: Netz Welt 2/90 Supplement zu
    PC Welt 7/90, S. VI, München 1990.

Grabowski, Rainer (1990),
    Die Einstiegschance, in: Chip 11/90, S. 340-344, Würzburg 1990.

Griebl, Ludwig (1990),
   Motivationen - Die Architektur von Motif, in: iX Nr. 2/90, S. 121-123, Hannover
   1990.

Haase, Wolfram (1990a),
   Für was denn OS/2?, in: OS/2 Welt 1/90, S. 4-7, München 1990.

Haase, Wolfram (1990b),
   OS/2 oder Unix, wer braucht was?, in: Unix-Welt PC-Welt SH 1/90 S. 18-20, o. O.
   1990.

Hansen, Hans Robert (1986),
   Wirtschaftsinformatik - Einführung in die betriebliche Datenverarbeitung, 5.
   Auflage, Stuttgart 1986.

Haslinger, Erwin (1987),
   Lexikon der Personal-Computer, Arbeitsplatzsysteme, Kommunikationsnetze,
   München 1987.

Hegering, Heinz-Gerd (1991),
   Rechner im Netz, in: Chip Professional Programmieren - Aspekte der
   Computerwissenschaft Ausgabe 12 - Netze, S. 5-15, Würzburg 1991.

Heilmann, Heidi (1987),
   Computerunterstützung für das Management - Entwicklung und Überblick, in: HDM
   138/1987 S. 3-17, o. O. 1987.

Heilmann, Heidi (o. J.),
   Organisation und Management der Informationsverarbeitung im Unternehmen, in:
   k.A. S. 684-701, o. O. o. J.

Heitlinger, Paulo (1989a),
   Novell - Arbeitsbuch zu SFT Netware 2.1x Band 1, Heidelberg 1989.

Heitlinger, Paulo (1989b),
   Novell - Arbeitsbuch zu SFT Netware 2.1x Band 2, Heidelberg 1989.

Heller, Martin (1990),
   Angenehm pummelig - OS/2 Version 1.2, in: c't 4/90, S. 176-178, o. O. 1990.

Hertzoff, Ira S. (1990),
   Der Netzwerk-Administrator, in: LAN Magazin 2/90, S. 24-25, Haar bei München
   1990.

Hofner, Wolfgang (1990),
   LAN Manager, die zweite (Aktuelles), in: DOS 11/90, S. 12, München 1990.

Humphries, Kyle (1991),
   Strickzeug für den PC, in: Chip Professional Programmieren - Aspekte der
   Computerwissenschaft Ausgabe 12 - Netze, S. 37-55, Würzburg 1991.

Hurwicz, Michael (1991a),
    Das große Palaver, in: Chip Professional Programmieren - Aspekte der
    Computerwissenschaft Ausgabe 12 - Netze, S. 16-22, Würzburg 1991.

Hurwicz, Michael (1991b),
    Special Teams: Support Protocols Set Up The Plays, in: Connect Winter 1991 Vol. 4
    No. 2, S. 37-41, Santa Clara, USA 1991.

Huwe, Angela (1987),
    Der Anwender wird mündig - Technik und Markt von ISDN-Endgeräten in der
    Bundesrepublik, in: nachrichten electronic + telematik net special 10/87, S. 85-89,
    Heidelberg 1987.

IBM (Hrsg.) (1987),
    Form SR12-8460-0, o. O. 1987.

IBM (Hrsg.) (1990),
    IBM Personal System/2 Software Übersicht, in: IBM Form GT12-9990-4 3/90, S. 10-
    21, o. O. 1990.

International Standards Organisation (ISO) (Hrsg.) (o. J.),
    Data Processing - Open System Interconnection - Basic Reference Model, in:
    ISO/DIS 7498, o. O. o. J.

Kalscheuer, Hans D. (1987),
    Die Netze stehen - gefordert sind motivierte Manager, in: Markenartikel 2/87, S. 62-
    69, o. O. 1987.

Kapusta, Michael (1990),
    KLIMzüge, in: Chip Tool 2/90, S. 16-22, o. O. 1990.

Kauffels, Franz-Joachim (1987),
    Einführung in die Datenkommunikation; 2., aktualisierte Auflage, Pulheim 1987.

Kauffels, Franz-Joachim (1988),
    Datensicherheit in Büronetzen - Ist sie ein Problem der Netze?, in: VDI Berichte 716
    Bürokommunikation '88 Erfahrungen - Tendenzen - Richtlinien, S. 197-222,
    Düsseldorf 1988.

Kauffels, Franz-Joachim (1989a),
    Personalcomputer und lokale Netzwerke - Architektur von Rechnernetzen, Aufbau
    und Wirkungsweise lokaler Netze, Software-Standards, Kommunikation unter Unix
    und OS/2, ausführliche Tests von mehr als 10 LANs, inklusive IBM-Token Ring - 3.,
    überarbeitete und erweiterte Auflage, Haar bei München 1989.

Kauffels, Franz-Joachim (1989b),
    Einführung in die Datenkommunikation; 3., aktualisierte Auflage, Pulheim 1989.

Kauffels, Franz-Joachim (1990),
    Die Zukunft der Netzwerke - Verteilte Systeme, Virtualisierung aller Ressourcen, in:
    Der Netzwerker 11/90, S. 38-39, Karlsruhe 1990.

Kauffels, Franz-Joachim (1991),
    Konzepte für PC-Netz-Betriebssysteme - Vom File-Server zur verteilten
    Datenverarbeitung, in: PC Netze 3/91, S. 82-87, Bergheim 1991.

Kausch, Michael (1988),
    An der Schwelle zum OS/2-Zeitalter, in: Chip Plus 2/88, S. 4-11, Würzburg 1988.

Kessler, Alan (1991),
    Das große Palaver, in: Hurwicz, M., CHIP Professional Programmieren - Aspekte der
    Computerwissenschaft Ausgabe 12 - Netze, S. 17-19, Würzburg 1991.

Kirsch, Christian (1990),
    Zweckehe - GKS und X-Windows, in: iX Nr. 2/90, S. 116-120, Hannover 1990.

Kohlen, Manfred (1989),
    Netzwerke: Eine Entscheidungshilfe, in: Window 4/89, S. 55-59, o. O. 1989.

Kotting, Manfred-D. (1988),
    Windows: Ein Fenster zur Zukunft, in: Window 5/6/88, S. 30-33, o. O. 1988.

Krogul, Hans (1991),
    "Der Preis für NetWare ist relativ zu sehen...", in: NetWorks 1/91, S. 25-31,
    Vaterstetten 1991.

Kurreck, Harald (1988),
    Der Bedarf an optischen Local Area Networks von 1986 bis 1995, Pulheim 1988.

Langwald, Meik J. (1990),
    NFS geht fremd - MSDOS-Unix-Verbindung mit PC-NFS, in: iX Nr. 2/90, S. 60-62,
    Hannover 1990.

Law, Gary (1990),
    Das Echolot des Managers Netzwerkmonitore zur statistischen Überwachung von
    Netzwerken, in: UNIX Magazin 8/90, S. 70-74, Haar bei München 1990.

Little, Thomas (1988),
    In OS/2 hineingeschaut, in: Window 5/6/88, S. 22-29, o. O. 1988.

Löffler, Helmut (1988),
    Lokale Netze, München 1988.

Ludwigs, Dieter/Schuckmann, Birgit (1991),
    OS/2 Praxis - Dreifache Alternative, in: Personal Computer 1/91, S. 98-99, München
    1991.

Marquardt, René/Mues, Dietlind/Olsowsky, Gerd/
    Suppan-Borowka Jürgen (1987),
    ETHERNET-Handbuch, Pulheim 1987.

Microsoft (1991),
    Microsofts LAN-Manager für Unix, in: NetWorks 1/91, S. 41, Vaterstetten 1991.

Microsoft (Hrsg.) (1989),
   Microsoft System Software The Foundation for Computing in the 1990s 1189 Part
   No. 098-13437, Redmond, WA, USA 1989.

Microsoft (Hrsg.) (1990a),
   Microsoft System Journal Extra Herbst'90, Unterschleißheim 1990.

Microsoft (Hrsg.) (1990b),
   OS/2 1.2 Produktbeschreibung, o. O. 1990.

Microsoft (Hrsg.) (1991),
   Microsoft System Journal 1/91, Unterschleißheim 1991.

Microsoft Support Crew (1990),
   OS/2 LAN Manager - Der LAN Manager - eine Einführung (II), in: LAN line Nr.
   7/90, S. 33-39, München 1990.

Müller, Rosemarie (1990a),
   Workgroup-Management unter NetWare 386, in: LAN line Nr. 7/90, S. 24-29,
   München 1990.

Müller, Rosemarie (1990b),
   NetWare 386-Utilities: Neues und geändertes, in: LAN line Nr. 8/9/90, S. 32-36,
   München 1990.

Mutschler, Stefan (1989),
   NetWare kontra LAN-Manager, in: Chip Plus 8/89, S. 20-22, Würzburg 1989.

NCR GmbH (Hrsg.) (1991),
   NCRNet Manager, in: Produktinformation, Augsburg 1991.

Neumaier, Herbert (1986),
   Lokale Netze - State of the Art 2/86 S. 45-48, München 1986.

Novell, Incorporated (Hrsg.) (1990a),
   NOVELL NetWare 386 - Utilities Reference v3.1, South Provo, Utha, USA 1990.

Novell, Incorporated (Hrsg.) (1990b),
   NOVELL NetWare 386 - Concepts v3.1, South Provo, Utha, USA 1990.

Novell, Incorporated (Hrsg.) (1990c),
   NOVELL MHS Instalation and Operation NetWare, South Provo, Utha, USA 1990.

Novell, Incorporated (Hrsg.) (1990d),
   NOVELL NetWare Requester for OS/2, South Provo, Utha, USA 1990.

Novell, Incorporated (Hrsg.) (1990e),
   NetWare Buyer's Guide, South Provo, Utha, USA 1990.

Novell, Incorporated (Hrsg.) (1990f),
   Novell Products 461-000028-002, South Provo, Utha, USA 1990.

o. V. (1986),
   EARN Pocket Reference Summary, o. O. 1986.

o. V. (1989a),
   Führungsinstrumente, in: highTech 1/89, S. 46-49, o. O. 1989.

o. V. (1989b),
   Entwicklung von DOS, in: Chip Tool Kompakt 4/89, S. 2, o. O. 1989.

o. V. (1990a),
   ORACLE - Datenbank mit Client/Server-Architektur für heterogene LANs, in: Der
   Netzwerker 11/90, S. 54-55, Karlsruhe 1990.

o. V. (1990b),
   News & Trends, in: PC Praxis 3/90, S. 25, o. O. 1990.

o. V. (1990c),
   Begriffe aus der Telekommunikation kurz erklärt, in: PC-Welt 4/90, S. 88, o. O.
   1990.

o. V. (1991a),
   NetWare: Warum viele User wirklich rot sehen ..., in: NetWorks 1/91, S. 12-13,
   Vaterstetten 1991.

o. V. (1991b),
   Die Zukunft der PC-System-Software, in: Microsoft System Journal 1/91, S. 119-
   126, Unterschleißheim 1991.

o. V. (1991c),
   MS-DOS bleibt vorn, in: Chip 2/91, S. 11, Würzburg 1991.

Oracle (Hrsg.) (1990),
   PC Newsletter 2/90, München 1990.

Parthier, Ulrich (1988),
   Integration heißt das richtige Losungswort, in: Chip Plus 12/88, S. 3, o. O. 1988.

Pfeiler, Kurt (1991),
   Konzertierte Aktion im Netzwerk, in: Personal Computer 1/91, S. 100-102, München
   1991.

Picot, Arnold (1990),
   Der Produktionsfaktor Information in der Unternehmensführung, in: IM -
   Information Management 1/90; Febr. 1990; 5. Jahrgang S. 6-14, o. O. 1990.

Reichwald, R. (1988),
   Die Mehrebenenbetrachtung in der Wirtschaftlichkeit setzt sich durch, in: VDI
   Berichte 716 Bürokommunikation '88 Erfahrungen - Tendenzen - Richtlinien, S. 265-
   278, Düsseldorf 1988.

RRZN - Regionales Rechenzentrum für Niedersachsen/Universität Hannover (Hrsg.)
(1989),
Unix - Eine Einführung - Revision A/September 89 - 2., veränderte Auflage,
Hannover 1989.

Salamann, B. (1985),
Unix operating system, in: Microcomputer - The State of Art Report 13:5, S. 89-97,
Exter, Devonshire 1985.

Schäfer, Helmut (1986),
Technische Grundlagen der lokalen Netze, in: Lokale Netze - State of the Art 2/86
S. 14-23, München 1986.

Scheer, August-Wilhelm (1988),
CIM Computer Integrated Manufacturing - Der computergesteuerte Industriebetrieb;
3., erweiterte Auflage, Heidelberg 1988.

Schepp, Thomas (1991a),
·   3Com: Abschied vom LAN-Manager - Interview mit Peter Wegner, in: LAN
Magazin 1/91, S. 4-5, Haar bei München 1991.

Schepp, Thomas (1991b),
Connectivity - Offene Kommunikation im Büro, in: PC Magazin 3/91, S. 42-43, Haar
bei München 1991.

Schepp, Thomas (1991c),
LAN Monitore - Dem Netz ins Auge blicken (Teil 1), in: LAN line Nr. 3/91, S. 74-
77, München 1991.

Schepp, Thomas (1991d),
LAN Monitore - Dem Netz ins Auge blicken (letzter Teil), in: LAN line Nr. 4/91,
S. 49-54, München 1991.

Schieb, Jörg (1991),
Die neue Generation - MS-DOS Version 5.0, in: Chip 5/91, S. 316-326, Würzburg
1991.

Schmidbauer, Ulrich (1991),
Büsche auf der grünen Wiese - Die Integration eines Unix-Systems in ein
bestehendes PC-LAN, in: UNIX Magazin 1/91, S. 100-104, Haar bei München 1991.

Schmitt, Ralf (1989),
Das Netzwerk-Lexikon, in: Window 4/89, S. 61-65, o. O. 1989.

Schneider & Koch (Hrsg.) (1991),
SK-TCP/IP Lösungen, in: Produktinformation 1/91 57-00-012-000, Karlsruhe 1991.

Schneller, Manfred (1990),
Vom Datengrab zum Informationssystem, in: Unix-Welt PC-Welt SH 1/90 S. 89-91,
o. O. 1990.

Scholz, Christian (1989),
Einführung in das Personal Computing, Berlin 1989.

Schulze, Hans Herbert (1986),
    Das RoRoRo Computer Lexikon, Reinbeck bei Hamburg 1986.

Schürger, Richard (1990),
    NetWare 286: Einrichten von Benutzern (II), in: LAN line Nr. 11/90, S. 38-45,
    München 1990.

Sempert, Frank P. (1991),
    Informix Online - Erster Datenbank-Server für NetWare 386, in: PC Magazin 3/91,
    S. 9, Haar bei München 1991.

Smerda, Jaromir (1991),
    Client-Server-Architektur: Eine Bank riskiert die DV-Neuordnung - Salzburger
    Sparkasse realisiert Unix-Projekt (Teil 1), in: Computerwoche 10/91, S. 11-16,
    München 1991.

Steimer, Fritz (1990),
    Lokale Netzwerke (LANs) - die wirtschaftlichste Lösung, in: Das Computer-Praxis
    abc, Loseblatt, Stand 6/90, Gruppe 5.1, S. 293-316, Planegg/München 1990.

Sydekum, Ralf (1990),
    Netzwerk-Management (letzter Teil) - Architekturen und Management Tools, in:
    LAN line Nr. 11/90, S. 65-69, München 1990.

Szymanski, Barbara (1991),
    Pack'die Daten auf das Band ..., in: Personal Computer 5/91, S. 28-30, München
    1991.

Tanenbaum, Andrew (1990),
    Computer Netzwerke, o. O. 1990.

The Santa Cruz Operation - Technical Support Department (1990),
    Customer Information - C2 Support Level Supplements, Watford, UK 1990.

The Santa Cruz Operation, Inc. (1989a),
    Open Desktop Administrator's Guide, o. O. 1989.

The Santa Cruz Operation, Inc. (1989b),
    Open Desktop Installation Guide, o. O. 1989.

The Santa Cruz Operation, Inc. (1990a),
    Open Desktop User's Guide, o. O. 1990.

The Santa Cruz Operation, Inc. (1990b),
    SCO TCP/IP - Netzwerkunterstützung für Workstations, in: 927-000-030 B/G 3/90,
    Herndon, Virginia, USA 1990.

Treplin, Daniel (1990),
    Komfort für den Alltag - Glossar, in: Chip 10/90, S. 170, Würzburg 1990.

Veiser, Hans-Otto (1991),
    X-Terminal oder Workstation, in: Unix-Welt PC-Welt SH 2/91, S. 90, München
    1991.

Verlag Moderne Industrie (Hrsg.) (1982),
    Management Enzyklopedie Bd. 1-10, München (1982).

Vogt, Ewald (1991),
    TCP/IP im PC-Unix-Netz, in: Chip Professional Programmieren - Aspekte der
    Computerwissenschaft Ausgabe 12 - Netze, S. 58-62, Würzburg 1991.

Wagner, Marco (1990),
    Sicherheit mit dem LAN Manager 2.0 (Teil 2), in: LAN line Nr. 11/90, S. 30-33,
    München 1990.

Wagner, Marco (1991),
    3+Open Connection verbindet NetWare und LAN Manager - Angebandelt, in: LAN
    line Nr. 1/2/91, S. 38-39, München 1991.

Wöhe, Günter (1986),
    Einführung in die allgemeine Betriebswirtschaftslehre 16. Auflage, München 1986.

Wolf, Joseph (1990),
    Portabel und dediziert - Unix als Bindeglied zwischen MS-DOS, OS/2 und
    Macintosh, in: UNIX Magazin 8/90, S. 75-76, Haar bei München 1990.

Wollnik, Michael (1988),
    Reorganisationstendenzen in der betrieblichen Informationsverarbeitung - Der
    Einfluß neuer informationstechnologischer Infrastrukturen, in: HDM 142/1988 S. 62-
    80, o. O. 1988.

Wombell, R. (1985),
    The CP/M revolution, in: Microcomputer - The State of Art Report 13:55, S. 125-
    136, Exter, Devonshire 1985.

WRS Verlag (Hrsg.) (1990),
    Das Computer-Praxis abc, Loseblatt, Stand 6/90, Planegg/München 1990.

Zenk, Andreas (1991a),
    Novell's NetWare Naming Service - Internetze leichter verwalten (Teil I), in: LAN
    line Nr. 3/91, S. 27-31, München 1991.

Zenk, Andreas (1991b),
    Auf den richtigen Verwalter kommt es an High-end-LANs, in: Personal Computer
    3/91, S. 36-40, München 1991.

Zenk, Andreas (1991c),
    Alles im (Zu)griff Lokale Netze, in: Personal Computer 3/91, S. 30-34, München
    1991.

Zenk, Andreas (1991d),
    Hands on NetWare Naming Service Internetze leichter verwalten (Teil II), in: LAN
    line Nr. 5/91, S. 34-38, München 1991.

Stichwortverzeichnis

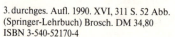